우주망 천부경

容天 박용대

1949년 8월 16일(음) 부산 부평동 출생
동아고등학교 16회 졸업
국립부산수산대학교 기관공학과 1회 졸업
1972년 氣 공부 시작
1983년 3월 올림픽스포츠사 개업
1993년 9월 회로공부 입문
1994년 4월 신영선박기술 회사 설립
1999년 1월 1일 문현동수련원 개원
2008년 4월 27일 삼랑진수련원 개원
2021년 5월 3일 미사모 조직
2021년 8월 13일(음) 귀천
2021년 8월 16일(음) 발인

우주망 천부경

2022년 8월 29일 1판 1쇄 인쇄 / 2022년 9월 15일 1판 1쇄 발행

지은이 容天 박용대 / 펴낸이 임은주
펴낸곳 도서출판 청동거울 / 출판등록 1998년 5월 14일 제406-2002-000128호
주소 (10881) 경기도 파주시 문발로115 (파주출판도시) 세종출판벤처타운 201호
전화 031) 955-1816(관리부) 031) 955-1817(편집부) / 팩스 031) 955-1819
전자우편 cheong1998@hanmail.net / 네이버블로그 청동거울출판사

출력·인쇄 세진피앤피 / 제책 우성제본

ISBN 978-89-5749-225-3 (03150)

우주망 천부경

容天 박용대 지음

정신세계사

이제, 천부경(天符經)의 진실을 알 때다![1]

천부경(天符經)은 말 그대로 하늘께서 인간이 나아가야 할 길을 제시한 지침서[2]로서, 인간은 신성(神性)의 기하학적 우주 형상에 따른 원리와 하늘의 뜻, 그리고 인간의 소명을 제대로 알고 실천하라는 글이다. 특히, 성령(聖靈)을 의미하는 삼신(三神)을 가슴에 새겨 간직하고, 하늘의 뜻과 진리를 널리 펴는 데 힘쓰라는 우주 부호 같은 하늘의 글이다.

천부경(天符經)은 상고시대부터 전해진 한민족 고유의 경전으로서, 오랜 세월, 현인들을 비롯한 많은 사람이 깊은 진실을 이해하려고 노력했으나, 본질을 벗어난 얕은 수준의 내용만 밝혔을 뿐이었다.

---

1 『해인지』 18호(2019년) 수록 글이다.
2 천부경은 하늘사랑을 행동하는 길이요, 생명을 영원하게 하는 진리요, 인간 모두는 이것으로 평등할 수밖에 없고 존엄성을 지니도록 '나'를 설파한 경이다. 천부경은 나를 만나고, 본질적인 하늘을 만날 수 있다. 우주의 설명서이며 설계도이다. 결국 나의 설계도이며 설명서이다. 나와 우주는 동심원이다.(2015.7.10. 56차 해인회에서)

천부경(天符經)은 순수한 자연의 본성과 밝고 맑은 영성으로 만사만물을 일으키는 우주, 그 자체를 나타낸 것이므로 깊은 진실을 이해하려면 밝고 맑은 진술한 마음가짐으로 자연의 산물이 아닌 자연의 본성에 동화될 수 있고, 우주심과 하나 되어 하늘의 이치를 깨달을 수 있는 지극한 정성이 있어야 한다.

천부경(天符經)은 인간이 우주 구성의 한 축을 담당하는 독립적 개체로서, 하늘과 땅과 뜻을 같이하는 위대하고 중대한 위상임을 나타내고 있다. 하늘의 뜻이 인간을 통해 땅에서 이루어진다는 것은, 그런 의미를 담고 있다. 하나의 우주의식에서 나눠진 핵심 삼 요소가 각각 독립적 개체로서 작용할 수 있고, 세상에 드러날 수 있는 조건을 갖출 때, 천·지·인(天·地·人)이라고 표현한다. 이들 모두의 뜻은, 우주라는 대단원이 끊임없는 반복 순환으로 영원히 존재하도록 만드는 것이다. 반복 순환의 조건은, 우주의 밝은 영성을 드높여서 생명을 잉태하고 민사만물을 일으키는 위대하고 장엄한 능력의 삼신(三神)작용을 원활하게 하는 것이다. 그 중심에는 인간의 역할이 중요하게 차지하고 있다. 그것은 더 높은 밝음을 향해 천지를 조화시키고, 또 하나로 통일되게 하면서 세상의 모든 상황을 변화 발전되게 노력하는 일이다. 인간이 마음을 바르게 갖추어 순수기운의 강도와 영성을 높이는 수련을 해야 하는 이유가 여기에 있다.

인간은 하늘의 성령으로 잉태되어, 수련장 역할을 하는 지구라는 우주 공간에서 태어난다. 물질과 마주하는 담금질을 통해 순수기운의 강도를 높이고, 영성을 높이는 노력으로 세상을 더 밝고 맑게, 더 평화롭고 아름답게 가꾸고, 모든 사람이 자유롭고 안락한 삶을 영위하게 하는 소임을 다함으로써 우주의 순수한 자연의 본성과 영성의식의 밝음을 드높이는 것이다. 이는 우주라는 대단원이 매 순간 반복 순환하는 과정에서 우주의 순수한 영성의식이 훼손되고 소모되는 것을 회복시키려는 것이다. 그럼으로써 우주를 영원히 존재케 하려는 소명을 완수하게 된다.

천부경(天符經)은 인간이 세상 안에서 소명을 쉽고 간단하고 빠르게 완수할 수 있는 수련의 기본 개념을 다음과 같이 제시하고 있다.

'일신강충(一神降衷)하고, 성통광명(性通光明)하여, 그 밝고 순수한 영성 기운의 향기로 재세이화(在世理化)함으로써 홍익인간(弘益人間)의 이념을 펼치는 것이다.'

지금, 천부경의 진실을 밝혀야 하는 때가 되었음을 알리는 것은 인간의 오만으로 빚어진 엄청난 자연재해, 그로 인한 인류 멸망의 위기가 막바지에 이르렀음을 심각하게 예고하는 일이다.

하늘만이 간직한 진실, 천기(天機)는 때가 되어야 드러나는 것으로, 이제 그때가 되었음을 알아야 하고, 천부경의 진실을 알아야 할 때이다.

여는글 ● 4

제1부

1장 우주 형성의 과정과 원리 ● 15

    1. 제1차 우주 형성 ● 18
        1) 자연의 궁극적 변화 원리 ● 18
        2) 공허의 수축 ● 22
        3) 펑과 우주 형성 ● 24
        4) 절대의식으로 격상한 우주심 공의 형성 ● 26
        5) 우주 형상 무와 무극의 형성 ● 31
        6) 우주의 소멸 ● 35

2장 인류 ● 37

    1. 제6차 우주의 형성 과정과 인류의 역사 ● 39
        1) 제6차 우주의 형성 과정 ● 39
        2) 인류의 역사 ● 46
        3) 최초의 인류 탄생과 그 발자취 ● 61

    2. 한민족의 형성 ● 78
        1) 한반도 계룡산과 강화도 지역의 한민족 ● 78
        2) 한반도 가야 지역의 한민족 ● 79
        3) 카자흐스탄과 까축 지역의 한민족 ● 80

    3. 환국(桓國) ● 82

    4. 배달국 연방(聯邦)시대 ● 84

3장 하늘과 함께한 독일 기운영 ● 87

　1. 고대 한민족의 발자취 발견 ● 89
　　1) 기운영의 메시지, 그 목적 ● 89
　　2) 기운영 여정 ● 90

　2. 피라미드의 진실에 대한 증거 ● 106
　　1) 세 가지 자료 발견 ● 106
　　2) 하늘과 함께했던 기운영, 그 증거 ● 108

4장 피라미드의 진실 ● 113

　1. 최초의 피라미드 건설 ● 115
　　1) 건설의 목적 ● 115
　　2) 칠레, 이스터섬 ● 118
　　3) 배달국 제1세 환웅, 화성인을 만나다 ● 121
　　4) 천부경을 설파하다 ● 123
　　5) 모아이 석상과 마추픽추 신시 건설 ● 125
　　6) 건설의 주역 ● 128

　2. 피라미드 완성과 화성인의 철수, 마야인 등장 ● 131
　　1) 피라미드를 이용한 화성인 영가 천도 ● 131
　　2) 화성인들의 철수 ● 132
　　3) 마야인의 등장 ● 132
　　4) 마야 문화의 번성 ● 133
　　5) 마야인의 멸망 ● 134
　　6) 이스트섬의 모아이 석상과 영혼의 현황 ● 136

　3. 한민족 선인들의 죽음 ● 139

5장 지극한 하늘사랑, 그 감동 ● 143

　1. 배달국 한민족 선인들의 영가 천도 계획 ● 146
　　1) 단군조선의 탄생과 시대 상황 ● 146
　　2) 제1차 영가 천도 계획 ● 148
　　3) 아리랑과 회로공부 ● 151
　　4) 제2차 영가 천도 계획 ● 157

6장 회로 • 159

  1. 회로의 역사 • 161

  2. 회로의 뿌리, 그곳을 향하여 • 164
    1) 회로와의 만남 • 164
    2) 회로 문양의 발견 • 166
    3) 회로 문양의 흔적을 찾아 나서다 • 168

  3. 고대 문화 속의 회로 • 171
    1) 고대 문화 속의 회로와의 인연 • 171
    2) 회로 문양의 의미 • 173

7장 천부경 • 187

  1. 천부경의 역사 • 189

  2. 천부경 해석 • 193
    1) 우주 형성과 작용 원리, 그리고 삼극 • 193
    2) 궁극적 변화 원리와 성의 생성 • 198
    3) 우주 형상의 형성과 인간의 탄생 • 201
    4) 인간의 엄중한 역할과 소명 • 205
    5) 종결 • 206

  3. 천부경의 핵심 메시지 • 207

  4. 천부경과 최치원 선생 • 208

  5. 해인도와 천부경 • 213
    1) 천부해인우주 해인도 • 214
    2) 땅과 세상 해인도 • 218
    3) 인간과 만물생성 해인도 • 219
    4) 주 해인도 • 222

  6. 상징 마크와 자동 기술 • 225

  7. 입체화된 해인도 • 228
    1) 천부해인 황동모형 • 228
    2) 천부해인우주의 • 230

3) 무주구천 ● 232
4) 천성전 ● 237

1부 맺는글 ● 241

제2부

8장 영혼과 사후세계 ● 245

1. 영혼 ● 247
1) 영이란 무엇인가 ● 250
2) 마음이란 무엇인가 ● 251
3) 생명체 구성의 핵심 요소 ● 253
4) 생명체 구성 요소의 순위 ● 264
5) 용어의 개념과 의미 ● 265

2. 현상계와 비현상계 ● 268
1) 현상계 ● 268
2) 비현상계 ● 269
3) 구성 체계도 ● 275

9장 容天공心 ● 277

1. 용천공심수련 ● 279
1) 용천공심의 의미 ● 279
2) 공부의 방법 ● 281

2. 100차 자연과의 대화를 기념하며 ● 288

3. 메시지로 전하는 하늘마음 ● 297
1) 새천년 맞이 ● 297
2) 한라산 백록담 기운영 ● 299
3) 바른 생명의 길로 가십시오 ● 305

4) 연심당귀본 ● 3 0 7

5) 순응과 자유, 용서와 반성 ● 3 0 9

6) 버리는 것 없이 모두 버려라 ● 3 1 1

7) 생명의 참모습인 '나'를 찾아 사랑의 향기를 뿜는 한 해가 되기를 ● 3 2 2

8) 예술 문화를 바로 세워 정신을 바르게 일깨워야 합니다 ● 3 2 4

9) 然心田 '나'그네 ● 3 2 7

10) 양심의 잣대를 잃지 마십시오 ● 3 2 8

11) 나는 어디에 있는가 ● 3 3 1

2부 맺는글 ● 3 4 0

닫는글 ● 3 4 6

제1부

1장

우주 형성의 과정과 원리

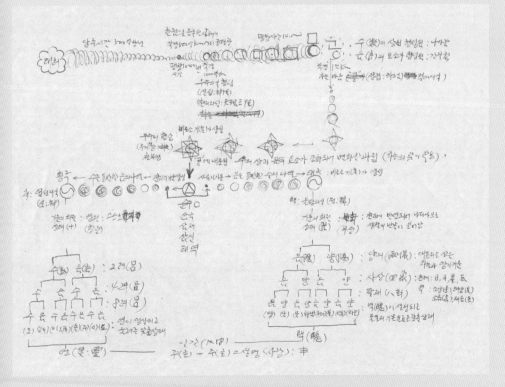

우주 생성과 생명 탄생 원리

제1차 우주 형성

자연의 궁극적 변화 원리

공허의 수축

펑과 우주 형성

절대의식으로 격상한 우주심 공의 형성

우주 형상 무와 무극의 형성

우주의 소멸

우주의 일반적 개념은 무한한 시간과 만물을 포함하고 있는 끝없는 공간이다. 과학이나 철학에서는 존재하는 만물의 근원, 존재하는 모든 물질과 에너지, 그리고 사건이 일어나는 배경이 되는 시공간의 총체라고 한다. 그런데 여기서 말하는 우주는 눈에 보이는 현상적인 세계뿐만 아니라, 눈에 보이지 않는 비현상적인 세계도 포함하고 있는 개념이다. 따라서 우주의 본질적 개념을 완전하게 이해하고, 진정으로 받아들이는 것은 결코 쉬운 일이 아니다. 첨단과학이 우주를 아무리 논리적, 합리적으로 설명하고 증명한다고 해도, 그것은 물리적인 현상에 국한된 것이므로 우주를 완전히 이해하는 데는 한계가 있다. 그리고 전통적인 동양철학의 관점에서 바라본 우주는, 현상계인 '태극'이라는 우주 공간에서 일어나는 물질 변화의 여러 가지 상황을 통계적으로 표현한 것에 지나지 않는다. 그러므로 그 이상의 우주 공간을 알지 못하거나, 알아도 이해하지 못한다면, 진정한 우주의 상위 개념을 완벽하게 설명하기에는 역부족이라 할 수 있다.

지금도 세상에는 우주를 의미하는 하늘, 천도(天道), 하나님, 한얼, 천부경(天符經), 신(神) 등을 구심점으로 삼고 있는 많은 종교가 있지만, 어느 종교에서도 차원 높은 상위 개념의 우주, 특히 우주의 형성 과정과 원리를 심도 있게 표현한 곳은 없다.

여기서 설명하고자 하는 우주 형성 과정과 원리는, 현대 과학으로 표현할 수 없는 초과학적 상위 개념이다. 이 내용은 오랜 세월 동안 정신을 수련하여 마음의 순도가 최상이 된 상태에서 하늘과 교감하는 많은 노력 끝에, 높은 위상의 정보를 영성적 혜안으로 직관한, 순수하고 진실한 결과물이다. 영성적 혜안으로 얻어진 정보 내용을 최대한 쉽게 이해할 수 있도록 설명하려고 노력했지만, 일반적인 관점으로는 이해하기 어려운 부분이 많이 있을 수 있다. 그런데 우리가 어리석어 모르고 있었던, 꼭 알아 두어야 할 이 중요한 진실을 과학적 근거가 없다는 이유로 외면한다면, 우리에겐 이보다 더한 불행은 없을 것이며, 희망도 미래도 없을 것이다.

1. 제1차 우주의 형성

1) 자연의 궁극적 변화 원리

우주가 형성되면서 지금은 '공허'가 우주 바깥으로 밀려난 상황이 되었지만, 그 이전은 오로지 '공허'의 자연 상황뿐이었다. 자연 상황이었던 '공허'는 궁극에 이르러 '자연의 궁극적 변화 원리'의 적용을 받고 우주가 형성되는 방향으로 자연적인 변화를 일으켰다.

여기서 표현하는 '공허'는 무거운 침묵과 고요만이 어둠 속에 짙게 깔린 정적의 자연 상황을 말한다. 우리가 상식적으로 알고 있는 일반적 공허의 의미와는 다른 개념이다. '공허'라고 표현한 이유는, '공'은 절대의식이 생성될 수 있는 잠재적 조건을 지니고 있고, '허'는 영성의식이 생성될 수 있는 잠재적 조건을 지니고 있기 때문이다. 이 의미는 우주가 형성되는 자연적 변화 과정의 여러 상황에서 알 수 있을 것이다.

(1) 공허의 변화

'공허'란 아무것도 없고, 어떤 움직임도 없는, 영성적인 상황도, 물리적인 현상도 아닌, 그야말로 텅 비어 고요만이 오랫동안 지속되어 온 정적의 자연 상황을 말한다. 그런데, 칠흑 같은 어둠 속에서 무거운 침묵만을 안고 한없이 이어지던 정적의 자연 상황에서, 물이 끓기 전의 표면에서 나타나는 것과 같은 은근한 움직임이 일어나기 시작하여 어느덧, 미묘한 꿈틀거림으로 바뀌었다. 이 꿈틀거림의 움직임을 '능(≈)'이라 한다.

능(≈)은 고요만이 이어지던 자연의 정적(靜寂)이 변할 수밖에 없는 궁극(窮極)의 상황에 이르렀을 때, 자연의 궁극적(窮極的) 변화 원리에 따라 저절로 발생했다. '자연의 궁극적 변화 원리'라 함은, 자연적으로 주어진 모든 상황은 그대로 변함없이 무한히 지속하는 것이 아니라, 그 언젠가는 한계를 맞이하는 궁극에 도달하고, 그렇게 되었을 때 반대의 상황으로 변하는 것을 말한다. 이런 자연의 궁극적 변화 원리에 따라 정적의 공허가 능이라는 움직임의 공허로 바뀌는데, 그렇게 되기까지는 150억 년이 걸렸다.

(2) 순수한 자연 사랑의 존재 본성, '짐'

정적의 공허에서 발생한 능(≈)은 은근하고 느긋한 움직임으로 오랫동안 진행하다. 어느 시점에서 물이 끓어오르는 기포처럼 여기저기서 마구잡이 움직임으로 바뀌어, 고요한 침묵과 어둠의 공허를 거대한 소용돌이 상황으로 만들었다.

그러나 무질서하게 마구 날뛰던 능(≈)의 소용돌이는 끝없이 진행하지 못하고 결국, 변할 수밖에 없는 궁극(窮極)에 이른다. 모든 상황을 금방이라도 뒤집어 놓을 것처럼 그렇게 소용돌이치던 능은 궁극에 이르러, 자연스럽게 침착해지는 변화가 일어난다. 이 변화는 수없는 충돌에 휩싸였던 능이, 극한의 존재 위기에서 벗어나려는 의식이 스스로 일깨워진 결과이다. 만약 이 충돌 상황만 계속 이어진다면, 어느 시점에서 너나 할 것 없이 모두가 사라질 수밖에 없다는 존재 자체의 위기를 느꼈기 때문에, 능은 오로지 살아야 한다는 강한 집념을 일으켰던 것이다. 그와 동시에 이 위기를 '어떻게 하면 극복할 수 있을까?'라는 궁리를 시작한다. 위기 상황을 극복하려는 긴 궁리 끝에, 능은 비로소 위기 극복을 위한 세 가지의 필요충분조건인 '민·위·낭'이라는 공감의식을 가지게 된다. 이 세 가지의 공감의식은 순수자연에서 갖춰지는 존재의 본성으로서, '사랑'이란 총체적 의미가 들어 있는 '짐'이다.

'짐'이라는 세 가지 공감의식 중에서 '민'은 발가벗은 순수 그대로일 때를 말하는 것으로서, 서로의 허물을 논하지 않고, 상대를 위하고, 포용하고, 협조하면서 스스로 사랑을 베푸는 순수의식이다. 이 의식이 확실히 갖추어지면, 어떤 상황에서도 질서와 조화를 이룰 수 있고, 평화롭고 자유로운 존재감도 가질 수 있다. '위'는 존재 그 자체가 고귀하고 존엄하므로, 생명에 대한 최고, 최대의 자존감을 가지기 위해 사랑을 품어 간직하려고 스스로 노력하는 순수의식이다. '낭'은 벼랑 끝에 선 절체절명의 위기에서도 존재에 대한 극도의 불안에서 벗어날 수 있는 지혜로운 궁극의 묘를 발휘하는 것으로서, 사랑을 실천하는 순수의식이다.

　다시 한번 강조하면, 이 세 가지 공감의식 '민 · 위 · 낭'은 존재에 대한 필요충분조건으로서, '사랑'이라는 포괄적인 의미를 담고 있는 순수 자연의 존재 본성 '짐'이라 한다. 이 짐은 서로를 이해하면서 협조하고, 포용하고 감싸면서 위해줄 뿐만 아니라, 스스로 존재감을 높이고 지혜를 발휘하게 한다. 그럼으로써 모두가 안전하고, 평화롭고, 자유롭고, 행복하게 존재할 수 있는 것이다.

　'민 · 위 · 낭'은 우주가 온전하게 형성되는 자연의 절대의식의 변화 과정에서 각각 '사랑 · 생명 · 지혜'라는 의미를 구체적으로 드러낸다. '사랑 · 생명 · 지혜'로 드러나는 특성은 우주의식 형성의 주요한 핵심 삼 요소로 성숙하고 발전하여, 자연의 궁극적 변화 원리에 따라 순수자연의 기운 변화를 일으키는 삼극(三極) 작용의 근본이 되고, 만사만물을 일으키고 생명을 잉태시키는 삼신(三神) 작용의 근원이 되며, 사랑을 실천하도록 인간의 심성을 바르게 갖춰 주는 삼신할머니의 역할을 한다. 그렇게 작용할 수 있는 것은, 모든 것에는 '사랑'이라는 존재 본성 짐이 발현되고 있는 자연의 섭리가 따르기 때문이다.

　'짐'은 우주와 세상, 그리고 인간에게 개체로 존재하는 '나'라는 본성을 지니게 함으로써, 서로가 상대, 상교, 상합이라는 불가분의 관계를 유지한다. 나는 독립적 개체 의식이고, 사랑이라는 존재 본성 짐이다.

순수자연의 존재 본성은 변하지 않고 지속적으로 유지되는 절대적인 것이므로 '자연의 절대의식'이라고 한다. 이 절대의식은 오랜 시간이 지난 뒤, 스스로 영원히 존재할 필요성을 인식하는 합당한 시기가 오면, 자연스럽고 지혜롭게 의식 작용체계를 이룬다.

'능'이라는 움직임이 발생하여 '짐'이라는 의식이 생성되기까지는 10억 년이 걸렸다.

2) 공허의 수축

(1) '능'의 회전 움직임

짐이라는 존재에 대한 필요충분조건의 공감의식이 발현되고 있는 공허 상황에서 수많은 시간이 흐른 어느 시점이 되면, 능은 리듬과 방향이 일정한 나선 형태의 회전 움직임으로 바뀐다. 이로써 공허에는 일정한 움직임이 진행되는 상황에서 질서와 조화를 이룬 공간이 주어진다. 이렇게 질서 정연하게 변화된 상황에서 짐이 존재에 대한 필요충분조건의 공감의식을 강하게 발현하면, 능은 강한 회전 움직임을 일으키게 된다.

능이 강한 움직임을 일으키고 있는 상황에서 짐이 존재에 대한 의식을 더 강하게 발현하면, 능은 더 강한 회전 움직임을 일으킨다. 그런 상황이 진행되는 어느 순간, 공허는 서서히 수축하기 시작한다. 서서히 수축하는 시간이 상당히 지나면서 강한 수축으로, 더 강한 수축으로, 아주 강한 수축 상황으로 끝없이 이어진다. 어느덧, 공허는 더 이상 수축할 수 없는 궁극의 한 점에 이르게 되고, 이 궁극의 한 점은 어쩔 수 없이 폭발하게 된다.

수축이 시작되어 폭발할 수밖에 없는 궁극의 한 점에 이르기까지 걸리는 시간은 10억 년이고, 한 점의 크기는 직경 약 500억 *km*이다.

(2) 공허의 변화 상황

공허가 고요한 정적의 상황에서 능의 생성까지 150억 년, 짐의식이 생성되어 필연적인 수축 상황으로 바뀌는 시점까지 10억 년, 수축하기 시작하여 폭발할 수밖에 없는 궁극의 한 점이 되기까지 10억 년이 걸린다. 공허가 총 170억 년이 걸려 궁극의 한 점이 되는데, 그 크기는 직경 약 500억 *km* 정도이다.

고요한 정적의 상황이 무한하게 펼쳐져 있던 공허가 170억 년이라는 어마어마한 시간을 지나면서 궁극의 한 점인 직경 500억 *km*로 수축하였다고 말한다면, 일반 사람의 보통 상식으로는 상상하기도 믿기도 어렵다. 더구나 직경 500억 *km*의 크기를 한 점으로 표현하는 것은 일반적인 개념으로는 이해하고 받아들이기 쉽지 않다. 그러나 직경 500억 *km*의 크기를, 무한하게 펼쳐져 있던 공허의 입장에서 본다면 눈에 보이지 않을 정도의 미세한 한 점으로밖에 볼 수 없다.

이처럼 어마어마하게 진행된 우주 형성 과정의 초기 상황이, 우리가 알 수도 없지만, 분명히 모르는 사이에 일어났고, 지금도 우주 공간에서는 비슷한 상황이 전개되고 있다. 이것은 이 순간에도 믿을 수 없는 진실이 분명히 일어나고 있음을 말하는 것이다.

3) '펑'과 우주 형성

(1) 자연의 궁극적 변화 원리에 의한 '펑'

어쩔 수 없이 폭발할 수밖에 없는 궁극의 한 점에 이른 공허가 드디어 '펑'이라는 대폭발을 일으키면, 순식간에 급팽창이 일어나고, 팽창은 팽창을 거듭하며 끝없이 이어지는 상황에 돌입한다. 도무지 가늠하고 상상할 수 없는 어마어마한 상황이 소리 없이 일어난다. 여기서 표현된 '펑'은, 물리 현상의 대폭발인 '빅뱅'과 비슷한 상황으로 전개되지만, 현상계가 형성되기 이전일 뿐만 아니라, 우주도 형성되기 이전이므로 소리도 없고 눈에 보이지도 않는, 비현상적 상황을 말한다. 그러므로 당연히 과학적 관점으로는 알 수도, 증명할 수도 없다.

한 점의 공허가 '펑'이라는 대폭발의 급팽창이 일어나, 끝없는 팽창이 거듭되는 상황으로 이어지는 과정에서, 공허는 그때그때의 상황에 걸맞은 여러 가지 변화의 양상을 맞이한다. 그 변화의 양상에서 자연의 원리가 구체적으로 드러나고 공간이 조밀하게 이루어져, 우주가 형성되는 조건으로 진행한다. 고요한 정적의 자연 상황으로 무한하게 펼쳐져 있던 공허가, 어쩔 수 없이 수축, 폭발, 팽창할 수밖에 없는 상황이 된다는 것은, 자연의 궁극적 변화 원리가 어디에도, 어떤 것에도, 어떤 경우의 상황에도 예외 없이 적용될 수밖에 없다는 것을 보여준다.

(2) '리'의 생성과 '태허(太虛)' 공간

궁극의 한 점으로 수축하였던 공허가 '펑' 하면서 생겨난 급팽창은 능($\approx$)을 큰 소용돌이 상황으로 빠지게 한다. 의식은 혼란해지고, 움직임의 리듬과 방향도 완전히 무너진, 스스로 통제할 수 없는 광란 그 자체가 오랫동안 지속된다. 광란에서 도저히 헤어나지 못할 것 같은 상황에서 한참 동안 허우적거리던 능($\approx$)은, 존재 본성인 짐이 광란의 상황을 극복하기 위한 의식이 강하게 발현되는 어느 시점에 이르러, 의식을 회복하고 움직임의 리듬과 방향을 일정하게 유지하여 공간의 팽창을 균일하게 이루어 나간다. 능이 공허를 일정하고 균일하게 팽창시키는 데 익숙할 정도로 능숙하게 되면, 짐은 능의 리듬과 방향을 정교하게 조절할 수 있는 '리($\approx$)'를 생성하여, 훨씬 성숙한 질서와 조화를 갖춘 공허가 되게 한다.

능을 조절하는 '리($\approx$)'의 작용이 계속됨으로써, 공간 팽창의 리듬과 방향이 확실하고 일정하게 이어짐에 따라 공허는 완숙한 질서와 조화를 갖춘 상황이 된다. 이런 상황이 이어지는 공허의 중심에는 어느덧, 징연(整然)한 새로운 사인 공간이 생성되는데, 성연한 자연 공간에서는 능을 조절하는 '리($\approx$)'의 작용 효율이 더 높아져, 공간의 팽창은 일정하면서도 더 빠르게 진행된다. 이 정연한 자연 공간의 팽창이 아주 빠르게 진행되면, 공허는 점점 바깥으로 밀려나는 상태가 되는데, 공허 속에서 생성된 자연 공간을 '태허'라 한다.

'펑'이라는 대폭발을 시작으로 팽창을 거듭하는 무수한 변화의 과정에서 '태허'라는 자연 공간이 형성되기까지는 20억 년이 걸리고, 그 크기는 직경 1,000억 km 정도가 된다. 그러나 '태허'는 시간과 공간이 구체적으로 짜이기 이전의 상황이므로, 우주가 형성될 수 있는 기반에 불과하다.

(3) 우주의 기조(基調) 공간, '허공(虛空)'

태허라는 자연 공간에서도 능을 조절하는 리(≈)가 작용하므로, 계속 진행하는 공간의 팽창은 균일하게 이루어진다. 그런 과정에서 존재 본성 짐은 정연(整然)한 자연 공간의 질서와 조화가 더 정교하고 확실하게 이루어지도록 애를 쓴다. 그런 상황이 무한하게 지속되는 어느 시점에 이르면, 태허의 중심에는 시간과 공간이 구체적으로 짜인 자연 공간이 생성되어 직경 1,000억 *km* 정도로 빠르게 커지면서 태허는 자연적으로 바깥으로 밀려나게 된다. 이 자연 공간을 '허공'이라 하는데, 이 허공은 비로소 우주가 형성되는 기조(基調)가 된다. '태허'라는 자연 공간이 변화, 발전하는 수없는 과정을 거쳐, 그 안에서 '허공'이 생성되기까지는 무려 30억 년이 걸린다.

'허공'이라 할 때의 '허'는 순간의 어느 시점까지 지나온 능(≈)의 흔적으로, 시간의 의미를 지니고 있고, '공'은 능(≈)의 팽창으로 생겨난 순간의 공백을 말하며, 공간의 의미를 지니고 있다.

4) 절대의식으로 격상한 우주심 '공'의 형성

(1) 자연의 섭리와 법칙의 확립, 그리고 신(神)

시간과 공간이 잘 짜인 허공에서도, 움직임의 리듬과 방향을 일정하고 정교하게 조절하는 리가 계속 작용하고 있으므로, 능은 나선형의 회전을 더 강하게 일으킬 수 있게 되어, 공간의 팽창은 더 빠르게 진행된다. 그런 과정의 시간이 길게 흐른 어느 시점에서 존재 본성 짐은 능을 아주 강하게 회전시켜, 공간의 팽창은 아주 빠르게, 팽창의 리듬과 방향은 아주 정교하게 진행시킨다. 이런 상황이 오래 진행되면, 어느덧, 허공에는 시간과 공간의 짜임이 더 조밀하고 명확하게 이루어지고 자연의 섭리와 법칙까지 확립된다.

'자연의 섭리'란 자연에서 주어진 모든 상황은 어떤 조건에서도 궁극의 상태에 이르면 상반되게 변할 수밖에 없는 원리에 따른다는 '자연의 궁극적 변화 원리'를 말하며, '자연의 법칙'이란 자연에서 주어진 모든 상황이 어떤 조건에서도 반복적으로 변화작용하여 나타나는 일정한 법칙을 말한다.

이렇게 확립된 자연의 섭리와 법칙이 짐의 의식에 깃들면, 드디어 짐은 절대의식으로 격상되어 '신(神)'이라는 절대능력을 갖추게 된다. 이때 짐의 공감의식인 삼 요소 '민·위·낭'은 '삼재(三才)'로 격상되고, '원·방·각(○·□·△)'이라는 상(象)도 갖춘다.

시간과 공간의 짜임이 완벽하게 이루어진 허공에 짐의 절대의식이 '신(神)'이라는 절대능력을 갖추게 되면, 공간은 더 정연한 양상을 띠어 질서와 조화는 완벽하게 갖추어진다. 이 상황이 비로소 제대로 이루어진 우주이다. 그러나 아직 우주의 절대의식을 작용할 수 있는 체계가 이루어진 것은 아니므로, 우주의 원리를 구체적으로 운영하거나 우주를 영원히 존재케 할 수 있는 조건은 아니다. 그러므로 우주 공간의 팽창은 더 지속되어야 한다.

(2) 우주심(宇宙心: 하늘마음) '공'의 형성

능(≈)은 가능하면 절대의식이 갖추어진 우주 공간을 더 넓고 더 크게 팽창시키려고 애를 쓰며 아주 빠른 회전 움직임을 일으킨다. 그렇게 1만 년 동안 진행된 어느 시점에서 우주 공간의 직경이 1조 km가 되면, 존재 본성 짐은 리(≈)를 두 가지 성질로 변화시킨다. 하나는 절대의식의 본질을 더 발전시키려고 애쓰는 성질이고, 다른 하나는 이 정도에서 멈추어 그대로 유지하려고 애쓰는 성질이다. 전자는 나아감의 성질로서 파동과 리듬을 지닌 '음(音)'이고, 후자는 멈춤의 성질로서 파동과 리듬이 지나간 흔적의 상(象)을 지닌 '수(數)'이다. 이 두 성질인 음과 수를 '성(性)', 즉 '신성(神性)'이라 한다. 존재 본성 짐의 의도에 따라 생성된 신성은, 자연스럽게 삼재인 '민·위·낭'의 각각에 깃들어, 그 각각은 분명한 독립 개체가 된다.

삼재 각각에 깃든 음·수는 '민음(민音), 민수(민數), 위음(위音), 위수(위數), 낭음(낭音), 낭수(낭數)'라는 여섯 가지의 성질이 된다. 이 여섯 가지 성질이 조합되어 적절하게 조화를 이루면, 절대의식을 작용할 수 있는 '영(靈)'이라는 특별한 체계가 생성된다. 이렇게 생성된 영은 절대의식을 작용시킴으로써 우주의식과 원리를 널리 펼 수 있는 조건을 갖춘다. 이 영을, 우주의식을 작용하는 '우주령(宇宙靈)' 또는 '신령(神靈)'이라고 한다. 이를 성스럽게 표현하면 '성령(聖靈)', 친근감 있게 인격화하면 '하느님'이라 한다. 우주령, 또는 성령을 하느님이라고 호칭하는 것은, 우주 자연의 절대의식을 작용하는 유일무이한 절대 존재로서, 인간에게 미치는 영향이 절대적이면서 인간과는 불가분의 관계라는 의미가 있기 때문이다.

우주의 절대의식의 작용체계인 우주령(宇宙靈), 즉 성령(聖靈)이 생성된 상황에서 우주 공간의 팽창이 500년간 더 진행되면, 성령은 음·수가 맞물린 짜임과 조화를 더 강하게 하여, 공간 팽창의 리듬과 방향을 더 조밀하면서 섬세하고 명확하게 한다. 그에 따라 신성(神性)의 음·수는 더 강하고 확실하게 맞물려 회전력이 향상됨으로써, 공간의 팽창은 더 빨라지면서 공간은 더 정교한 조화를 이루게 된다. 이때 우주의 절대의식에는 '오재(五才: 법法·섭攝·의意·리理·순順)'가 형성되어 성령의 작용 능력은 더 성숙하고 발전한 양상을 띤다. 그리고 만사만물의 생성과 다양한 변화의 원리도 순조롭게 작용할 수 있는 조건을 갖춘다.

우주 절대의식의 작용체인 성령이 작용 능력을 뛰어나게 발휘하는 완숙(完熟)한 상태가 되면, 광대한 공간에서 하늘의 뜻을 확실하게 펼 수 있는 조건을 갖추었다고 하는데, 이를 두고 '하늘마음이 생성되었다.'고 한다. '하늘마음'이라고 표현한 이유는, 우주 공간에서 펼쳐지는 다양한 변화 원리를 작용시켜 생명을 잉태시키고 만물을 생성시키는 일을 하늘이 절대적으로 주관하기 때문이다.

쉽게 이해하도록 이와 같은 이치를 예를 들어 설명하면 다음과 같다. 인간이 탄생할 때 성령이 깃든 영성의식과 정령이라는 물성의식이 혼합되어 조화를 이루면, '영혼'이라는 의식작용체계가 형성된다. 이 영혼은 현상적인 생명활동을 주관하게 되는데, 이를 인간의 '마음'이라 한다.

(3) '하늘마음' 생성 과정의 상(象)과 '공(ㅎ)'

하늘의 뜻을 확실하게 펼 수 있는 '하늘마음'의 생성 과정을 상(象)으로 나타내면 다음과 같다.

우주의 절대의식이 신(神)이라는 절대능력을 확실하게 갖춘 상태에서, 직경 약 1조 *km* 정도로 팽창되면, 우주의 절대의식 짐은 모든 상황을 더 크게 변화 발전시키기 위해, 능을 아주 빠르고 강하게 회전시킨다. 점점 더 빨라지고 더 강해지는 능의 회전 움직임이 궁극에 이르면, 리(≈)가 미묘하게 변화를 일으킨다.

리의 미묘한 변화에서 우주의식의 본질을 발전시키려는 성질의 한 점(·)이 나타나는데, 이 한 점(·)은 아주 빠르게 팽창하여 원(圓:○)을 이룬다. 원의 팽창이 궁극에 이르면, 발전하려는 우주의식의 본질을 멈추게 하여 그대로 간직하려는 성질의 저항력 각(ㄱ)이 생긴다. 이 각(ㄱ)은 점점 원(圓:○)의 바깥에서 원을 둘러싸는 방(方:□)을 이루어, 결국 이런 모양(◎)의 상(象)이 된다. 이런 모양(◎)으로 함께 맞물린 원과 방이 빠르게 회전하면, 원과 방이 분리되어 세로(○ □)로 조화를 이루게 된다. 이 상태에서 나선형의 강한 회전이 계속 진행되면, 나아감의 성질인 원과 간직함의 성질인 방이 더 성숙하고 발전한 조화 상태로 변하여 마지막 과정에서는 방이 위, 원이 아래가 된 상태(吕)로 맞물려 움직인다. 이 움직임의 한순간을 포착하면, 한글의 '공(공)'과 비슷한 상이 된다. 이 '공(공)'을 '하늘마음'이라고 한다.

원(圓:○)의 모양으로 이루어진 상(象)은 파동과 리듬을 지닌 '음(音)'이라 하고, 방(方:□)의 모양으로 이루어진 상(象)은 파동과 리듬의 흔적을 지닌 '수(數)'라 한다.

하늘마음 '공(공)'이 형성되면, 신성의 음(音: 나아감)과 수(數: 멈춤)가 더 팽팽하게 맞물리게 되어, 나선형 회전의 움직임은 더욱 빠르고 강해지면서 음·수의 조화는 더욱더 강화된다. 음·수의 조화가 최상으로 강화되는 상황이 오면, 우주 공간에는 '공(GONG)~'이라는 소리가 무한하고 은은하게 울려 퍼지는 '하늘마음의 진동'이 일어난다. 이 진동을 '로고스의 진동', 즉 태초의 하늘 말씀이라 하는데, 여기에는 자연의 법칙과 섭리, 하늘의 뜻과 이치와 순리인 '오재'가 실려 있다.

· → ○ → ○ → ▢ → ○□ → ♉ → ♋ → 공

5) 우주 형상 '무(無)'와 '무극(無極)'의 형성

(1) 우주 형상 '무(無)'

하늘마음 '공'이 형성된 시점에서 우주가 1만 년 동안 더 팽창하면, 그 크기는 직경 1경 km 정도가 된다. 공간의 팽창이 오랜 시간 거듭되는 과정에서 세밀하게 움직이던 능은 어느새 절대의식에 감응되어, 빠르고 정교한 움직임으로 '운(運)'이라는 은빛 무리를 이루어 우주 공간의 '테'를 만든다. 테가 이루어진 공간에서 능은 아주 빠르고 정교한 움직임으로 시간과 공간을 더 조화롭고 더 조밀하게 짜이게 하여, 우주의 절대의식은 더욱더 명확하게, 절대능력은 더욱더 강하게, 우주 공간의 짜임새는 더욱더 새로운 양상으로 변화하게 한다. '능'의 능력이 이 정도로 탁월하게 갖추어지면 우주의 절대의식과 교감할 수 있는 순수한 '기(≋)'로 변한다. 이렇게 변한 기(≋)는 우주 형상을 세밀하고 확실하게, 분명하고 뚜렷하게 이룰 수 있는 능력을 갖춘다.

능이 기(≋)로 변한 처음의 상황은 일시적으로 혼란하고 흐릿해지는, 혼돈 그 자체가 펼쳐지지만, 시간이 지남에 따라 기(≋)의 흐름이 강하고 뚜렷해져, 우주 공간의 기운 변화작용을 과감하면서 단호하게 일으킬 수 있는 힘이 갖추어진다. 이때 능에 작용한 존재 본성 짐의 민·위·낭 삼재(三才)가, 우주의 뜻을 항구적으로 작용할 수 있는 '천·지·인(天·地·人) 삼극(三極)'의 위상으로 격상된다. 그뿐만 아니라 천·지·인 각각에 삼극과 오재가 깃들어, 생명 잉태와 만사만물 생성의 근원적인 힘이 독립적으로 갖추어진다.

천·지·인 각각에 삼극(三極)과 오재(五才)가 내재되고, 절대적인 우주의식을 작용할 수 있는 기(≋)가 한껏 충만함으로써, 천·지·인 삼극은 우주의 뜻을 확실하게 펼 수 있고, 우주를 영원히 존재케 할 수 있는 핵심 역할이 된다. 그리고 시간이 지남에 따라 삼극에는 기(≋)가 더 강화되고, 작용 능력과 체계가 확실하게 강해져, 역할을 완벽하게 할 수 있는 조건을 갖춘다. 이런 상태의 천·지·인 각각은 입체적인 원·방·각(○·□·△)의 상(象)을 지니게 되는데, 천(天)은 원(○), 지(地)는 방(□), 인(人)은 각(△)이 된다. 천·지·인 삼극이 입체적인 원·방·각의 상(象)을 지닌 상태에서 기(≋)가 더욱더 강하게 충만하면, 우주의 절대의식을 완벽하게 작용할 수 있게 되는데, 이는 '삼신(三神)'의 역할을 할 수 있는 위상의 정도이다.

삼신 역할 정도의 위상이 된 삼극(三極)은, 우주의 절대의식을 완벽하고 확실하게 작용하려면 구체적인 '우주 형상'이 필요하다는 판단을 한다. 그래서 천·지·인 각각의 원·방·각이 입체적으로 조율되고 합체되도록 기운작용을 일으킨다. 그 결과 입체의 원·방·각이 완벽하게 조합된 우주 형상이 이루어진다. 이런 상황에서 기(≋)는 작용의 능력과 강도가 한층 더 높은 기(气≋)로 변한다.

허공에 둥근 은빛 무리를 이룬 '운(運)'이라는 우주 공간의 테가 형성되고, 그 안에서 완벽하게 잘 짜인 입체적 우주 형상이 뚜렷하게 갖추어지면, 비로소 진정한 우주 형상 '무(無)'가 이루어진다. 이렇게 우주형상 '무(無)'가 이루어지는 데 걸린 시간은 5억 년이다.

(2) 무극(無極)

우주 형상 '무(無)'가 갖추어진 상태에서도 우주 공간은 끊임없이 팽창하고, 우주의 절대의식을 작용하는 신령은 '무(無)'라는 우주 형상과 우주 원리가 더 완벽하고 세밀하게 짜이도록 다듬어 나간다. 그렇게 진행하는 과정이 약 100만 년이라는 긴 시간이 흐르면, 우주의 크기는 직경 약 1,000경 km가 된다. 이런 상황이 오면, 우주의 절대의식과 원리의 모든 정보가 하나둘씩 오랜 시간을 두고 우주 중심으로 모여들어, 무언가를 크게 일으키려는 태동의 한 '알'로 집약된다.

이 한 알은 궁극의 한 '점(·)'이 되어 폭발하고 팽창하여 우주를 대표하는 하나의 '대단원(○)'을 이룬다. 이것은 우주의식과 원리를 더 용이하게, 더 넓게 펼칠 수 있는 '순수영(⊗)'이라는 새로운 공간이 만들어진 것이다. 이 새로운 공간에는 강하게 회전하는 기운(气運≋)이 팽창과 수축을 무한히 반복함으로써, 만사만물의 기운 변화작용의 능력을 발휘하는 삼극이 아무리 많은 능력을 발휘해도 그 본질은 변하지 않게 된다. 이로써 영성의식을 작용하는 기가 한껏 충만한 천·지·인 삼극이 삼신으로 격상되어, 모든 상황을 다양하면서 세밀하고 확실하게 변화 발전시킨다. 이처럼 완전한 우주 형상 무와 무극이 갖추어지면 삼신의 작용 능력은 우주의 절대의식, 즉 하늘의 뜻을 완전하고 무한하게 펼 수 있는 위상이 되어, 생명 잉태와 만물의 생성도 확실하고 원만하게 이루어질 수 있는 조건이 된다.

우주 형상이 이루어지기 전에는, 존재 본성 짐의 민·위·낭이 오재를 갖춘 정도에서 천·지·인 삼극(三極)으로 격상되지만, 우주 형상 안에서 이루어진 새로운 공간 순수영에서는 삼극(三極)에 강한 기(气:≋)가 한껏 충만하게 되어, 작용 능력이 아주 강한 삼신으로 격상된다. '순수영(⊗)'이라는 이 새로운 공간을 우주를 대표하는 '무극(無極)'이라 한다. 우주 형상 무(無) 안에서 '무극(無極)'이 이루어지는 데 걸린 시간은 3억 년이다.

우주 형상 무와 무극이 갖추어지면, 우주의 절대의식, 즉 하늘의 뜻을 완전하고 무한하게 펼 수 있고, 생명 잉태와 만물의 생성이 확실하고 원만하게 이루어지는 조건이 된다. 그리고 우주 형상의 본질은 삼신의 위상에 걸맞은 삼극의 뜻에 따라, 천·지·인(天·地·人)이 원·방·각(○·□·△)이라는 입체 도상으로 이루어졌으므로, 이는 '천부해인(天符海印)'[1]의 의미가 충분히 반영되었다. 이로써 우주 형상은 진정한 '무'라고 할 수 있다.

'무'는 우주 형상이 너무나 크고 넓어서 그 끝을 알 수 없고, 그 속은

---

1 우리 공부에서는 '성령(聖靈)'을 하늘의 정보와 직통으로 연결될 수 있는 능력을 갖춘 상태를 인증하는 의미로서 '해인(海印)'이라고 표현한다. '천부해인'은 7장의 천부해인우주해인도(天)에서 설명되고 있다.

무엇인가 꽉 차 있지만, 도무지 볼 수도 만질 수도 없다. 그리고 그 어떤 것도 이루어지지 않는 것이 없고, 어디에도 관여하지 않는 곳이 없는, 무한하고 영원한 대단원이다.

6) 우주의 소멸

어둠과 고요, 침묵만이 한없이 펼쳐진 정적의 '공허'에서 자연의 절대의식이 생성되고, 삼신과 오재가 깃든 우주 공간이 이루어진다. 우주 공간에는 운(運)이라는 은빛 무리의 테가 생성되고, 그 안에서 진정한 우주 형상 '무(無)'가 갖추어진다. 그리고 3억 년이 걸려 만사만물의 대단원인 무극(無極)까지 형성되고서야 비로소 온전한 우주가 된다. 여기까지 오는 데 무려 228억 년이 걸린다. 이렇게 긴 시간에 걸쳐 온전하게 형성된 우주가, 모든 것을 완벽하게 작용할 수 있는 절대능력을 지니고 있는데도 불구하고, 5억 년이 지나도록 특별한 절대의식의 기운 변화작용이 전혀 없는 상황이 되면, 자연의 궁극적 변화를 맞이하게 된다. 무려 228억 년이 걸려 온전하게 형성된 우주가 '자연의 궁극적 변화 원리'에 적용되어 수축하기 시작하면, 모든 것이 서서히 소멸하면서 결국 처음의 공허 상태로 돌아간다. 그렇게 되는 데는 무려 220억 년이라는 시간이 걸린다.

지금까지 우주는 이 과정을 무려 다섯 번이나 반복했다. 현재 존재하고 있는 우주는 긴 시간에 걸쳐, 형성되고 소멸하는 과정을 다섯 번이나 거듭하고 난 후, 여섯 번째 형성된 것이다. 여섯 번째 형성된 지금의 우주는, 그 주기가 지나고도 수축하지 않고 500억 년이나 더 지난 상태이다. 온전하게 형성된 우주가 처음의 공허로 돌아가는 한 주기는 453

억 년이므로, 첫 번째 시작에서부터 여섯 번째 형성된 지금의 우주가 유지되기까지 걸린 시간을 합산해보면 약 2,993억 년인 셈이다.

그렇게 긴 시간에 걸쳐 형성된 온전한 우주가 처음의 공허 상태로 돌아간다고 생각하면, 우주의 절대의식, 즉 하늘의 입장에서는 '얼마나 안타깝고 황당하고 허무했을까!'라는 느낌이 든다. 그것도 다섯 번이나 반복했으니, 하늘 스스로 참 한심하고 답답한 노릇이라고 생각했을 것이다. 그렇게 자책하고 고심하던 하늘은 여섯 번째 우주가 형성되는 시기에는 어떤 수단과 방법을 써서라도 우주를 영원히 존재하도록 해야겠다는 결심을 하게 된다. 인간의 탄생을 염두에 둔 것이다.

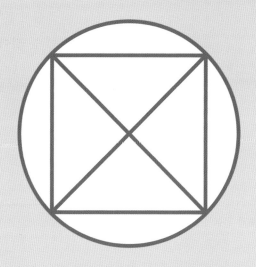

이미지로 본 순수영, 생명을 잉태하고 만사만물을 생성하는 절대의식의 작용체

천 (天)	인 (人)	지 (地)
원	각	방
○	△	□
하늘	인간	땅
사랑	지혜	생명

우주를 영원히 존재하게 하고,
만사만물을 작용할 수 있는 힘을 갖추게 하는 우주의 세 가지 핵심 요소

제6차 우주의 형성 과정과 인류의 역사

제6차 우주의 형성 과정

인류의 역사

최초의 인류 탄생과 그 발자취

한민족의 형성

한반도 계룡산과 강화도 지역의 한민족

한반도 가야 지역의 한민족

카자흐스탄과 까축 지역의 한민족

환국(桓國)

배달국 연방(聯邦)시대

1. 제6차 우주의 형성 과정과 인류의 역사

1) 제6차 우주의 형성 과정

완벽한 우주 형상을 갖춘 우주가 최초로 형성된 시기에서 다섯 번이 나 소멸하기까지 걸린 시간은 무려 2,265억 년이었고, 여섯 번째 형성 되기까지의 시간을 합산하면 2,493억 년이었다. 여섯 번째 형성된 우 주가 소멸하지 않고 지금까지 500억 년 더 존재하고 있는 것은, 삼신이 무극(無極)이라는 우주의 대단원에서 순수기운을 강하게 응축시키고 증 폭시키는 절대적 작용 능력을 발휘하여, 삼극(三極: 황극黃極, 중극中極, 태극 太極)이라는 특별한 공간을 만들었고 이 공간을 이용하여 성령이 깃든 인간을 현상계에 탄생시키는 특단의 방안을 강구했기 때문이다. 이것 은 삼신 스스로 살과 뼈를 도려내는 아픔과 같은 큰 희생을 치른 결과 이다.

우주는 스스로 자연 순환하고 있는 상황이므로, 순수기운의 소모가 자연적으로 많이 일어나는 것은 당연한 이치이다. 이를 해결하기 위한 특단의 방안은, 인간으로 하여금 우주의 순수기운을 강하게 응축, 팽창 시키게 함으로써, 원상을 그대로 유지하게 할 뿐만 아니라, 우주의 절 대의식을 더 강하고 밝게 만들어 가는 것이다.

다섯 번째 우주가 소멸한 이후, 228억 년 만에 다시 형성된 지금의 우주가 5억 년이 지나도 수축하지 않고, 무려 500억 년 동안 더 멋지고 확실하게 유지되고 있는 것은, 특단의 방안이 성공적으로 이루어진 결과이다. 물론, 긴 세월 동안 겪어야 하는, 어렵고 힘든 과정이 많이 있었을 것이고, 그것은 결코 쉬운 일은 아니었을 것이다.

여기서 다섯 번이나 반복되었던 우주 형성 과정의 내용을, 한 번 더 설명하려는 것은 우주가 형성되는 과정이 그리 쉽게 이루어지지 않았음을 강조하면서, 이 글을 읽는 사람이 그 내용을 좀 더 확실하게 이해하고, 가슴으로 새겼으면 좋겠다는 바람 때문이기도 하다.

(1) 자연의 궁극적 변화

무거운 침묵과 고요만이 짙게 깔린 정적의 자연 상황 '공허'에서 자연의 궁극적 변화 원리에 따라 '능'이라는 움직임이 일어나고, 그 능은 잔잔한 움직임에서 광란적 소용돌이로 바뀌어 존재에 대한 위기를 맞이하는 궁극적 상황에 이른다. 이때 능은 '민·위·낭'이란 세 가지 공감의식을 갖게 되는데, 이것은 순수자연 의식에서 주어지는 존재 본성

'짐'으로 넓은 의미의 '사랑'을 내포하고 있다.

짐은 새로운 변화와 도약을 위해 능을 아주 강력한 회전 움직임으로 바꾸어 공허를 압축하기 시작했고, 마침내 궁극의 한 점이 된 공허는 어쩔 수 없이 '펑'이라는 대폭발을 일으켰다. 공허가 폭발 순간부터 급 팽창하는 동안 능은 광란적인 상태가 되어 혼란에 빠져 있었지만, 짐의 식이 강하게 발현되는 어느 순간부터, 능이 진정되어 팽창의 리듬과 방향이 일정하고 균일하게 진행되었다. 그런 상황이 상당히 지속된 후, 짐은 팽창의 리듬과 방향을 일정하면서도 더 정교하게 조절할 수 있는 '리(≈)'를 생성하여 공허를 질서와 조화가 잘 이루어진 성숙한 상황이 되게 했다.

어느덧 공허의 중심에는 질서와 조화가 정연하게 이루어진 자연 공간이 생성되었고, 이런 상황을 맞이한 능은 공간의 팽창을 빠르게 진행하면서 균일하고 조화로운 양상으로 만들어 갔다. 공허는 정연한 자연 공간의 팽창 때문에 바깥으로 밀려났고, 자연 공간의 지름은 1,000억 km가 되었다. 이 새로운 자연 공간이 '태허'였다. 태허가 탄생까지 20억 년이 걸렸다.

태허도 공간의 팽창은 계속되었고, 리가 능의 움직임을 더욱 정교하게 조절함으로써 자연 공간이 더 조밀하게 조화를 이루어 더 정연한 상황이 되었다. 오랜 시간이 흐른 태허의 중심에는 시간과 공간이 잘 짜인 또 다른 자연 공간이 생성되었는데, 이 공간은 계속해서 빠르게 팽창하면서 태허를 바깥으로 밀어냈다. 이렇게 새로 생긴 자연 공간을 '허공'이라 한다. 이 허공이 생성되기까지는 30억 년이 걸렸다.

(2) 우주의식과 하늘마음의 생성

① 우주의 절대의식, 신(神)

능은 움직임의 리듬과 방향을 일정하고 정교하게 조절하는 리(≈)에 맞추어 시간과 공간이 잘 짜인 허공을 나선형의 강한 회전으로 계속 팽창시켜 나갔다. 오랜 시간이 흐른 어느 시점에서 존재 본성 '짐'은 능의 회전을 더 빠르게 진행하여 공간 팽창의 리듬과 방향을 더 정교하게 만들었다. 이 상황이 오랫동안 진행되는 과정에서 허공에는 시간과 공간이 확실하고 조밀하게 짜이게 되고 자연의 섭리와 법칙까지 확립되었다. 이렇게 확립된 자연의 섭리와 법칙이 짐에 깃들어, 짐의 절대의식은 '신(神)'으로 격상되어 절대능력을 갖추게 되었다. 그에 따라 짐의 공감의식 삼 요소 '민·위·낭'도 '삼재(三才)'로 격상되고 '원·방·각(○·□·△)'이라는 상(象)도 갖추었다.

그러나 이런 상황의 자연 공간은 우주 형성의 초기이므로 우주의 절대의식을 작용할 수 있는 체계가 갖춰지지 않았고, 우주의 원리를 구체적으로 운영하거나 우주를 영원히 존재하게 할 수 있는 조건도 갖춰지지 않았기 때문에, 우주 공간의 팽창은 더 지속되어야 했다.

② 하늘마음

절대의식과 절대능력을 갖춘 우주를 계속 팽창시키는 능은 존재 본성 짐의 뜻에 따라 가능하면 공간을 빠르게 팽창시켜 더 크게 이루려고 애를 썼다. 우주 공간의 팽창이 1만 년 동안 진행된 어느 시점에서 공간의 지름이 1조 km가 되었을 때, 절대의식 짐은 공간에서 작용하던 리(≈)를 '음·수(音·數)'라는 두 성질로 변화시켰다. '음(音)'은 절대의식의 본질을 더 발전시키기 위해 나아가려는 성질로, 파동과 리듬을 지니고 있고, '수(數)'는 지금의 상황을 그대로 멈추어 유지하려는 성질로, 파동과 리듬이 지나간 흔적의 상(象)을 지니고 있다. 음과 수의 성질은 서로 팽팽하게 맞섬으로써 강한 회전을 일으켰다.

이 두 성질을 '성(性)', 즉 '신성(神性)'이라 하는데, 이 둘은 삼재인 '민·위·낭' 각각에 깃들었다. 삼재에 깃든 두 성질을 나열하면 '민음, 민수, 위음, 위수, 낭음, 낭수'라 한다. 이들이 모두 합해져 조화를 이루면 '영(靈)'이라는 독특한 성질이 생성된다. 영은 절대의식을 작용시키는 체계로서 우주의식과 원리를 널리 펼 수 있는 능력과 자격을 갖추고 있다. 이것을 '우주령, 신령, 성령, 하느님'이라고 한다.

'우주령' 즉 '성령'이 생성된 상태에서 우주 공간의 팽창이 500년간 더 진행되는 시점에서 짐의 뜻이 더 강하게 작용하여 공간의 상황을 더욱 정교하고 소화롭게 만들었다. 이 과정에서 우주의 절대의식에는 오재(五才)가 확립되었고 성령의 능력은 더 성숙하게 발전하여, 기운 변화 작용의 상황을 다양하면서도 순조롭게 이루어지게 했다. 성령이 작용 능력을 완숙하게 발휘하는 시점에서는 광대한 우주 공간에 하늘의 뜻을 확실하게 펼 수 있게 되었다. 이 상황을 두고 '하늘마음이 생성되었다.'라고 한다. '하늘마음'이라고 표현한 이유는 우주 공간에서 펼쳐지는 생명 잉태와 만물 생성을 일으키는 우주 원리의 작용을 하늘이 절대적으로 주관하기 때문이다.

③ 우주 형상 '무(無)'와 '무극(無極)'의 생성

하늘마음이 형성된 이후, 더 빠르고 정교한 움직임으로 바뀐 능은 우주 공간의 팽창을 오랜 시간 동안 계속 진행했다. 이런 능이 어느 순간 절대의식에 감응되어 찬란한 빛을 발하면서 빠르게 퍼져나가, 우주 공간의 모양새를 나타내는 은빛 무리의 '테'를 이루었다. 이 테를 '운(運)'이라 하는데, 허공이라는 우주 공간에 테라는 우주 모양새 운이 생성되면서 시간과 공간은 더 조밀하면서 명확하게 짜이게 되었다. 이 상황에 이른 우주의 절대의식은 신(神)으로서 발휘하는 절대능력이 더 완숙해져 우주 공간의 모든 상황과 원리가 더 확실하고 조화롭게 짜였다. 이에 따라 능도 우주의 절대의식과 교감할 수 있는 탁월한 능력을 갖추게 되어, 순수한 '기(氣)'로 변하였다.

능이 기(氣)로 변한 초기에는 혼돈 상태였으나 어느 정도 시간이 지남에 따라 기의 흐름이 강하고 뚜렷하게 바뀌면서 공간의 질서와 조화는 회복되었고, 우주 공간의 기운 변화작용도 단호하고 획일적으로 일으킬 수 있게 되었다. 이때 공감의식의 삼재, 민·위·낭이 하늘의 뜻을 항구적으로 작용할 수 있는 천·지·인(天·地·人) '삼극(三極)'으로 격상됨으로써, 천·지·인 각각에도 삼극(천·지·인)과 오재(법·섭·의·리·순)를 지닐 수 있게 되었다. 이로써 천·지·인 각각은 생명과 만사 만물 생성의 근원적인 힘을 독립적으로 갖추게 되었다. 그뿐만 아니라 삼극과 오재를 내재한 천·지·인 각각은 우주의 절대의식을 작용할 수 있는 기가 한껏 충만하여, 우주를 영원히 존재하게 하고 뜻을 확실하게 펼 수 있는 절대적 능력을 갖추게 되었다.

이렇게 된 천·지·인 삼극은 점점 더 강한 기가 충만하여 영성의식까지 갖추게 되면서, '삼신(三神)'의 역할까지 할 수 있는 조건이 되었다. 그러므로 삼극은 우주의 절대의식을 완벽하고 세밀하게 작용할 수 있는 우주 형상의 필요성을 느끼고 원·방·각을 입체적인 상으로 변화시켰다. 그리고 원·방·각(○·□·△) 입체의 상을 완벽한 형상으로 조합하는 기운작용을 일으켰다. 이에 천·지·인 각각의 원·방·각은 입체로 변화되어 서로가 확실하고 분명하게 조합된 하나의 입체형상[1]을 이루었다. 이를 진정한 우주 형상 '무(無)'라 한다. 이때 기(≋)는 작용 능력과 세기가 한층 높아져 새로운 '기(气)'로 변했다.

우주 형상 무가 이루어진 상태에서도 공간의 팽창은 계속하였고, 그런 과정에서 우주의 절대의식을 작용하는 기(气)는 '무'라는 우주 형상과 우주 원리를 더 세밀하고 정교하게 다듬었다. 우주 형상이 완벽하게 짜인 상태에서 우주 공간의 팽창은 100만 년 동안 계속하였고 우주의 지름은 약 1,000경 km가 되었다. 이런 상황이 되었을 때, 우주의 절대의식과 원리의 모든 정보가 오랜 시간을 두고 하나둘씩 우주 중심으로 모여들어 무언가를 크게 일으키려는 한 알로 집약되었다. 이 한 알은 궁극의 한 점이 되어 다시 팽창하였고, 우주의 절대의식과 원리를 더 용이하게, 더 넓게 펼치고 작용할 수 있는, '순수영(⊗)'이라는 새로운 공간을 이루어, 우주를 대표하는 하나의 대단원이 되었다. 이것을 '무극(無極)'이라 한다.

순수영이라는 무극의 새로운 공간에는 강하게 회전하는 기운이 수축과 팽창을 무한히 거듭함으로써, 만사만물의 기운 변화작용의 능력을 발휘하는 삼극이 아무리 많이 작용해도 그 본질은 변하지 않게 되었다. 이로써 영성의식을 작용하는 기가 한껏 충만한 천·지·인 삼극이 삼신으로 격상되어, 모든 상황을 다양하면서 세밀하고 확실하게 변화 발전시켰다. 이처럼 완전한 우주 형상 무와 무극이 갖추어지면, 신의 작

---

1 이 형상은 7장의 '천부해인우주의'에서 확인할 수 있다.

용 능력은 우주의 절대의식인 하늘의 뜻을 완전하고 무한하게 펼 수 있는 위상이 되어, 생명 잉태와 만물의 생성도 확실하고 원만하게 이루어질 수 있는 조건이 되었다.

'무'라고 표현한 것은 우주 형상이 너무나 크고 넓어서 그 끝을 알 수 없고, 그 속은 무엇인가로 꽉 차 있지만, 도무지 볼 수도 만질 수도 없기 때문이다. '무'는 그 어떤 것도 이루어지지 않는 것이 없고, 어디에도 관여되지 않는 곳이 없는, 무한하고 영원한 대단원이라 할 수 있다.

2) 인류의 역사

(1) 인간의 필요성과 삼신(三神) 작용

① 인간의 필요성

'공허'의 자연 상황에서 무수한 변화의 과정을 거쳐, 온전하게 형성된 '무(無)'가 새로운 의식 변화작용을 하지 않고 그 상태 그대로 5억 년이 흐르게 되면, '자연의 궁극적 변화 원리'에 적용되어 허망하게 수축할 수밖에 없다. 이런 상황을 다섯 번이나 겪은 하늘은, 이를 극복하기 위해 심각한 고민에 빠졌고, 우주가 수축하는 오랜 기간 동안 많은 숙고를 했다. 그 결과, 대단원인 우주는 끊임없이 순환하고 있는 자연 상황에서 기운의 소모가 엄청나게 많고, 그렇게 지속되면 수축할 수밖에 없는 궁극의 상황에 부닥친다는 것을 알았다.

하늘은 이런 심각한 상황을 극복하기 위해 긴 궁리를 거듭한 끝에, 소모된 우주의 순수기운을 빠르게 보충하여 원상을 그대로 유지하려면, 우주 스스로 순수기운을 강화하고 순도를 높이고 증폭해야 한다는 것으로 결론지었다. 그렇게 하려면, 우주의식의 작용체계인 '영(靈)', 즉 '성령(聖靈)'에서 분리한 '분성령(分聖靈)'으로 영성을 지닌 인간을 현상계에 탄생시켜, 현상계의 물질과의 교류를 통해 인간 스스로 자기 수행과 수련을 하도록 하는 것이었다. 그럼으로써 인간의 영성은 높아지고, 마음의 순수기운은 담금질이 되어 강도가 세어진 상태로 응축되었다가 저절로 우주 공간으로 퍼져나가게 된다. 이것은 인간이 힘들게 애를 써야 하는 어려운 일이라고 생각할 수 있지만, '인간은 하늘이다.'라는 대명제를 이해하고 제대로 알게 되면 결코 어려운 일은 아니다. 이는 하늘이 스스로 혹독한 시련을 겪으면서 희생을 감수한 특단의 방안이므로, 인간은 피할 수 없는 소명으로 받아들여야 한다.

② 삼신(三神) 작용

우주 형상 '무'가 확실히 이루어지고, 그 안에 '무극'이라는 다양한 기운 변화작용의 공간이 마련된 상황에서 삼극의 작용 능력은 생명의 잉태와 만사만물의 생성을 분명하고 확실하게 할 수 있게 되었다. 이런 최적의 상황을 맞이한 하늘은, 삼극에 순수기운을 더 강하게 충만시켜, 작용 능력이 원활하면서도 강력하게 발휘되게 했다. 그럼으로써, '무(無)'가 또다시 기운 변화작용 없이 소멸하는, 어이없는 일이 벌어지지 않도록 확실한 뜻을 세웠다. 이 뜻에 따라 삼극은 원·방·각의 조합을 더 뚜렷하고 조밀하게 이루어, 어떤 상황에서도 영성의식의 기운(氣運) 변화작용을 쉽고 편리하게 진행할 수 있는 '순수영'으로 전환하였다. 이 순수영은 원·방·각의 조합을 완벽하게 이룸으로써, 스스로 영원성을 지닐 수 있게 되었고, 영성의식의 기운(氣運) 변화작용의 절대적 힘도 지니게 되었다. 또한, 순수영을 이룬 삼 요소 하나하나는 영성의식을 작용할 수 있는 절대적 독립성을 지니게 되었다.

'불변의 삼(△)'의 근본이 되는 순수영은 온갖 것을 작용할 수 있는 가능성을 구비했고, 무엇이든지 무성하게 할 수 있는 채비를 갖추고 있었다. 이로써 순수영은 만사만물이 생동의 숨결을 만끽할 수 있는 절대의식의 작용체로서, 절대 성령의 역할을 하게 되었다.

'하나(一)'는 전부를 수용하고, 모두를 변화작용시켜, 원활한 순환을 일으키는 대단원(○)이다. 이를 절대 존재인 유일신(唯一神)이라 한다면, '순수영'은 절대의식의 작용체로서, 생명을 잉태하고, 만사만물의 원활한 생성 능력을 발휘하는 절대 성령의 역할을 하므로, '삼신(三神)'이라 한다.

우주 형상을 확실하게 갖춘 '무'에는 순수한 기(氣)가 강하게 충만하여, 우주의 어떤 곳과 어느 것에도, 영향이 미치지 않을 수 없을 뿐 아니라, 우주를 영원히 존재케 할 수 있는, 절대능력을 발휘하는 삼신도 작용하므로, 하늘이 생각하는 특단의 방안을 취하는 것은 그리 어렵지 않은 일이었다. 하늘은 이 순수영, 즉 삼신의 작용 능력이 절실하게 필요한 때라고 여겼다.

③ 삼(△:三:3)이란 존재

'한 알(·)'은 보이지 않고 존재성도 없지만, 모두를 내포하고 있는 '하나(一)'의 본질이다. 하나(一)는 우주를 나타내는 대단원으로써, 유일무이한 절대적 존재인 하늘을 의미한다. 또한 신성(神性)의 음 · 수(音 · 數)가 생성된 상태에서는 하나(一)가 수(數)의 상(象)을 나타내는 근본이 된다. 수(數)는 물질을 존재케 하는 본질이며 만물의 원상(原象)이라고 볼 때, 하나(一)는 만사만물의 시작이다.

하나는 없는 데서부터 시작하여 거대한 상태로 꽉 차게 되면 삼으로 돌아간다. 삼은 하나의 궁극이다. 그래서 '하나(一)는 곧 삼(三)이다.'라고 한다. 그러므로 '하나(一)'와 '삼(三)'은 없음과 있음의 혼돈이요, 현묘함이라 할 수 있다.

삼(△:三:3)은 우주의 핵심이며, 우주의식과 원리를 작용하는 궁극의 요소로서, 삼극, 순수영, 삼신의 본질을 의미한다.

어떤 사물의 존재를 드러내어 그 의미를 표현하려 할 때, '하나(일:1)'는 함축의 근본이 되는 점(크기를 가지지 않는 위치)인 한 알(·)에서 비롯된 시작의 의미이므로 존재를 나타낼 수 없고, '둘(이:2)'은 대상을 맺어주는 고리의 상(象)인 선분(두 점 사이가 가장 짧고 곧게 뻗은 거리)이므로 존재를 나타낼 수 없으며, '셋(삼:3:△)'이라야 비로소 형(形)을 이루는 최소한의 요건이 되므로, 그 어떤 것도 존재나 뜻을 나타내려면 구성 요소 셋(삼:3:△)을 갖추어야 한다.

이 셋(삼:3:△)은 그 하나하나가 신(神)적인 절대 존재의 영원성을 지니고 있을 뿐 아니라, 일체가 되어 대삼(大三)이 되면 성령(聖靈)으로서 순수하고 숭고한 빛을 지니게 되어, 생명을 잉태하고 만물을 생성시키는 절대 작용을 하므로 '삼신(三神)'이라 한다.

삼신의 존재를 느끼려면, 몸과 마음을 깨끗하게 하는 꾸준한 노력으로 마음이 맑고 밝아져, 순도 높은 위상의 경지로 올라가야 한다. 그래야 삼신이 밝고 신령하며, 순수하고 숭고한 빛의 존재임을 깨달을 수 있고, 그와 합일(合一)할 수 있는 조건이 된다.

우주 자연이 지니고 있는 절대 진리의 3대 요소가 첫째, 하는 그대로를 하게 하는 것, 둘째, 있는 그대로를 있게 하는 것, 셋째, 아는 그대로를 알게 하는 것임으로 볼 때, 세 가지 구성 요소 삼(三:3:△)은 역시 불변의 조건, 즉 영원성을 지니고 있는 진리라는 것이다.

세 가지 구성 요소인 '삼'은 우리의 일상에서도 많이 사용되고 있는 것으로서, 물질 구성과 만사만물의 기본 원리이다. 이것은 예부터 한민족의 생활문화 속에 넓고 깊이 스며들어 있어, 지금까지도 우리에게는 아주 익숙한 한국의 수이며, 참으로 신성하고 길한 수이다.

세상이 이루어지는 세 가지 구성 요소는 하늘, 땅, 인간이다. 국가가 성립되는 세 가지 구성 요건은 국토, 국민, 주권이고, 국가 권력의 삼 요소는 입법, 사법, 행정이다. 인체의 구성 요소는 머리, 몸통, 다리이고, 각 관절은 세 마디이다. 인간 삶의 기본 요소는 의 · 식 · 주이고, 생존 3대 욕구는 수면욕, 식욕, 성욕이다.

우리의 생활문화에서 사용되는 속담에도 '삼'이라는 숫자가 많이 들어 있다. 예를 들면, 어떤 일의 시작과 끝을 마무리 지으려는 의지의 표현은 '삼세번'이고, 옛날 속담에 '시집살이 제대로 하려면 귀머거리 3년, 봉사 3년, 벙어리 3년이 되어야 한다.'라고 했고, '아무리 좋은 말도 세 번 하면 듣기 싫다.'라고 했고, '중매를 잘하면 술 석 잔, 못하면 뺨 세 대', 승부를 가릴 때 사용하는 가위, 바위, 보의 세 종류 등으로 아주 많은데, 이것들은 우리가 어릴 때부터 익숙하게 들어왔던 내용들이다. 이외에도 구체적으로 찾아보면 아주 많은 것들이 있다.

④ 삼신(三神)할머니의 의미

우주 공간의 지속적인 팽창과 기운(気運) 변화작용 가운데, 우주의 핵심인 삼극(三極)은 강한 순수기운이 충만함으로써, 영원성과 변화작용의 절대적 힘을 지닌 절대 순수영으로 전환한다. 순수영은 온갖 것을 이룰 가능성을 구비하고 있고, 무엇이든지 무성하게 할 채비를 갖추고 있으므로 '삼신(三神)'이라고 한다.

절대 순수영은 만사만물의 변화와 조화작용을 일으키고, 생명을 잉태하고 만물을 생성시키며 우주의 존재를 영원케 할 수 있는 절대적 존재로서, 구성된 삼 요소 하나하나가 '신(神)'이라고 할 수 있으므로 '삼신'이라고 표현하는 것은 전혀 이상할 것이 없다. 또한 삼신은 우주가 형성될 때 생성된 신성(神性)의 음·수(音·數)를 변화작용시켜 분(分)성령을 생성시키는 체계를 이루어, 우주 원리를 구체적으로 작용할 수 있는 조건을 갖추고 있으므로 우주를 관장하고 만사만물을 다스리는 주체라는 사실은 자명하다.

전부경에서도 우주의 형상과 원리를 설명하는 과정에서 천·지·인 삼신을 중요한 핵심으로 표현했고, 삼신과 인간의 특별한 관계도 강조했다. 천부경이 설파된 상고시대 그 당시, 환웅(桓雄)이나 이를 전파했던 선인(先人)들은, 삼신을 강조하려는 것을 넘어서 인간의 삶 속에서 함께해야 하고, 함께할 수밖에 없는, 당연하고 필수불가결한 존재임을 잊지 않게 하려고, 인간에게 가장 친근하고 포근한 여성 호칭인 할머니를 붙여 '삼신할머니'라 부르게 했다.

삼신할머니로 부르게 했던 시기는 고조선 중기 정도인데, 우주의 만사만물을 생성하고 생명을 잉태시키는 작용 능력과 역할을 볼 때, 여성의 의미를 부여한 것은 참으로 마땅하다고 생각된다.

'할머니'란 의미를 다른 측면에서 살펴보면, 모진 인생살이를 겪어내며 얻은 많은 경험을 통해, 세상의 이치를 깨우친 지혜로운 존재라 할 수 있다. 그 할머니는, 하늘의 축복으로 태어나는 생명이 얼마나 존귀하고 사랑스러운 존재임을 안다. 그러므로 모두를 깊은 포용심으로 이해하고 받아들이는, 하늘같이 한없이 너그러운 마음을 지닌 할머니, 그는 너무나 친근하고 포근하고 사랑스러운 느낌을 주는 모습이다. 그뿐만 아니라 여성이 나이가 들면 남성성을 많이 띠게 되므로 누구든지 보호해 줄 수 있는 강한 힘의 이미지를 지니게 된다. 할머니는 누구나 안심하고 기댈 수 있는 중성의 위대한 존재이므로 '삼신할머니'라 부르는 것은 특별하고 큰 의미가 있다고 보인다.

아주 어릴 적, 삼신할머니에 대한 아련한 기억을 떠올려보면, 우리 할머니, 어머니는 매일같이 새벽과 밤늦은 시각이면, 뒷마당 장독대나 담벼락 곁에서 정화수 한 그릇을 떠 놓고, 삼신할머니를 향해 다짐과 자기반성으로 하루를 여닫곤 했다.

맑고 깨끗한 기운이 감도는, 아직 때 묻지 않은 새벽녘에는 오늘 하루를 아무 잘못 없이 바르게 지내겠다는 다짐을 했다. 온종일 시끄럽게 들썩였던 소음과 나쁜 기운이 다 가라앉고, 깨끗하고 맑은 기운이 감도는 밤늦은 시간에는, 하루의 일과 중에서 알게 모르게 지은 자기 잘못을 용서해 달라고 진솔한 자기반성을 했다. 물론, 집안의 대소사도 순리대로 이루어지기를 바라면서, 항상 경건한 마음으로 정화수 한 그릇을 떠 놓고, 사랑이 가득한 푸른 하늘의 삼신할머니를 향해 기원하곤 했다.

처음에는 순수하고 진솔한 마음의 기도, 순리대로 바르게 살아가려는 양심의 기도, 하루를 밝고 맑게 그리고 힘차게 보내겠다는 다짐과 반성의 기도였다. 삼신할머니에게 두 손 모아 정성스럽게 빌고 비는, 참으로 절실한 기도였다. 그러나 시간이 흐르면서 그 기도는 개인의 이기심과 집착으로 야기된 물질 욕심으로 바뀌었다. 어느새 삼신할머니의 이미지는 정화수 한 사발이면 아기를 점지해주고, 낳고 키워주고 보호하고 번창케 해줄 것으로 생각한 믿음의 할머니, 마음 한구석에 불씨처럼 담아 놓고 필요할 때만 기대고 숭앙하는 자기만의 위대한 할머니가 되었다. 그래도 많은 종교가 있기 전부터 불리었고, 지금껏 불리는 삼신할머니는 정성만 있으면 누구든지 아무 때나 친근하게 부르고 매달릴 수 있는 존재, 아무런 가식 없이 우리를 지켜주는 마음속의 든든한 할머니, 그는 우리의 가슴속에 영원히 새겨두어야 할 한민족 토속신앙의 대상이었다.

'삼신할머니'라고 불리는 그는, 무턱대고 자신의 욕망만을 채우려는 기복적인 무속 신앙의 대상이 결코 아님을 알아야 한다. 당연히 우주 원리에 따라 모든 만물에 작용하고 있고, 인간에게 깊이 내재하여, 늘 우리와 함께하는 절대 존재임을 알고, 그 뜻을 받들어 인간의 소명을 완수하는 데 힘써야 할 것이다.

(2) 삼극(三極)[황극(黃極)·태극(太極)·중극(中極)]의 생성

기(气)가 생성되어 완벽한 우주 형상 '무'를 이루었지만, 저절로 소멸하는 상황을 다섯 번이나 겪은 하늘은, 다시 그 전철을 밟지 않으려고 특단의 방안을 모색했다. 그것은 인간 탄생이라는 원대한 뜻이었고, 그 뜻을 펴기 위해서는 기(气)가 강하게 충만한 삼신의 능력이 필요했다.

하늘은 우주 공간을 계속 팽창시키면서, 삼극(三極)에 순수기운을 더 강하게 충만하여, 우주를 영원히 존재케 하고, 우주의 원리를 원활하게 작용할 수 있는 순수영, 즉 삼신으로 격상시켰다.

하늘은 우주 형상 '무'가 수축하지 않고 영원히 존재하려면, 인간의 탄생이 필요하다는 것을 삼신에게 깊이 새겨 주고, 그 후속 과정을 작용하도록 일러 주었다.

① 황극(黃極) 형성과 영(靈)의 생성

하늘의 뜻에 따라, 삼신은 스스로 지닌 영성의식의 순수기운을 강하게 발산하여 '천리지기운(天理之气運)'을 만들었다. 이 천리지기운을 강하게 회전시켜 신성(神性)의 음(音: 나아감)과 수(數: 멈춤)가 균일하게 꽉 맞물린 상태에서 강하게 회전하게 함으로써 크게 팽창하는 공간의 변화를 일으켰다. 그 결과, 음과 수는 더 확실하게 조화를 이루어 더 강하게 회전했고, 그에 따른 상황은 기운이 아주 강하면서도 균일하게 회전하는 색다른 공간이 형성되었다. 이 공간을 '황극(黃極)'이라 한다.

황극(黃極) 공간에서 삼신의 천·지·인(天·地·人) 각각이 지닌 두 성질 음·수가 여섯 개의 개별 성질, '천음(天音), 천수(天數), 지음(地音), 지수(地數), 인음(人音), 인수(人數)'로 나타난다. 이 여섯 개의 성질이 극적으로 뭉쳐 조화를 이루면, 하나의 특별한 성질의 '영(靈)'이 된다. 이 영(靈)은 황극(黃極) 공간에서 음·수(音·數)의 조화작용으로 계속 생성된다.

② 태극(太極) 형성과 정(精)의 생성

한편, 천리지기운이 강한 회전을 일으키며 변화작용하는 과정에서 기운(气運)의 일부가 원심력 때문에 어쩔 수 없이 떨어져 나가는 상황이 발생한다. 강한 원심력의 충격으로 이탈된 기운들은 흩어지지 않고 끝까지 뭉쳐 살아남으려는 존재 욕구를 강하게 일으킴으로써, 그 의식은 '정(精)'이 된다. 이런 상황의 기운(気運)들은 영성의식에서 물성의식으로 변질하여, 영원히 존재할 수 있는 조건을 상실해 버린다. 그러나 이 때문에 영원히 존재하려는 욕구는 오히려 더 강해진다. 이렇게 이루어진 물성의식의 기운을 '사물지기운(事物之氣運)'이라 한다.

지금도 현실에서 많이 사용하고 있고, 일상에서 흔히 일컫는 '기(氣)'가 바로 이때 생성된 것이다.

물성의식의 정(精)을 지닌 사물지기운이 영원히 존재하려는 욕구 의식을 강하게 발현하면 '유(有)'라는 요소가 생성되고, 이 '유(有)'는 사물지기운의 강한 회전과 변화작용에 따라 물성(物性)의 두 가지 성질인 '음·양(陰·陽: 간직함과 나아감, 어두움과 밝음)'을 생성한다. 이렇게 생성된 음·양이 궁극의 상태로 팽창하여 확실하게 조화되면, 물질을 생성할 수 있는 조건의 공간, 즉 '태극(太極)'을 이룬다. 여기서는 존재 욕구를 강하게 지닌 정(精)의식을 핵심으로 한 물질이 계속 생성된다.

③ 중극(中極) 형성과 영혼(靈魂)의 생성

삼신(三神)은 황극(黃極)과 태극(太極)을 온전하게 이룬 후, 인간의 탄생을 신속하고 원활하게 진행할 수 있는 중간 역할의 공간이 필요했다. 태극이라는 현상계에서 생명이 잉태할 수 있는 육체의 씨알이 이루어지면, 영혼을 신속하게 깃들이게 하여 빠르고 원활한 세포분열이 일어나도록 했다. 이렇게 생명 잉태를 위해 영혼이 대기하는 공간을 '중극(中極)'이라 한다.

중극은 황극과 태극 사이에 형성된 공간으로서, 황극의 영성기운과 태극의 물성기운이 7:3의 비율로 혼합되어 있다. 이 공간의 영혼은, 황극에서 생성된 영(靈)에 태극의 물성기운인 '오행(五行: 목木·화火·토土·금金·수水)'이 혼합되어 이루어졌다. 영에 오행의 어떤 종류가 어떤 비율로 혼합되는가에 따라 남녀가 구분되고, 품성이 다른 여러 성질의 영혼이 이루어진다. 이 영혼들은 중극에서 대기하다가, 현상계에서 정자와 난자의 결합으로 생명 잉태의 요건을 갖춘 세포가 이루어지면, 그중 인연이 되는 하나가 신속하게 깃들어 세포분열을 일으킨다. 생명 잉태는 영혼이 대기하는 중극이 있기 때문에 빠르고 효율적으로 이루어진다.

다시 한번 설명하면, 인간의 몸이 구성될 때, 정자와 난자가 결합하여 자궁에 착상하는 순간, 중극에서 비상 대기하던 인연의 한 영혼이 순식간에 깃들어 잉태함으로써 세포분열이 일어난다. 이때, 잉태한 영혼 안에 태극의 물성 요소인 오행 중 어떤 성질의 요소가, 어떤 비율로 혼합되는가에 따라 남녀가 구분되고, 사람의 본성과 특성이 달라진다.

오행은 우주 형성 과정의 절대의식에 내포된 오재가 계속된 우주 공간의 팽창에 따라 기운 변화작용을 일으킴으로써, 태극에서 물성기운의 다섯 가지 성질로 변화한 것이다.

순수영, 즉 삼신이 황극과 태극, 그리고 중극을 이루어 인간을 탄생시키고 물질을 생성시켜, 완벽한 조건을 갖춘 온전한 우주가 형성하는 데 걸린 시간은 1만 년 정도이다. 이때 각 공간의 크기는 다음과 같다.

태극(太極)은 직경 1,000경 *km*, 중극(中極)은 직경 1,200경 *km*, 황극(黃極)은 직경 1,800경 *km*, 무극(無極)은 직경 3,300경 *km*, 무(無)는 직경 5,000경 *km*, 태허(太虛)는 6,000경 *km*, 공허는 무한하다.

온전하게 형성된 우주 공간의 크기를 한 번 더 강조하면, 직경은

5m$\times10^{22}$, 즉 5,000경 km 정도이다.

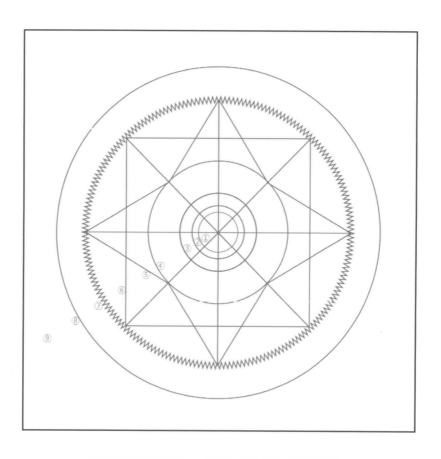

① 태극: 직경 1,000경 ㎞　　⑤ 우주 형상: 극에서 극, 5,000경 ㎞
② 중극: 직경 1,200경 ㎞　　⑥ 우주 공간: 직경 5,000경 ㎞
③ 황극: 직경 1,800경 ㎞　　⑦ 은빛 무리: 운(運)
④ 무극: 직경 3,300경 ㎞　　⑧ 태허: 직경 6,000경 ㎞
　　　　　　　　　　　　　　⑨ 공허: 무한대

우주 형상 및 공간

(3) 영혼과 물질의 생성, 그리고 인간

① 영혼

신(神)의식이 깃든 영성기운이 충만하고, 하늘의 뜻을 원대하게 펴기 위해, 신성(神性)의 음과 수가 잘 조화된 황극(黃極)은 순수영(⊠), 즉 삼신(三神)에서 발현된 천리지기운으로 음률(音律)을 일으킨다. 잘 조화된 음(音)·수(數) 2려(呂)에서 4려(음音·수數·음音·수數), 8려(음音·수數·음音·수數·음音·수數·음音·수數)로 분화되어 신(神)의식이 깃든 '영(靈)'이 생성된다. 이렇게 생성된 영이 비현상계인 중극으로 옮겨져 물성기운의 오행과 적당한 비율로 어우러지면, '영혼(靈魂)'이 되어 대기 상태로 존재한다.

영이 생성되는 과정에서 변화작용하는 기운의 회전 방향은 시계 반대 방향이고, 영은 스스로 변화하고 발전하면서 영원히 존재하는 '항상성(恒常性)'이 있다. 회전할 때 일어나는 상(相)은 '십(十)'이다.

② 물질

정(精)의식이 깃든 물성기운이 충만하고, 하늘의 뜻에 따라 물성(物性)의 음(陰: 어두움)과 양(陽: 밝음)이 잘 조화된 태극은, 존재에 대한 강한 집착으로 생성된 유(有)의식이 깃든 사물지기운(事物之氣運)으로 음(陰)·양(陽)이 조화된 양의(兩儀)를 4상(四象: 음陰·양陽·음陰·양陽), 8괘(八卦: 음陰·양陽·음陰·양陽·음陰·양陽·음陰·양陽)로 분화시켜, 정(精)의식이 깃든 물질이 생성되게 한다. 물질이 생성되는 공간은 현상계인 태극(太極)이다.

물질이 생성되는 과정에서 변화작용하는 기운의 회전 방향은 시계 방향이고, 영성기운의 파생으로 나타난 물성기운이므로 물질의 존재

한계를 지닌 '무상성(無常性)'이 있다. 회전할 때 일어나는 상(相)은 '만(卍)'이다.

③ 인간

인간(人間)은 영체(靈體)와 육체(肉體)가 합체된 복합생명체이다. 영체는 비현상계인 중극(中極)에서 대기하던 영혼이 육체에 깃들어 신(神)의식을 작용할 수 있는 체계인데, 이를 '마음'이라 한다. 육체는 태극이라는 현상계에 존재하는 물질 요소들이 구체적인 육(肉)을 만들어 정(精)의식을 작용할 수 있는 체계인데, 이를 '몸'이라 한다. 몸과 마음이 합체되어 정신(精神)작용에 따라 생명활동하는 것을 복합생명체, 즉 '인간'이라 한다.

인간의 탄생을 좀 더 상세하게 설명하면 다음과 같다. 정자와 난자가 결합하여 하나의 세포가 이루어지면 자궁에 착상하게 되는데, 이때 중극(中極)에서 대기하던 하나의 영혼이 깃든다. 이 영혼이 지닌 품성과 생명기운의 정보와 착상된 하나의 세포에 전해진 부모의 유전자 정보가 일치함으로써 잉태하는 인연이 되면, 하나의 세포에 깃든 영혼은 세포분열을 급속도로 일으킨다. 세포분열은 영혼 속에 입력된 생명기운의 정보와 부모로부터 전해진 유전자가 조화된 상태에 따라 구체적인 신체 부분을 차례대로 만들어 가는데, 10개월 정도에서 완벽한 몸을 완성한다.

중극에서 대기하는 영혼은 영성기운이 70%, 오행이라는 물성기운이 30% 혼합되어 있고, 우주의식, 즉 삼신과 오재, 그리고 생명기운의 정보가 들어 있다. 영혼에 혼합된 오행의 종류와 비율이 어떠하냐에 따라 남·여의 성(性)과 품성이 구별되고, 부모의 유전자 정보에 따라 성격과 체질이 형성된다.

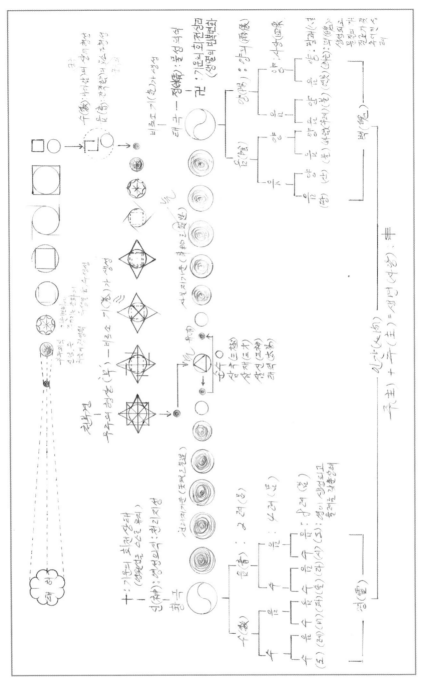

우주 형상과 천부경

중극의 물성기운과 태극의 물질은 아주 빠르게 소통되므로, 잉태되는 시점이 되면, 인연 되는 알맞은 영혼이 저절로 세포에 신속하게 깃든다.

「삼일신고(三一神告)」의 인물 편에는 "물질의 존재 한계를 하늘에서 부여한 '명(命)'이라 하는데, 인간의 육신은 정(精)이 핵심인 물질로 이루어져 있고, 일정 기간만 유지되는 한계를 지니고 있으므로, 이를 '하늘에서 명(命)을 부여받는다.'라고 한다. 이를 받아 형(形)으로 있게 하는 것을 '성(性)'이라 하는데, 인간은 '성(性), 명(命), 정(精)'으로 이루어진 '삼진(三眞)'을 온전하게 받아서 생명 체계를 바르게 갖추었으므로 정상적인 생명활동을 해야 한다는 것이다."라고 설파해 놓았다.

3) 최초의 인류 탄생과 그 발자취

(1) 태양계 형성

절대능력을 발휘하는 삼신(三神)은 천리지기운(天理之气運)의 변화작용으로 영(靈)을 생성할 수 있는 비현상계인 황극(黃極)을 만들고, 그 과정에서 파생되는 사물지기운(事物之氣運)의 변화작용으로 물질을 생성할 수 있는 현상계인 태극(太極)을 만들었다. 그리고 황극의 영성기운과 태극의 물성기운을 혼합하여 중극(中極)을 이루고, 거기에 생명 잉태에 필요한 영혼을 대기시켜 놓았다가, 인간의 탄생에 필요한 잉태에 적극적인 도움이 되게 했다.

황극과 태극, 그리고 중극이 이루어진 상태에서, 태극이 기운 변화작용을 3억 년 동안 일으키면서, 순수하고 강한 빛을 발현하는 태양(太陽)이 생성되었다. 그런 후, 100만 년마다 태양에서 떨어져 나온 행성이 해왕성, 천왕성, 토성, 목성, 화성이 되었다. 그리고 화성 다음에는 20만 년 만에 지구가 생성되었고, 이어서 50만 년마다 금성, 수성이 차례대로 생성되었다.

태양이 생성된 다음은 해왕성이 제일 가까운 곳에 생성되었지만, 천왕성이 생성되면서 해왕성은 밀려났다. 이처럼 토성, 목성, 화성, 지구, 금성, 수성이 차례대로 생성되면서 태양과 제일 가까운 행성은 수성이 되었고, 제일 먼 행성은 해왕성이 되었다. 이렇게 태양을 중심으로 생성된 행성들은 8개였고, 이들은 각기 일정한 궤도를 돌면서 태양계를 형성했다. 총 620만 년이 걸렸다.

(2) 화성과 최초의 인간, 화성인 탄생

태양계가 형성된 후, 태양계 중심으로 수많은 별이 차례대로 생성되어, 균형과 조화를 완전하게 이루는 데 400억 년이 걸렸다. 그러는 동안 삼신(三神)은 화성에 인간을 탄생시키기로 마음먹고, 살아갈 수 있는 조건과 환경이 조성되도록 30억 년간 식히고 다듬었다.

화성이 충분히 식었고, 인간이 탄생할 수 있는 환경이 되었다고 판단한 시점에서 삼신은 순수기운으로 감싸고 감싸 만든 자궁과 같은 알맞은 공간에다 화성에 존재하는 물질기운의 여러 가지 요소들을 조합하니, 드디어 하나의 세포가 이루어졌다. 그 세포에 중극에서 대기하던 남성 영혼을 유입하여 생명을 잉태시킨 후, 세포분열을 일으킨 한 달 만에 인간의 몸이 완전하게 이루어지도록 했다. 그리고 5년이 흐른 시기에 여성 영혼을 유입하여 단성생식의 신체 구조로 만들었다. 최초의 화성인은 이렇게 탄생되었다. 화성인은 태어나서 열다섯 살이 되면 혼자서 생식할 수 있는데, 생명을 잉태한 후, 임신 기간이 7개월이 되면 아기를 낳을 수 있었다. 이렇게 함으로써, 삼신은 빠른 시간에 쉽고 효율적으로 인구를 늘릴 수 있을 것으로 생각하고, 화성인들의 많은 출산을 기대했다.

지금으로부터 130억 년 전, 화성에서 인간이 최초로 탄생하였다. 화성인의 신체 구조는 키가 작고 왜소한 편이며 몸에 털이 많이 나 있었다. 머리는 위로 길쭉하고 큰 편이며, 눈은 둥글고 크면서 시력은 아주 좋았다. 수명은 40년밖에 되지 않지만, 체력은 좋고 건강하며 인내력이 강했다. 그러나 생식을 네 번 하고 나면, 명(命)을 다하고 죽었다. 마음은 순수하고 맑고 밝아서 하늘의 뜻을 거스르지 않았고, 인간의 소명을 위해 최선을 다했다. 물질에 대한 욕심은 없고, 지능이 아주 높으며 재능도 뛰어나고 창조적 기질을 지니고 있어, 과학적 수준은 아주 높았다.

화성에서 최초로 탄생한 인간들이 삶을 영위한 지 200만 년이 흘렀다. 그렇게 오랜 시간이 지난 상황에서도 인구는 겨우 7,000만 명에 불과했다. 기후를 비롯해 여러 가지 환경 조건이 좋지 않은데다 수명도 짧아서 그랬는지, 인구가 늘어나는 효과는 애당초 기대했던 것과는 너무 달랐다. 기대치의 10% 정도밖에 되지 않아 실망은 컸지만, 이 정도의 효과로도 지금껏 '무'가 수축하지 않고, 그대로 유지하고 있는 것은 다행이라고 생각했다. 그러나 만약 이대로 계속 간다면, 결국 실패할 것이라는 불안은 떨칠 수가 없었다.

인간이 화성에서 삶을 영위한 지 300만 년이 지났을 때, 화성의 인구가 많이 늘지 않아 '우주의 수축 시기가 빨리 오지 않을까?' 하고 노심초사하던 중, 엎친 데 덮친 격으로 태양계 행성들의 궤도가 자연적으로 수정되는 바람에, 화성의 지표 온도가 30℃에서 55℃로 올라가는 기후변화가 발생했다. 지금으로부터 100억 년 전에 일어난 우주의 자연환경 변화였다.

화성인들은 더는 지상에서 살 수 없었으므로 지하로 들어갈 수밖에 없었다. 이로 인해 생활양식이 달라져 그에 따른 운신의 폭은 매우 좁아지고, 고대하던 인구 팽창 효과에 제동이 걸린 셈이 되었다. 삼신은 이루 말할 수 없는 실망감에 빠져 긴 시간 동안 심각한 고민을 해야 했다. 그 끝의 어느 순간, 화성에서 인간을 탄생시킨 것이, 조급한 마음에서 일어난 시행착오였고, 욕심이 앞선 교만의 결과라는, 마음의 경종과 반성의 성찰이 일어났다.

삼신은 마음을 가다듬은 후, 화성에서 진행된 여러 가지 상황을 다시 점검하여 무엇이 어떻게 잘못되었는지, 시행착오가 어디서 생겼는지 세밀하게 살펴보고 다음과 같은 결론을 내렸다.

첫째, 화성을 식히는 시간이 짧아 처음부터 지표 온도가 조금 높았다는 것, 둘째, 인간의 삶에 유익한 자연환경을 충분히 조성하지 못했다는 것, 즉 식물과 동물을 생성시키지 않아, 지표 온도, 공기, 물 등 기후나 생활환경이 너무 열악했다는 것, 셋째, 단성생식의 신체 구조와 가족생활 개념의 부재, 간단한 음식물 섭취 등 생활양식의 단순함으로, 즐거움이나 행복함에 대한 감정이 없다는 것, 넷째, 수명이 너무 짧았고, 햇빛을 많이 보지 못하는 지하 생활의 폐해, 다섯째, 태양계 중심으로 수많은 별이 생성되어, 균형과 조화를 완전하게 이루는 과정에서 일어나는 자연현상의 변화를 고려하지 못했다는 것이었다.

삼신은 위와 같은 점을 충분히 고려한 후, 새로운 인간을 탄생시켜 다시는 인구 팽창에 시행착오를 일으키지 않아야겠다고 생각했다. 그런 각오로 여러 가지 조건과 상황을 고려해본 결과, 지구를 선택하여 지구인을 탄생시켜야겠다고 마음먹었다.

(3) 지구와 지구인 탄생

① 지구환경 조성

지구는 화성보다 4배나 큰 것이 장점이었고, 무엇보다 화성에서 가까워서 관리하기 좋은 곳이었다. 삼신은 지구를 잘 다듬어 인간이 편안하고 안전하게 살 수 있는 환경을 조성하고, 인구가 빨리 불어나는 방안도 마련하여, 애초의 계획에 차질이 없도록 해야겠다고 다짐했다.

지구를 적당하게 식혀서 식물이 생성될 수 있는 조건이 될 때까지 50억 년이 걸렸고, 다양한 식물들이 생성되어 동물이 살아갈 수 있는 적절한 환경이 조성될 때까지는 20억 년이 걸렸다. 여러 종의 동물이 생성되어 지구환경에서 자라고 적응하는 데 걸린 시간은 29억 9천 9백 50만 년이었다. 동물이 살아갈 수 있는 환경이라면, 인간이 살아갈 수 있는 조건이 될 것으로 판단하고, 화성인을 투입하여 지구환경에 적응하도록 계획했다.

② 화성인의 투입과 적응 과정

50만 년 전, 삼신은 지구환경이 충분히 조성되었다고 판단하고, 드디어 화성인을 지구에 내려보냈다. 화성인은 머리가 뛰어나고 체력도 좋고, 인내력이 강했다. 이러한 장점을 살리면 지구환경에 잘 적응하여 진화될 수 있으므로, 새로운 인간을 다시 탄생시키는 것보다 훨씬 낫겠다고 생각했다.

마침내 화성인을 지구에 투입하는 1차 시도를 감행했다. 20대 초반의 건장한 청년 15명을 한반도 강화도 지역에 내려보냈다. 그러나 환경 적응에 실패하고 5년 만에 모두 죽어버렸다. 50년 후, 1차 시도에서 생긴 시행착오의 원인을 충분히 고려한 내용과 적응 요령을 교육한 20대 초반의 건장한 청년 15명을 중앙아시아 남동쪽에 있는 파미르고원 지역에 내려보내는 2차 시도를 감행했다. 이때도 환경 적응에 실패하고 5년 만에 모두 죽고 말았다. 50년 후, 이번에는 기대를 걸 만큼 교육이 잘된 20대 초반의 건장한 청년 15명을 인도 남부지역에 내려보내는 3차 시도를 감행했다. 이들은 2번이나 실패한 내용과 적응 방법에 대해서 교육을 단단히 받았기 때문인지, 그래도 20년 동안 지구환경에 적응하면서 버텼지만 결국은 실패하고 말았다. 또 50년이 지난 뒤, 이번에는 이란 북부 지역에 20대 초반의 건장한 청년 15명을 내려보내는 4차 시도를 감행했다. 이들도 살아남으려고 20년은 버텼지만, 역시 실패하고 말았다.

4차 시도까지 어이없이 실패를 거듭한 상황에서도 삼신은 포기하지 않았다. 그리고 50년이 지난 후, 지구환경 적응 교육을 단단히 받은 20대 초반의 건장한 청년 15명을 아프리카 대륙의 남아공 지역에 내려보내는 5차 시도를 감행했다. 이들은 드디어 지구환경에 적응했고, 1,000년 동안 그 지역에서 화성인 종족을 번식시키는 대성공을 이루었는데, 그 인구는 1,000명이었다. 그러나 이 종족은 그것으로 만족하지 않고, 지구환경에 적응할 때 터득한 요령으로, 더 나은 환경을 찾아 아프리카 대륙 전 지역으로 뻗어나갔다.

남아공 지역에서 성공한 종족들 대다수는, 보다 살기 좋은 지역을 찾아, 삼삼오오 짝을 지어 천천히 북상했다. 나름대로 환경이 좋은 곳을 찾아 완전히 정착해보려고 애를 썼다. 45만 년 전, 여러 곳을 찾아 헤매고 다니던 종족들은 아프리카 중부 지역, 지금의 콩고 산악지대를 찾게 되었고, 이 지역이 인간이 살아가기에 너무 좋은 곳이라 생각했다. 뿔뿔이 흩어졌던 많은 종족은 이 소문을 듣고 거의 모두 모여들었다. 이곳에서 나무 열매를 따 먹고 짐승을 잡아먹으며 지역 환경을 충분히 파악하여 ㄱ 나름대로 수거할 수 있는 집을 짓고, 공동생활 할 수 있는 터전을 마련했다. 그들은 이제 오랫동안 안정된 생활을 지속할 수 있겠다고 여기고, 여기서 완전히 정착하기로 마음먹었다. 평온하고 안정된 생활은 오랫동안 이어졌고, 거의 10만 년의 세월이 흐르면서 인구는 1,500명 정도로 불어났다.

이들은 그동안 지구환경에 적응해야 하는 극심한 불안과 엄청난 고통에서 벗어났고, 이제는 자신감도 생겨, 그대로 안주할 것이 아니라 더 나은 지역을 찾아 새로운 희망을 걸고, 개척자 정신으로 북상하고 또 북상하기로 결의를 다졌다. 엄청난 시련과 고통을 감내하면서도 불굴의 의지로 더 나은 삶을 향해 나아갔다.

③ 불의 발견과 직립보행

35만 년 전, 끈질기게 북상을 거듭해 오던 종족들은 드디어 이집트 나일강변의 평야를 발견했다. 이곳에 도착한 이들은 기후가 좋고, 강이 흐르는 넓은 평야를 보고, 파라다이스 같은 보금자리를 꾸릴 수 있겠다는 희망을 품었다. 이곳이 진정, 보람되게 살아갈 수 있는 정착지라 생각했다. 멀리 있는 종족들에게 이 사실을 알려, 모두 이곳에 모이도록 했다. 그래서 많은 종족이 모여들었다.

그러나 이 장소 또한 개척하기에는 엄청난 노력이 필요했다. 그래도 모두 기쁜 마음으로 힘을 합쳤고, 피나는 노력 끝에 안전하고 편안하게 생활할 수 있는 환경을 조성할 수 있었다. 따라서 안락한 생활이 오랫동안 이어져 인구가 많이 불어났다. 다른 지역으로 흩어졌다 적응하지 못하고 여기로 모여든 종족까지 합친 수가 약 4,000명이나 되었다.

이들은 이 지역의 특성과 환경에 충분히 적응했고, 미래를 향한 꿈도 키울 수 있겠다고 생각했다. 여기서도 나무 열매와 짐승고기를 먹고 살며, 어느 정도 안정된 생활이 지속되어 인구가 더 많이 늘었다. 그렇게 생활한 지 7만 년이 지났다. 삼신(三神)은 이제야 처음부터 계획했던 다음 단계를 안심하고 진행할 수 있는 때라 생각하고, 이들의 생활에 획기적인 변화를 일으키기 위해 구세주에 해당하는 특별한 인물 10명을 탄생시켰다. 이 일은 불을 발견하는 엄청난 효과를 가져왔고, 불을 이용하는 여러 가지 방법도 개발했다.

지금으로부터 28만 년 전, 불을 발견하고 그것을 사용하는 여러 가지 방법을 터득함으로써, 생활양식에 굉장한 변혁이 일어났다. 그중 하나는 동물의 공격을 쉽게 방어할 수 있게 되어 주변 환경에 대한 두려움이 훨씬 줄어든 것이었다. 그럼으로써 주거환경은 안전하고 윤택하게 되었고, 식생활도 다양하면서 풍부하게 이루어졌다. 거의 17만 년 동안, 그들 나름대로 문명과 문화를 많이 발전시켰고, 슬기로운 지능적 생활도 할 수 있었다. 그러나 여러 가지 면에서 아직도 초라한 본래의 행색에서 벗어나지 못했다. 그 이유는 지구환경에 적응하는 과정에서 연속되는 고통으로 찌든 탓이었다. 화성인은 본래 키가 작은데다 몸에는 털이 많았고 꼬리가 짧게 달려 있었는데, 네발로 기어 다니는 모습은 지금의 동물 모습과 비슷했다.

이집트 나일강변에 정착한 화성인들은 그들 나름대로 문명을 일으키고 문화를 발전시켰다고 하지만, 따져보면 지금의 동물과 비슷한 원시적 생활을 했다. 그렇지만 끈기와 집념으로 어려운 환경을 잘 극복했고, 불까지 발견하는 대성공으로 문명을 일으키고 문화를 발전시켰다. 그 과정에서, 생활환경에 적응하려는 끈질긴 노력의 결과로 신체 변화가 자연스럽게 일어났다. 환경에 적응하는 데 필요한 부분은 진화하였고, 불필요한 부분은 퇴화하였다. 이렇게 진화를 거듭하는 오랜 과정을 거치면서, 이집트 나일강변에 정착한 지 17만 년 만에, 즉 지금으로부터 18만 년 전, 화성인은 마침내 직립 보행할 수 있는 신체 구조로 크게 진화하게 되었다. 이로써 손의 사용이 쉬워지면서 다양하고 구체적인 도구가 개발되었고, 그에 따른 생활 양상은 급속도로 발전하였다. 이때부터 자연환경을 이용하고 주변 환경을 개발할 수 있는 용기와 능력을 크게 발휘하게 되어 더 넓은 세계로 뻗어갈 수 있었다. 드디어 지구인으로 변모될 시점이 되었다. 이렇게 되기까지는, 삼신이 10만 년 동안, 문명을 일으킬 수 있는 특별한 능력자인 구세주를 28명이나 탄생시켰기 때문에 가능했다. 이를 통해 그들은 삼신이 인간에게 베풀어 주신 사랑이 얼마나 지극했던가를 느낄 수 있었다.

(4) 인류의 발자취 및 구세주 탄생의 현황

① 인간이 세계 각처로 뻗어나간 경로와 시기

35만 년 전, 이집트 나일강변에 정착한 화성인 종족은 그들 나름대로 문명을 일으키고 문화를 발전시켜, 7만 년 동안 그런대로 안락한 생활을 영위했다. 삼신은 7만 년 동안 살아온 화성인 종족들의 상황을 살펴보고, 이제는 구세주를 탄생시켜 문명을 더 크게 일으키도록 해주어도 안심할 수 있겠다고 생각하고, 10명의 구세주를 200년마다 한 명씩 보내주었다. 구세주의 영향 아래서 지혜를 키운 화성인 종족들은, 지금으로부터 28만 년 전, 불을 발견하는 대성과를 거두었다. 그로 인해 그들의 생활 양상은 크게 달라졌고, 외부 세계에 대한 인식도 두려움에서 호기심으로 바뀌어, 더 넓은 곳으로 개척해 나가려는 꿈을 키웠다.

그 이후에도, 이집트 나일강변에서 발전적이고 안전하게 생활하고 있는 종족들에게, 24명의 구세주를 더 내려보냈다. 내려보낸 시기는 25만 년, 22만 년, 20만 년, 19만 년 전이었고, 각 시기마다 6명씩이었다. 그러나 이와 같은 큰 축복을 받으면서 문화 발전을 크게 일으켰지만, 그동안의 시련과 고통은 이루 말할 수 없었다. 그래도 보다 나은 미래의 삶을 꿈꾸며 엄청난 고통을 견뎠고, 불굴의 의지로 어려운 모든 상황을 극복하면서 미지의 세계를 향해 꾸준히 개척해 나갔다. 그런 과정에서 4명의 구세주가 또 탄생하여 문명을 더 크게 일으키는 눈부신 활약을 폈고, 화성인 종족들은 정신적, 신체적으로 엄청난 영향을 받는 계기가 되었다. 이때 신체적 진화가 크게 일어나는 시기를 맞이했는데, 그것은 18만 년 전에 있었던 직립보행이었다. 이들은 두 발로 서서 손을 사용할 수 있다는 것이 너무나 신기했고, 그것은 다양한 생활 도구와 여러 가지 무기를 쉽게 만드는 조건이 되어, 땅을 무한정으로 개척해 나갈 수 있었다. 더구나 배를 만드는 획기적인 기술까지 개발하여 바다를 향해 진출할 수 있게 되었다. 이 정도의 기술개발은 더 넓고, 더 먼 곳을 향해 나아갈 수 있다는 자신감을 가지게 했고, 그에 따른 호기심과 꿈은 잔뜩 부풀어 있었다. 이제는 땅이 아니라 바다가 끝나는 데까지 가 보겠다는, 웅지(雄志)를 발휘하는 배포도 생겼다.

② 지구인의 등장

17만 년 전, 4명의 구세주가 포함된 무리가 두 부류로 나뉘어, 바다를 건너는 과감한 시도를 감행했다. 1명의 구세주가 이끄는 한 부류는 지중해를 건너 이탈리아반도로 올라가서 2,000년간 정착했고, 그 이후 많은 사람이 삼삼오오 짝을 지어 유럽의 각 지역으로 흩어져 나갔다. 3명의 구세주가 포함된 다른 부류는 아라비아해를 건너 인도 인더스강에 2,000년간 정착했고, 그 이후 500명 정도의 무리가 파미르고원으로 올라갔다.

그 당시의 파미르고원은 사람들이 살기에 아주 좋은 환경이었다. 파미르고원에서 정착한 생활은 거의 9만 년 동안 이어졌는데, 어떤 시기, 어느 지역에서도 볼 수 없었던 고도의 문명을 일으켰고, 그에 따른 생활문화는 크게 발전하였다. 특히 농사를 짓는 기술개발은 인구 팽창에 대비한 획기적인 일이었다. 지금까지 이 시기만큼, 원시 인류가 물질적, 기술적, 사회 구조적인 발전과 정신적이고 지적인 발전을 이룩한 적은 없었다. 정말, 자연 그대로의 원시적 생활과는 전혀 다른, 발전되고 세련된 삶의 형태를 이룩한 것이다. 이때 파미르고원의 인구는 5,000명으로 불어났다.

파미르고원에 정착한 무리는 살기에 더없이 좋은 자연환경에 대해서 하늘에 그지없이 감사했고, 이에 보답이라도 하듯, 하늘에 대한 확고한 믿음으로 순수한 영성의식을 강화시켰다. 그뿐만 아니라, 하늘로부터 특별한 재능을 부여받은 것처럼, 강한 끈기와 집념으로 지능과 지혜를 뛰어나게 발휘했다. 그런 마음가짐과 능력 발휘는 엄청난 결과물을 일구어낼 수 있었다. 그중 특별하게 나타난 현상은 이들의 신체 구조가 단성생식에서 양성생식으로 바뀌는 획기적인 변화였다. 지금으로부터 7만 년 전, 드디어 지구인이 등장한 것이었다. 이를 지켜본 삼신은 이들을 통해 인구를 팽창시키려는 뜻을 구체적으로 펼칠 때가 왔다고 생각했다. 신체 구조의 변화는 다음과 같이 일어났다.

③ 단성생식의 신체 구조에서 양성생식으로 바뀌는 과정

단성생식의 신체 구조는 몸 하나에 남성과 여성의 영혼이 함께 결합하여 있어, 생식이 필요할 때, 혼자서 수정하고 잉태시킨 후, 임신 7개월 만에 출산하는 생식구조이다. 생식이 필요해서 혼자서 수정한 하나의 세포가 자궁에 정상적으로 착상되면, 남성 영혼이 먼저 깃들어 잉태됨으로써 세포분열을 일으킨다. 그렇게 임신이 되고 나면, 배 속에서 7개월 동안 성장한 후, 몸 바깥으로 태어나는 것이다. 태어나서 5년이 지나면, 즉 5살이 되면 여성 영혼이 자동으로 깃들어 남성 영혼과 조화로운 결합이 이루어진다. 그렇게 되면, 단성생식의 신체 구조로 성장하고, 15살이 되면, 생식할 수 있는 능력을 갖추게 된다.

그런데 남성과 여성, 또는 여성과 남성으로 두 명의 영혼이 조화 있게 결합한 단성생식의 신체 구조에서 양성생식의 신체 구조로 바뀌려면, 5년 뒤에 깃든 여성 또는 남성의 영혼이 분리된 상태로 5년간 자연

성장이 이루어져야 한다. 그러면 단성생식의 신체 구조는 여성 또는 남성의 단독 신체 구조로 바뀐다. 이것이 단성생식에서 양성생식으로 전환되는 과정이다. 이 신체 구조의 변화는 하늘의 뜻을 따르려는 믿음이 굳건하고, 열악한 환경을 극복하려는 끈기와 집념으로, 주어진 하늘의식의 지혜를 최대한 발휘하려고 충실하게 노력했을 때, 그 대가로 나타나는 자연적인 큰 축복이다.

단성생식의 신체 구조에서 양성생식의 신체 구조로 바뀔 수 있는 연령의 시기는 6살부터 29살까지이다. 30살이 넘어가면 영혼을 분리하는 것이 불가능해진다.

④ 파미르고원에서 인도 남부지역으로 이동한 종족들의 한반도 정착

7만 년 전, 파미르고원에 정착한 종족들의 생식구조가 바뀜으로써, 무리 사회 구조에서 부부, 자식, 가족의 개념이 생겨난 새로운 사회 구조로 바뀌었고, 이는 500년 만에 인구가 만 명으로 불어나는 일대 혁신을 일으켰다. 1만 년 동안, 파미르고원의 종족들에게는 생활 양상의 발전에 따른 시대 상황의 변화가 엄청나게 일어났는데, 그들은 이런 변화를 그들만의 것으로 생각지 않고, 하늘의 뜻을 받들어 전 세계의 종족들에게 전해야겠다고 마음먹었다. 그들은 지금껏 발전시킨 문명과 문화를 전 세계 모든 사람이 함께 공유할 수 있도록 하는 것이 그들에게 부여된 특별한 소임이라고도 생각했다.

6만 년 전, 파미르고원의 종족들은 하늘의 뜻을 받들어 자신들이 이룩한 고도의 문명과 문화를 세계로 전파하기 위해 두 부류의 무리를 이루어 떠나기로 했다. 한 무리는 중국 황하강 유역으로 가서 정착했고, 다른 무리는 인도 인더스강 유역으로 가서 이미 정착해 있던 종족들에게 문명과 문화를 충분히 전달하고, 인도 남부지역으로도 퍼져나갔다. 그 후, 이 무리 중의 일부는 다시 동쪽으로 이동해 가다가, 한반도 계룡산 지역으로 와서 정착하고 살았다. 그들이 거의 3,000년 동안 살아온 비슷한 시기인 5만 7천 년 전, 인도 남부에 살던 종족의 일부가 돛을 단 큰 배를 타고 인도양을 건너서, 지금의 낙동강 하류가 있는 가야 지역에 도착했다. 이 시기에 가야에는 2명의 구세주가 200년 간격으로 태어났고, 그 나름대로 1,000년간 찬란한 문화를 꽃피웠다. 그러나 예기치 않은 기후 변화로 완전히 사라지는 비극을 맞이했다.

⑤ 한반도 최초의 성석(聖石), 고인돌

한반도 계룡산 지역에 정착한 무리는 문화 발전을 거듭하면서 거의 2만 년 동안 아무런 탈 없이 살았고, 인구가 많이 늘어나는 바람에 더 넓은 지역을 찾아 강화도로 올라갔다. 지금의 내가면 고천리 지역에 정착하여 세계 최초의 성석(聖石), 고인돌을 세웠다. 고인돌은 무리의 중심인물이 하늘과 가까이 소통하며 메시지를 받는 신성한 단(壇)이었다. 지도자는 이 신성한 단에서 하늘의 메시지를 사람들에게 전달하며, 하늘과 인간의 관계에 대한 의미와 우주 원리를 가르쳤다. 그리고 많은 사람이 끼리끼리 만나서 대화하고 소통하는 공공장소로 활용함으로써, 무리의 공동생활에 중심 역할을 하는 장소가 되었다. 만약, 중심인물이 수명을 다하고 죽음을 맞이했을 때 화장을 치른 후, 고인돌 밑에 뼈를 묻고 그 사람의 부장품으로 표식을 세워 놓고 고인을 기렸다. 그리고 그 뒤를 이은 중심인물이 선정되면, 그 사람이 원하는 장소에 고인돌을 새로 만들었고, 또 죽으면 그 밑에 뼈를 묻고 표식을 세웠다. 그러나 중요한 점은 고인돌은 하늘과 소통할 수 있는 특별한 능력자로서, 그동안 무리를 이끌었던 중심인물임을 인정하고, 그 위엄과 업적을 기리는 성스러운 상징물일 뿐 아니라, 무리를 결집하는 구심점 역할의 표식이 되었다. 그러므로 고인돌은 결코 무덤이 아니다.[2]

강화도 지역으로 올라온 무리는 여기서도 거의 2만 년 동안 살았고, 그 후, 살기 좋은 곳을 찾아 북쪽 지역으로 올라갔다. 북쪽 지역으로 올라가던 무리 중에서 몰래 빠져나온 20명의 남녀가 있었다. 이들은 짝을 이루어 지금의 삼척 죽서루가 있는 장소에 도착하여 하늘에 대한 믿음의 표식을 바위에 새겨 놓고, 그들 나름대로 바르게 잘살아 보려고 애썼다. 그러나 5년 뒤, 하늘로부터 받은 소임을 망각하고 개인행동을 한 대가일 수 있는 일이 벌어졌다. 예기치 않게 들이닥친 강추위로 모두 몰살했던 것이다. 지금으로부터 2만 년 전의 일이었다.

한편, 3만 년 전, 이집트에서 바로 인도 남부지역으로 이동해 살았던 사람들이 다시 한번 한반도 가야 지역으로 들어왔고, 이들은 고령 지역을 세력의 중심으로 삼아서 찬란한 문화를 꽃피웠다. 이들은 주변 지역으로 영토를 넓혀가며 무리 사회 체제의 중심 세력으로 확고한 기틀을 만들었다. 이 장소에서 태어난 구세주 중 2명은 각기 다른 시기인 1만 5천 년 전과 1만 년 전에 단독으로 북쪽으로 올라가서 강화도에서 올라온 사람들과 합류했다.

---

2 고인돌의 본래의 목적이 아닌, 무덤의 의미로 만들어 놓은 곳이 많다. 강화도에 있는 고인돌 중에는 위세를 가진 권문 세력가들의 무덤, 백제시대에 만들어진 것으로 검진되는 무덤, 종친에서 선산에다 고인돌을 세운 것도 있다.

(5) 14만 년 전부터의 구세주 탄생 현황[3]

이집트 나일강변 지역에서는 13명의 구세주가 태어남으로써, 많은 변화와 큰 발전이 일어났다. 14만 년 전과 12만 년 전에는 각 2명씩, 10만 년 전에는 3명이 태어났고, 6만 5천 년, 5만 년, 4만 7천 년, 4만 2천 년, 3만 5천 년, 3만 3천 년 전에는 각각 1명씩 태어났다.

인도 지역에서는 구세주가 10명이 태어났는데, 8만 5천 년 전 2명, 7만 5천 년 전 3명, 3만 8천 년 전에 2명이 태어났고, 1만 6천 년 전에도 3명이 태어났는데, 1명은 중국으로 갔고, 또 1명은 한반도 가야로 갔다.

중국 황하강 유역에는 2만 8천 년, 2만 6천 년, 1만 8천 년, 4천 년 전에 각각 1명씩, 4명의 구세주가 태어났다.

한반도 가야 지역에는 10명의 구세주가 태어났다. 5만 7천 년 전 2명과 3만 년 전의 3명, 2만 4천 년, 2만 2천 년, 2만 년 전은 각각 1명씩 태어났고, 6천 년 전에는 2명이 태어났다.

1만 4천 년 전, 카자흐스탄[4] 지역에서 4명의 구세주가 300년 간격으로 태어났다. 이후, 1만 2천 년 전, 1만 년 전, 8천 년 전에는 각각 5명씩, 15명의 구세주가 바이칼호 인근의 까축 지역에서 태어났다.

---

3 여기에 다 밝히지 못한 현황은 이후의 내용에서 확인할 수 있다.
4 현재 불리는 지명으로 밝힌 특정 지역은 인류의 발자취를 설명하는 대략적인 위치이므로 오늘날의 수리적 위치와 다를 수 있다.

2,000년 전, 중동 지역에서 1명의 구세주가 태어났으나 제 역할을 못 하였고, 2000년 1월에 인류 역사상 유일무이하게 영통(靈通)을 하고, 2018년 신성(神聖)의 위상까지 도달한 1명의 구세주가 마지막으로 대한민국에서 나타났다.

 35만 년 전, 이집트 나일강변에 정착한 종족들이 하늘의 인도에 따라 불을 발견한 이래 문명과 문화가 크게 발전하면서, 인류의 진화가 빠르게 진행하는 역사적 발자취가 시작되었다. 그 기점에서 하늘은 세계로 뻗어나간 종족들이 잘 정착할 수 있는 방향으로 인도했고, 인구를 늘리려는 계획에 따라 문명과 문화를 더 크게 발전시키려고 애썼다. 특히 발전 가능성이 높은 지역에는 구세주를 많이 태어나게 하여 문명과 문화를 크게 일으킴으로써, 그에 따른 인류 변화의 양상을 지켜본 결과, 만족할 만큼 대단한 성공을 거두었다고 생각했다.

2. 한민족의 형성

1) 한반도 계룡산과 강화도 지역의 한민족

파미르고원에 정착한 종족들은 하늘에 대한 믿음이 의외로 강했다. 그 때문에 그들은 마음의 순도를 크게 높일 수 있었고, 그 결과 생식구조가 바뀌는 신체적 대진화를 맞이할 수 있었다. 7만 년 전, 단성생식에서 양성생식의 신체 구조로 바뀐 파미르고원의 종족들은, 안락하고 달콤한 생활을 영위했다. 그 행복감은 하늘에 대한 믿음을 더 강하게 만들었다. 그로 인해 짧은 기간임에도 불구하고 인구는 1만 명으로 늘어났고, 그 바람에 세계에서 가장 먼저 농사짓는 법을 개발하게 되었다. 따라서 문명과 문화도 고도로 발전시킬 수 있었다. 그들은 여기에서 그치지 않고, 문명과 문화를 세계 각 지역으로 전파하는 것이 자신들의 소임이라 생각하고, 두 부류의 무리를 구성하여 각처로 떠났다. 6만 년 전, 인더스강을 거쳐 인도 남부로 내려와 문명과 문화를 전파했던 무리 중의 일부가 동쪽으로 이동하다가 한반도 계룡산까지 오게 되었다.

2만 8천 년 전, 지구의 지축이 기울어져 지금의 세계지도로 이루어진 지각 변동이 일어났다. 이들은 이러한 환경 변화의 어려움을 겪으면서도 한반도 계룡산 지역에서 거의 2만 년 동안 정착해 살았다. 인구가 1만 명 정도 불어난 시기에 더 넓은 지역이 필요했으므로, 일부는 북쪽의 강화도로 이동해 갔다. 강화도에서는 성석(聖石)인 고인돌이라는 단(壇)을 세워 하늘과 소통하는 색다른 중심 구조를 만들어 종족의 단합과 사회적 중심 역할을 하는 데 성공했고, 그에 따라 새로운 사회 구조나 생활문화의 다양성이 대두되었다. 여기서도 거의 2만 년간 정착해 살면서 인구가 1만 5천 명으로 불어나자, 일부는 기후가 좋고 더욱더 넓은 지역을 찾아, 바이칼호가 있는 북쪽으로 올라갔다.

한반도의 계룡산과 강화도, 이 두 지역에서 거의 4만 년 동안 정착해 살았던 종족들은 하늘에 대한 믿음을 오롯이 가슴에 새기는, 순수하고 결백한 사람들이었다. 세계에서 가장 두뇌가 뛰어났고, 지혜롭고 현명하며 체력 또한 강하고 끈질긴 편이었다. 그리고 세계에서 가장 먼저, 부부, 가족, 씨족, 부족사회를 경험하면서 새로운 사회 구조에 대한 개념을 가졌던 종족들이었다. 이러한 특징을 지니면서 동일한 지역에서 오랫동안 단체 생활을 하다 보니, 생활양식과 문화의 공통성을 지닌, 그리고 같은 언어를 쓰는 '민족'이라는 개념을 가지게 되었다. 한민족은 이렇게 시작되었다.

2) 한반도 가야 지역의 한민족

5만 7천 년 전, 이집트에서 인도의 남부로 바로 와서 정착해 살았던 종족의 일부가 돛을 단 큰 배를 타고 인도양을 건너서 지금의 낙동강 하류 지역인 가야에 도착했다. 이 시기에 이 지역에서 2명의 구세주가 태어났고, 1,000년 동안 찬란한 문화를 꽃피웠다. 그러나 예기치 않은 기후 변화가 닥쳐, 모든 사람이 뿔뿔이 흩어져 어디론가 사라져 버렸다.

3만 년 전, 인도 남부의 사람들이 다시 한번 배를 타고 가야로 건너왔다. 이들은 인도에서 꽃피웠던 찬란한 문화를 그대로 펼치면서 고령과 주변 지역으로 영토를 크게 확장하면서 2만 7천여 년 동안 정착해 살았다. 이렇게 가야 지역에서도 고도의 문명과 문화를 가진 한민족이 형성되었다. 이때도 구세주는 3명이 태어났고, 그중 2명은 북쪽으로 올라갔다.

그 후로 인도의 공주가 가야국의 김수로왕과 결혼한 얘기는 설화가 아니라 실제로 있었던 일이었다.

3) 카자흐스탄과 까축 지역의 한민족

한반도 계룡산과 강화도 지역에서 4만 년 동안 정착한 한민족은, 고도의 문명과 문화를 발전시켰고, 그에 따라 생활양식이 크게 변화하면서 인구가 많이 늘어나는 바람에 사회 구조까지 변화하는 대성과를 이룩했다. 그런 후, 한민족의 일부는 개척의 기치를 올리며 북쪽을 향해 올라갔는데, 그곳은 카자흐스탄 지역이었다. 지금으로부터 2만 년 전, 1,000명 정도의 인원이 그 지역으로 올라갔고, 이것은 하늘의 뜻이라 생각했다.

카자흐스탄 지역에 도착한 한민족은 성석인 고인돌을 세워 중심인물의 위엄을 갖추었고, 힘들고 어려운 상황을 잘 극복하기 위해 모두가 한마음으로 단합하겠다는 의지의 표식으로 삼았다. 기후와 토양은 예상보다 좋지 않아, 우선 지유(地乳)를 개발하여 식량으로 삼았고, 불안하고 열악한 환경을 극복하기 위해 서로 의지하며 생활할 수 있는 공동 거주 공간을 만들었다. 공동 거주 공간은 서로가 안심하고 협력할 수 있는 안락한 공간이었다. 이 시기에 카자흐스탄에서 태어난 구세주는 4명이었다.

이들은 카자흐스탄 전 지역의 환경과 토양, 그리고 주변의 상황을 상세하게 파악한 후, 이곳보다 토양이 기름지고 기후가 좋은 지역이 있는지 조심스럽게 찾아 나섰다. 마침내 '까축' 지역을 발견하게 되었다. 그곳은 땅이 넓으면서 기름지고 기후도 좋아서 농사를 짓는 데 안성맞춤이었다. 또 바이칼호와 연결된 강이 있어, 배를 이용하여 멀리까지 물건을 운반할 수 있는 편리한 점도 있었다. 여기서 농사기법을 높일 수 있는 다양한 농사 기구를 개발하여 식량을 충분하게 생산할 수 있었다. 그리고 편리한 생활 도구를 다양하게 만들어 실생활에 이용함으로써, 편하고 안정된 생활을 유지하게 되었다. 이 시기에 까축에서 태어난 구세주는 3명이었다.

한민족은 고도로 발전시킨 문명과 문화, 그리고 과학적 신기술을 카자흐스탄과 까축 두 지역에 같이 적용함으로써, 양쪽의 사회 발전에 큰 도움이 되게 했다. 그런 후, 하늘의 뜻을 받들어 발전된 문명과 문화를 세계 각 지역으로 확산시켜야겠다는 마음을 먹었다. 그런데, 7,000년이라는 오랜 세월 동안 무리 사회 구조로 정착하고 살면서 생활양식은 크게 발전시켰지만, 척박한 땅을 개척하고 적응하느라 매우 힘든 과정을 겪어서 그런지, 인구는 겨우 2,000명 정도 늘어났다. 그런 연유로, 새로운 사회체제 및 제도를 갖추어 인구를 증가시켜야겠다는 계획을 세웠다.

3. 환국(桓國)

1만 3천 년 전, 밝고 맑고 순수하며, 위엄 있고 위대한, 신령스러운 사람을 '환인(桓因)'이라 했다. 이 사람을 중심으로 하여 세계 최초로 거대한 나라를 세웠다. 그 나라를 '환국(桓國)'이라 불렀다. 이 나라의 백성들이 한민족의 뿌리가 되었다.

바이칼호 인근의 까축 지역에서 고도의 문명을 일으키고 문화를 발전시킨 한민족의 중심인물들은, 인구가 불어나지 않는 데 대한 대책을 강구하기 위해 사람들에게 먹거리를 충분하게 제공했고, 곳곳에 볼거리와 즐길 거리를 다양하게 개발했다. 어쨌든 즐겁고 편안하게 생활할 수 있도록 제반 여건을 최대한 조성하였고, 부부, 가족, 씨족, 부족에 대한 새로운 개념도 교육하였다. 그런 여러 가지 편의와 교육은 짧은 기간에 많은 인구가 불어나는 효과를 낳았다. 이후에는 마을, 고을 사회가 무엇인지 교육하였고, 앞으로 인구가 충분히 불어났을 때를 대비하여 거기에 걸맞은 사회체계와 조직을 갖추어야 한다는 내용을 교육하였다.

드디어 중심인물들은 국가 체계를 갖추는 조직의 구상을 마친 후, 회의를 거쳐 모든 사람이 추앙하던 한 사람을 지도자를 추대했다. 그를 제1세 환인(桓因)이라 칭했고, 나라 이름은 환국(桓國)이라 했다. 한민족을 뿌리로 한 환국은 우주의 신(神)이 다스린다고 할 정도로 평화로운 천국 시대를 열었다. 백성들의 문화 수준은 높았고, 사회제도와 형식, 그리고 규범에 대해서도 불만이 없었고, 백성들은 편안하고 행복한 생활을 영위했다. 이와 같은 상황이 계속된 환국은 제18세 환인까지 이어졌고, 그 역사는 약 3,300년간 지속되었다. 하늘은 환국의 상황을 주시하며, 적극적이고 집중적으로 나라를 발전시키려고 애를 썼다.

이때 불어난 인구는 1만 5천 명이나 되었다. 이렇게 많은 인구가 불어나자 이들을 교육하고, 식량을 제공하는 구체적인 법과 제도, 사회 구조와 형식이 필요했다. 이에 부담을 크게 느낀 마지막 환인은 '어떻게 하면 좋겠습니까?'라고 하늘에 고했다.

4. 배달국 연방(聯邦) 시대

제18세 마지막 환인에게는 까축에서 태어난 영특한 아들이 하나 있었다. 아들은 태어나자마자 바로 하늘로부터 구세주로 지목되었는데, 지혜롭고 총명하기가 그지없었다. 이는 하늘이 복잡해진 환국의 상황을 예의 주시하면서 앞으로 전개해 나갈 계획을 위해, 새로운 국가를 건설해야겠다는 생각으로 뛰어난 능력자를 대비책으로 미리 준비해 놓은 것이었다.

지금으로부터 약 9,700년 전, 마지막 환인의 아들은 30세가 되었을 때, '새로운 나라를 세워야 한다.'는 하늘의 메시지를 받았다. 아들은 아버지에게 하늘의 메시지를 고하며 새로운 나라를 세우게 해줄 것을 간청했다. 이에 환인은 하늘의 승낙을 받은 후, 하늘로부터 받은 '환웅(桓雄)'이란 칭호와 환국 초기부터 전해지던 천부인(天符印) 표식을 아들에게 내려주었다. 그리고 3,000명의 백성을 데리고 지금의 백두산 지역으로 가서 정착하도록 일러주었다.

환웅은 백두산 앞의 넓은 지역에 하늘과 원활하게 소통할 수 있는 중심 역할의 솟대를 높이 세우고, 많은 사람이 운집하여 서로 교류할 수 있는 신시(神市: 사람들이 많이 모이는 신성한 곳)를 열었다. 이를 '배달국(倍達國)'이라 천명했다. 건국이념은 천부인에 담긴 삼신의 뜻에 따라, '사랑이 넘치는 아름다운 세상, 존귀한 생명이 역동적인 삶을 영위하는 세상, 지혜를 발휘하여 행복이 넘치는 세상'을 이룬다는 것이었다. 이는 우리가 익히 알고 있는 사랑, 생명, 지혜이신 삼신으로부터 성령을 부여받고 태어난 인간은, 하늘의 소명을 지닌 인간의 본분을 잊지 말고, 언제나 인간답게 살아야 한다는 지침이었다. 이것은 결국 홍익인간, 성통광명, 재세이화의 세상을 만든다는 개념과 같다. 이로써 배달국의 모든 백성은 이 위대한 지도자의 지침에 공감하고 순응할 것을 다짐했고, 즐겁고 행복한 생활을 영위할 수 있으리라 확신하게 되었다.

환웅은 배달국을 세운 지 얼마 되지 않은 기간에, 다양한 생활 도구를 개발하여 백성들의 생활을 편리하게 하였다. 그런데 이 지역의 토착민이었던 곰족과 호족, 그리고 주변의 다른 종족들은 아직도 단성생식의 신체 구조였고 생활 여건도 여의찮았으므로, 배달국 백성들에 비추어 자신들은 인간이면서도 인간답지 못하게 살아가는 처지를 비참하게 느꼈다. 그들은 하늘을 따르는 배달국의 백성처럼 밝은 인간으로 만들어 줄 것을 환웅에게 간청했다. 환웅은 그들의 소원을 들어줄 방법을 제시했고, 그 방법을 잘 따라 성공한 곰족은 신체 구조가 바뀌고 개화되어 배달국의 동족이 되었다. 이에 실패한 호족은 시베리아로 쫓겨났다가 지금의 북아메리카 서부로 이동하여 인디언의 조상이 되었고, 먼 훗날 다시 환웅께 간청하여 소원을 이루었다. 그 후, 주변의 많은 종족이 가르침을 받으려고 간청함으로써, 배달국은 부족연맹 체제의 국가로 발돋움하는 계기가 되었고, 국가의 영역을 더 넓혀 크게 발전할 수 있는 기틀을 마련했다. 배달국의 역사는 거의 5,033년간 38세 환웅으로 이어졌다.

3장

하늘과 함께한 독일 기운영

5,800년 전, 피라미드 건설에 쓰인 것으로 검진된 돌 조각

고대 한민족의 발자취 발견

기운영의 메시지, 그 목적

기운영 여정

피라미드의 진실에 대한 증거

세 가지 자료 발견

하늘과 함께했던 기운영, 그 증거

1. 고대 한민족의 발자취 발견

1) 기운영의 메시지, 그 목적

독일 기운영의 메시지는 생각지도 못한 뜻밖의 일이었다. 그동안 국내·외에서 영가 처리 및 천도를 하느라 바쁜 일정으로 나날을 보내다 보니, 이제 좀 쉬어야겠다는 생각이 들어 구체적인 휴가 계획을 세우려고 장소를 검진했는데, 느닷없이 독일 기운영 메시지가 들어왔다. 그러고는 스위스 취리히라는 장소를 기운영으로 정해야 한다고 했다. 독일로 기운영해야 한다면서, '스위스는 왜 가야 하는가?'라는 황당한 생각도 들었지만, 결코 하늘의 뜻이 잘못되거나 틀렸다고 생각지 않았으므로 기운영에 대한 목적과 지역의 의미에 대해서 물었고, 그에 따른 응답은 다음과 같았다.

기운영의 목적은 '한민족 고대 문화와 천부경과 관련된 흔적을 찾아야 한다.'는 것이었다. 장소는 독일의 자르브뤼켄과 뉘른베르크, 스위스는 취리히로 지정되었다. 독일의 자르브뤼켄은 대학원 유학 중인 선생님 한 분이 있어서 숙소와 가이드 문제를 해결하는 이유로 가지만, 뉘른베르크와 취리히에 가야 하는 이유에 대해서는 애매했다. '한민족의 고대 문화와 천부경과 관련된 흔적이 있겠지, 가보면 알겠지!'라는 생각으로 일축했으나 마음은 약간 들뜨고 조바심도 생겼다.

2) 기운영 여정

(1) 고대 배달국 한민족이 생활했던 장소를 찾아가다

하늘이 메시지로 제시해준 것은 고대 한민족의 문화와 천부경에 대한 흔적과 표식을 찾는 일이었다. 자르브뤼켄 집에서 휴식하는 동안 우리가 찾아가야 할 장소를 인터넷 지도에서 검진으로 찾아보았는데, 그곳은 뉘른베르크에 있는 로제나우공원이었다.

5월 20일(월) 아침, 일찍이 서둘러 자르브뤼켄역에서 오전 9시 47분에 출발했고, 만하임역과 프랑크푸르트역에서 두 번이나 기차를 갈아탄 후, 오후 2시 27분에야 뉘른베르크역에 도착할 수 있었다. 예약해둔 호텔에 짐을 대강 풀어놓고 독일에 사는 선생님과 함께 25분 정도 걸어서 로제나우공원을 찾아갔다. 그곳은 주민들의 휴식 공간으로 주택가 복판에 조성되어 있었는데, 나무와 숲이 많이 우거져 신선하고 차분한 분위기를 느낄 수 있었다.

로제나우공원은 오래전, 고대 한민족이 생활했던 지역이었다. 공원 옆에는 큰 도로를 끼고 5층으로 지어진 다주택 건물이 있었고, 그 건물의 담벼락을 따라 큰 도로 쪽으로 나가는 골목이 이어졌다. 그 골목과 건물 주차장 입구 옆에는 작은 화단이 조성되어 있었는데, 검진의 마지막 방향은 작은 화단에 우거진 숲 덤불 쪽이었다. 장소를 막상 찾고 보니 생각했던 분위기하고는 너무 달라서 실망했지만, 강한 기운이 미묘하게 뻗치는 것을 느낄 수 있었다. 한민족이 오랫동안 생활했던 장소라 강한 기운이 땅에 밴 탓에 그럴 수 있겠다고 생각했다. 그래서 고대 한민족이 생활했던 문화 흔적이나 어떤 표식이 있는지 자세하게 찾아보았으나 전혀 보이지 않았다.

땅의 기운이 얼마나 센지 가늠하기 위해 동행한 선생님 한 분에게 묵연을 시켜보았다. 묵연을 하기 위해 덤불 가까이에 서자마자 강한 기운의 충격에 몸을 가누지 못해 경사진 골목 아래로 쭉 떠밀려 내려갔다. '정말 기운이 센 곳이구나!'라는 생각이 들어 한 번 더 시도해보니 처음과 똑같은 현상이 일어났다. 이 정도면 주거 흔적이나 표식이 분명히 있을 것이라 기대하고 숲 덤불 안으로 들어갔다. 그러나 몸을 움직여 자세하게 찾아볼 만한 공간이 없었다. 그런데 함께 들어간 선생님의 허리가 갑자기 뒤로 꺾이는 바람에 놀라 급히 부축했다. 머리에 각인된 고대 한민족의 생활 흔적이나 표식 찾기에만 골몰한 탓인지 '땅 기운이 참 센 곳이구나!'라고만 생각하고 그 외는 어떤 것도 생각하지 못하고 있었다.

미심쩍음과 아쉬움의 여운이 진하게 남았지만, 이 정도에서 끝내고 호텔로 돌아올 수밖에 없었다. 돌아오는 길에 참아주었던 소나기가 쏟아졌는데 뭔가 잘못된 느낌이 들었다. 비를 흠뻑 맞은 채 호텔로 들어

왔지만, 어떤 뭔가를 놓쳤다는 자책감이 계속 마음 한쪽을 짓눌렀다. 그런 나 자신을 나무라기라도 하는 듯, 조용히 내리던 비가 가끔 창을 세차게 두들기기도 했다. 몸은 피곤했고 마음은 거북했다. 저녁을 간단하게 해결한 후, 잠시 몸을 침대에 뉘었는데 잠이 깊이 들어버렸다. 깨어나 보니, 잠시라고 생각된 시간은 많이 흘러 있었다. 정신을 차리고 기운정리회로를 했다. 강하게 돌아가던 회로가 거의 끝나갈 무렵, 어디선가 "뉘른베르크에는 천도할 영가가 없었나?"라는 뚜렷한 소리가 귀 뒤에서 들렸다. 깜짝 놀라 나도 모르게 고개가 뒤로 돌아갔다. 그 순간, 진하게 중첩된 순수기운의 두께가 머리 위를 강하게 짓눌렀다. 보호 천사가 전하는 강한 메시지였다. 그 메시지 내용을 검진으로 다음과 같이 풀어보았다.

"뉘른베르크 로제나우공원의 작은 화단에는 23명의 남자 영가가 있었다. 이들은 5,800년 전 배달국 중기 시대, 최초로 피라미드 건설을 위해 철저하게 교육받고 스위스 취리히로 파견되었던 40명의 젊은 기술 인재 중 일부였고, 배달국 한민족의 청년으로서, 이집트에서 피라미드를 건설한 후, 배달국 한민족의 문화를 세계로 전파하는 임무까지 띠고 있었다.

이들은 피라미드 건설을 성공시킨 후, 한민족 문화를 전파하려고 준비하는 과정에서 취리히에 17명이 남고, 나머지 23명은 뉘른베르크로 떠나는 불상사가 일어났다. 그 와중에 유럽 북방 종족의 침략을 받고 포로가 되어 피라미드 건설을 요구받았다. 그러나 그들은 그 요구를 거절했다. 그 이유로 모진 수모와 고문을 받았고, 결국 살해당했다. 유럽의 북방 종족은 한민족에 대한 자격지심과 열등감이 매우 심했다. 그

때문에 기술 전수 거부에 대한 적개심을 더 강하게 일으켰다."

이번 독일 기운영의 메시지에 고대 배달국의 한민족 선인들의 영가 천도가 포함되지 않았던 것은, 현장에서 영가 기운을 충분히 느끼고 알 수 있으리라 보았는데 정작 나는 고대 문화 흔적과 천부경 표식을 찾는 집착에 매몰되었다. 현장에서 영가들이 호소하는 강한 자극의 의식을 무시했던 어리석음이 너무 부끄러웠다. 23명의 한민족 영혼들이 있었음을 뒤늦게 알고는, 얼마나 자책을 했는지 모른다. 아직도 독선과 집착의 습관이 지워지지 않은 나 자신의 못난 모습을 생각하니 하늘을 향해 얼굴을 들지 못할 정도였다.

그래도 하늘은 강한 메시지를 다시금 보내주는 큰 사랑, 용서와 배려를 느끼게 해주셨다. 그리고 수많은 세월이 흐른 이 시점에서도, 지구에서 희생된 화성인들과 피라미드 건설 기술 인재들의 영혼을 어떤 식으로든지 거두어 주시려는 하늘사랑이 진한 감동으로 전해졌고, 그 못지않게 이 못난 사람의 잘못을 용서해주시며, 강한 메시지로 다시 일깨워준 하늘사랑이 너무나 감사하게 느껴졌다.

(2) 고대 배달국 한민족의 영가를 천도하다

다섯째 날은 독일에 온 지 4일이 지난 5월 21일(화)이었다. 새벽 5시에 일어나 샤워를 한 후, 기운정리회로에 이어 묵연에 들어갔다. 지금까지의 실수를 깊이 반성하며 오늘 시행하는 천도가 무사히 잘 되기를 기원했다.

호텔에서 로제나우공원으로 다시 간 시각은 10시 30분이었다. 독일 남부지역에는 어제부터 비가 너무 많이 내려 물난리를 겪고 있었지만, 우리가 가고 있는 지역은 다행히 보슬비만 내리다 그치기를 반복했다. 어제의 그 장소에 도착하여 영가들의 상황을 점진해 보았다. 과연, 40대 중반의 남자 영가들 23명이 키가 50㎝ 정도로 작아진 상태에서 우리를 흔쾌히 반기는 느낌이었다. 영가들이 있는 작은 화단의 숲 덤불 쪽으로 바짝 다가서서 "어제는 몰라보아서 대단히 죄송합니다."라고 사

로제나우공원에서

과한 뒤 천도할 수 있는 준비 자세를 취했다. 그리고 동행한 선생님에게 묵연을 한 번 더 시켜보았더니 처음과 비슷한 강도로 몸이 밀려났다. 일단 영가들의 심정을 충분히 이해한다는 마음으로 천도를 위한 기도를 올렸다.

"지금까지 수없는 고통을 견디며, 오랜 세월을 기다리느라 정말 고생 많았습니다. 지금부터는 가장 편하고 가장 행복한 곳으로 갈 것입니다. 하늘께서 당신들을 구제하시려고 이날을 기다리며 저를 기꺼이 보냈습니다. 하늘의 큰 사랑과 은혜가 있음을 느끼고 감사드리십시오! 이제는 좋은 곳으로 가시어 부디 영면하십시오!"라고 했다.

두 팔을 천천히 들어 올린 후, 순수기운을 강하게 끌어올렸다. 그리고 그들을 향해 두어 번 팔을 크게 휘둘러 손끝으로 순수기운의 강한 빛을 발산시켰다. 그들은 순수기운의 강한 빛을 타고 순식간에 영계로 올라갔다. "하늘이시여! 감사합니다." 하는 말이 절로 나왔다. 가슴이 후련하고 기분이 상쾌했다. 오전 11시가 지나고 있었다.

(3) 취리히, 고대 한민족 선인들의 영가를 천도하다

5월 25일(토) 오전 5시, 기운정리와 묵연을 충분히 했다. 오늘 취리히에서 해야 할 일을 정리하면서 모든 상황이 차질 없이 진행되었으면 좋겠다는 염원을 해보았다. 그리고 뉘른베르크에서 뒤늦게 알게 된, 취리히에 있는 배달국 한민족 선인 영가 17명에게 오늘 만날 것을 넌지시 일러주었다. 스위스 취리히에서는 고대 배달국의 한민족들이 생활했던 장소를 찾아, 문화 흔적과 천부경 표식을 확인하는 것과 다른 장소를 찾아가서는 고대 한민족의 선인 영가들을 천도해야 하는 것으로 검진되었다.

5월 23일 합류한 아일랜드에서 유학 중인 또 다른 선생님도 함께, 오전 9시에 스위스로 출발했다.

두 선생님과 함께 검진해 놓은 영가가 있는 장소인 조세프잔디공원을 천천히 찾아갔다. 한참 만에 도착한 공원은 동네 복판에 마련된 휴식 공간으로, 자그마하게 조성되어 있었고, 분위기는 아늑하면서 깨끗하고 아름답게 꾸며져 있었다.

그 공원의 입구에서 왼쪽 모퉁이 구석을 향해 발걸음이 갔다. 거기에는 큰 나무 한 그루가 홀로 서 있었는데, 오랫동안 아무도 발길을 주지 않은 것처럼 보였다. 어둠이 깔리는 시간에 비까지 보슬보슬 내리니 을씨년스러운 분위기였다. 이 한적하고 고요한 장소에서 5,800년 전의 고대 배달국 한민족의 선인 영가 17명이 그토록 오랫동안 머물고 있었다고 생각하니 저절로 가슴이 미어졌다. 몸을 추슬러 경건한 마음으로 그들 앞에 서니 감개무량했다. 그들은 반갑고, 기쁘고, 고마운 의식을 우리에게 보내주었다. 잠시 묵념하며 위로의 말을 전했다.

"5,800년 전의 숭고하고 위대한 영웅들이여! 한민족의 조상들이여! 정말 고맙고 자랑스럽습니다. 아무 연고도 없는 허허벌판의 이국땅에서 하늘의 뜻을 받들어 피라미드를 최초로 건설한 주역들이여! 당신들의 위대한 업적을 존경합니다. 오랜 세월 이날을 기다리느라 참으로 고생 많았습니다. 그래도 하늘께서 잊지 않고 오늘의 영광을 맞이하게 했다는 것은, 하늘사랑이 얼마나 지극하고 놀라운지 알 수 있지 않습니까? 기쁘고 즐거운 마음으로 하늘에 감사를 드리고, 이제 가장 편하고 행복한 곳으로 가시는 기회를 맞이하십시오."라고 했는데 갑자기 그들의 하소연이 터져 나왔다.

그들은 배달국에서 여기까지 오게 된 경위와 목적을 설명하며, 화성인 3명과 함께 그 웅장한 최초의 피라미드를 성공적으로 건설한 것을 자랑하며, 그간의 힘들었던 내용을 털어놓았다. 그중에 가장 힘들고 고통스러웠던 일은, 의견 충돌로 23명의 선인이 뉘른베르크로 떠나버린 일과 그 연유로 침략을 당해 온갖 수모를 겪었던 일이었다. 그들은 오랫동안 가슴에 새겨진 안타까움을 구구절절 털어놓고는 이제 속이 시원하다는 의식을 보내주었다.

어쨌든 뒤늦게라도 답답함을 풀 수 있다는 것이 얼마나 좋은지 모른다는 생각이 들었다. 뉘른베르크에서 영가 천도할 때 알았던 것보다 색

비 오는 조세프잔디공원에서의 영가 천도

다른 내용을 많이 알게 되어, 여태껏 알지 못한 피라미드의 진실과 전설로만 묻혀 있었던 고대 한민족의 역사적 사실을 밝힐 수 있겠다고 생각하니 가슴이 벅차올랐다.

이번 기운영에서 매우 중요한 사실을 앎으로써, 그동안 한민족 문화와 회로에 대한 궁금증이 심했는데, 그 답답함을 풀 멋진 기회를 맞이했다는 것이 그럴 수 없이 기뻤다. 하늘에 감사하다는 말씀을 올리고, 천도가 잘 이루어지게 해달라고 기도드렸다.

5,800년 전의 한민족 선인(先人)들의 영혼 앞에 경건한 마음으로 섰다. 그리고 두 팔을 들어 올리면서 순수기운을 한껏 끌어올렸다. 잠시후, 두 팔은 연속으로 힘껏 돌아갔고, 손끝에는 강한 빛이 발산되고 있음을 느꼈다. 그 순간, 그들은 '재능 천사'와 함께 순수영계의 윤회계로 순식간에 올라갔다. 이 영혼들은 훌륭한 재능을 지니고 있었으므로 하늘께서 한국에 다시 태어날 기회를 줄 것으로 생각되었다.

천도가 끝나자 선생님 한 분이 이곳에서의 천도가 뉘른베르크에서보다 힘들어 보이는 이유를 물었다. "뉘른베르크에서는 영가들 앞에서그들의 기운을 땅 기운이라고 오판하여 묵연과 검진을 여러 번 했고, 두차례나 걸쳐 찾아가 대면하면서 사과까지 하는 바람에 그들의 기운이약화되어서 그랬을 거다."라고 답해주었다.

호텔로 돌아오면서 두 선생님에게 조세프잔디공원의 영가들을 천도하기 전에 의식 교류를 통해 알게 되었던 여러 가지 내용을 설명해주었다. 진지한 태도로 듣고 있던 한 선생님은 "하늘께서 직접 천도하시면 되지, 왜! 원장님 같은 분을 통해야 합니까?"라고 볼멘소리로 질문했다. 천도하는 모습이 매우 힘들게 느껴졌던 자신의 심정을 토로하는 것 같았다. "만약 하늘께서 직접 천도할 수 있었으면 지금처럼 무서운 영적 홍수 시대가 도래했겠느냐, 인간이 개체 생명으로 현상계에 나타날 때는 독립적인 자율성이 보장된 측면도 있고, 또 인간의 영혼이 생명활동을 하는 동안 육체의 본능적 물질 집착, 야욕, 그 외의 큰 욕망 등으로 물질기운에 찌들어 있으면 하늘로서도 어찌지 못하는 부분이다. 그래서 천도할 때가 되면, 하늘께서 천사, 선인, 구세주 등의 사람을 지목하여 그에 걸맞은 능력을 부여해 주시는 것이다."라고 대답해주었다.

고대 배달국 선인 영가 17명을 천도했던 조세프잔디공원은 선인 40명이 화성인 3명과 함께 피라미드를 건설할 재료 돌을 다듬었던 작업장이었고, 그들이 생활했던 수거지역은 여기서 걸어가면 약 10분 정도 걸리는 강가 주변이었다.

내일은 5,800년 전 당시 그들의 생활 주거지역을 찾아가, 그곳에 남겨진 문화 흔적이나 증표를 확인하러 가야 하므로 가능하면 잠을 일찍 청하기로 했다.

(4) 취리히, 고대 한민족의 생활문화 흔적과 증표를 찾다

5월 26일(일), 오늘은 화창한 날씨라, 문화 흔적과 증표를 찾는 일에 좋은 성과가 있었으면 좋겠다는 기대를 해보았다.

오전 8시에 호텔 조식을 끝내고 두 선생님과 함께 인터넷 지도에서 미리 찾아 놓은 모스크사원 위치를 휴대폰에서 확인 후, 안내하는 방향으로 걸어갔다. 동북 방향으로 30분 정도 걸어 목표 지역에 도착했으나 있어야 할 모스크사원은 보이지 않았다. 인터넷으로 찾아보았던 모스크사원은 눈에 쉽게 띨 만큼 독특한 건물이라 쉽게 찾을 수 있다고 생각했는데, 그 어디에도 보이지 않았다.

지나가는 젊은 남자에게 물어보니 모스크사원을 왜 찾고 있느냐고 되물으면서 "요즘 유럽 전역에서는 이슬람교에 대한 반감이 심해, 여기 주민들도 모스크사원을 짓지 못하게 할 뿐만 아니라, 있는 사원도 철거하라는 시위 때문에 거의 없어졌습니다. 요즘의 이슬람교도들은 겉으로 표시 나지 않게 일반 주택에서 절하고 기도합니다."라고 친절하게 설명해주었다. 그러면서 모스크사원이 있을 만한 곳을 대략 가르쳐 주었다.

그 위치를 향해 검진으로 찾아가는 도중에 '하프너 거리'의 중간 교차로 모퉁이쯤 왔을 때, 검진하던 오른손이 모퉁이의 3층 건물 담벼락 끝을 쭉 가리켰다. 그 담벼락 밑에는 하수구를 가려놓은 철망 덮개가 있었고, 약간 들려 있는 덮개 안에 작은 돌 조각이 두어 개 보였다. 보잘것없는 것이라 지나쳐버리고 담벼락 주위를 자세하게 살피며 모퉁이를 돌아내려 갔다.

모퉁이에서 세 번째 되는 3층 건물은 오래되어 허름해 보였다. 철 대문 오른쪽에는 이름 모를 나무가 있었고, 가지에는 무궁화 비슷한 꽃이 피어 있었다. 그 나무 밑에 조성해 놓은 화단 돌 문양이 눈에 확! 들어왔다. 손바닥보다 약간 큰 정도의 석회암에 다섯 개의 꽃잎과 3개의 꽃술처럼 새겨 놓은 모양새는 전통적인 한국 문양임을 느낄 수 있었다. 이 문양은 '어떤 의미일까?'라는 생각을 하자 '삼신오재(三神五才)'라는 말이 순간적으로 떠올랐다. 얼른 휴대폰을 꺼내어 바닥에 엎드린 채, 돌 문양을 촬영했다.

우리 세 사람이 번갈아 사진을 열심히 찍고 있는데, 안쪽 출입문에서 50대로 보이는 스위스 아주머니가 나왔다. 우리를 발견하고는 "무엇 하고 있느냐?"고 상냥하게 묻더니 "일본 사람이냐?"라고도 물었다. 한국 사람이라고 말하니, 남편이 화가인데, 출품한 작품 전시회 때문에 남편을 따라 한국에 가보았다고 자랑했다.

우리는 아주머니에게 나무 밑의 돌 문양에 관해서 물어보았다. 아주머니는 그런 문양의 돌이 거기에 박혀 있는 것조차 모르고 있었다. 아주머니가 이 집에서 산 지 꽤 오래되었는데, 돌에 대해서는 전혀 관심을 두지 않아 언제, 어떻게 되었는지 모른다고 했다.

단지 이 집이 지어진 때는 1817년, 약 200년 정도 되었고, 아래 동네 사는 건축 자재상 사장이 건물주라고 했다. 이 돌은 처음 지었던 그때부터 있었다고 생각된다며, 혹시 관찰이 더 필요하면 들어와서 둘러보라

5,800년 전에 거주한 주택에 사용했던 것으로 추정되는 치장 돌

고 대문을 열어주면서 자신은 바깥일을 보러 간다고 어디론가 가버렸다. 그 아주머니는 아무런 의심 없이 우리에게 친절을 베풀어 주었다.

마당 안으로 들어가서 엎드려 돌의 문양을 더 자세하게 촬영했다. 돌을 떼어가고 싶어 손으로 흔들어보았더니 시멘트로 단단히 굳혀 놓아 꿈쩍도 하지 않았다. 억지로 돌을 파고 싶은 생각이 굴뚝같았으나, 아주머니의 친절한 얼굴이 떠올라 차마 그러지 못했다. 돌 문양을 다시 검진한 결과, 5,800년 전의 고대 한민족 40명이 거주할 주택을 지으면서 사용했던 치장 돌인 것으로 확인되었다.

돌을 손에 넣지 못한 것을 매우 아쉬워하면서 또 다른 흔적과 증표가 있는지 건물의 안과 주변을 자세하게 둘러보았다. 건물 밖으로 나와 사거리 모퉁이를 자세하게 살피며 지나가는데, 오른손은 자꾸 담벼락 끝의 하수구 쪽을 강하게 가리켰다. 그곳은 처음에 찾아갔던 검진 장소였다. 아무튼 다시 한번 자세하게 살펴보아야겠다고 생각하고 그 장소에

5,800년 전, 피라미드 건설에 쓰인 돌을 발견한 담벼락 배수구와 돌 조각

가보았는데, 특별한 것은 보이지 않아 손이 가는 대로 덮개 철망을 약간 들어 올려보았다. 옆에서 함께 찾아보던 선생님은 색다른 돌 조각이 보인다며 손으로 그 돌 조각을 집어냈다. 처음 왔을 때 보고 그냥 스쳐 버렸던 그 돌 조각이 다시 보니 뭔가 특별해 보였다. 흰색과 검은색의 지층이 이중으로 겹쳐 이루어진 석회암의 한 종류에 속한, 질이 아주 좋은 것으로 보였다. 검진을 진지하게 해보았다.

과연 이 돌 조각은 5,800년 전, 고대 한민족의 선인들이 이 지역에서 피라미드 건설을 위해 돌을 다듬을 때 생긴 조각으로 검진되었다. 기운영의 엄청난 큰 수확이 이루어지는 순간이었다. '하늘이시여! 감사합니다.'라는 감탄이 절로 나왔다. 이 돌 조각을 가방에 넣고는 세상을 다 얻은 듯, 아주 뿌듯한 기분으로 돌아섰다.

(5) 기운영 전반을 돌아보다

사실, 독일 기운영의 지시 메시지를 처음 받았을 때, 여러 가지가 의아하게 생각되어 하늘에 이것저것을 물었지만 충분한 응답을 받지 못해 답답했다. 애매한 상태에서 기운영을 떠났는데, 막상 독일과 스위스의 실제 현장에서 기운영의 의미를 깨우치다 보니 하늘에 죄스러운 마음이 들었다. 그것은 아주 중요한 진실을 고대 선인의 영가들로부터 알게 되었고, 증거가 될 수 있는 문화의 흔적과 실물 증표를 찾게 되었기 때문이다. 진정 하늘께서 한 치의 오차도 없이 세상의 일을 꿰뚫고 계신다는 것을 알았고, 또한 우리를 인도하시는 일이 그 어떤 것도 분명하고 확실하다는 사실을 알게 되었다는 것이다.

독일 기운영하기 전까지 많은 영가를 처리하고 천도했던 후유증을 충분히 해소하지 못한 탓에, 하늘의 메시지를 완전하게 수용하지 못하고 이해하지 못했던 것과 검진 또한 오류가 있었다는 것을 변명으로 일관했던 것을 깊이 반성했다. 나 자신도 모르게 일시적으로 일어났던 교만과 편견, 독선이 개입된 것이라는 것을 여실히 느꼈다.

(6) 기운영을 마무리하다

5월 30일(목) 새벽 5시에 일어나서 기운정리하고 묵연을 깊이 하면서 기운영의 모든 일정을 되새겨 보았다. 회로를 처음 만났을 때부터 뿌리에 대한 궁금증으로 한민족 문화에 관심 가졌던 것이, 결코 헛수고가 아니었다는 생각이 들었다. 그리고 회로공부하던 중 있었던, 신기하고 황당한 기술(記述)이나 메시지의 내용을 간단하게 메모해 놓았던 것을 전체적으로 조합해 보았다. 그랬더니 인류 역사의 긴 여정에 대한 내용이 하나의 퍼즐로 맞추어지듯 모든 의문이 풀어졌다. 피라미드 건설에 대한 진실한 얘기를 듣고, 밤새도록 이슬람계 인터넷 방송을 뒤져 피라미드 내벽에 그려놓은 동양인 33인과 화성인으로 보이는 벽화를 찾아냄으로써, 한민족 선인 40명이 최초의 피라미드 건설의 주역임을 증명해 준 아랍인 선생님 덕분이었다.

15일간의 독일 기운영을 통해, 신비한 베일에 싸여 있는 것으로만 여겼던 우주와 화성과 지구, 그리고 인류와 피라미드에 대한 진실을 알게 되었다는 것은 기적적으로 얻어진 소중한 자산처럼 생각되었다. 그것을 한국행 비행기 안에서 다시 한번 순수의식으로 빠르게 펼쳐 보아서 그런지, 눈 깜짝할 새 인천공항에 도착했다. 환승을 위해 공항 라운지에서 잠시 눈을 감고 있었는데, 어느새 독일 기운영의 감회에 젖어, 15일 동안 꿈을 꾸고 있었던 느낌이 들었다.

부산에 도착했을 때, 마중 나온 선생님들이 환한 표정으로 반겨주는 웃음소리를 듣고서야 비로소 외국 나들이가 실감 났고, 현실감도 겨우 찾을 수 있었다.

이슬람계 인터넷 방송을 뒤져 찾아낸 피라미드 내벽 벽화[1]

1 사진 출처 : https://t1.daumcdn.net/cfile/tistory/9998374F5A6834C60F, 일부 사진 이슬람계 인터넷 방송에서 찾은 것이나 정확한 사이트 주소 불분명

2. 피라미드의 진실에 대한 증거

1) 세 가지 자료 발견

20년 동안 회로공부를 하면서 기술과 메시지를 수없이 많이 받았다. 하지만, 그 모든 내용에 대해 스스로 믿음을 가지면서도 현실적으로 확신하기 어려워 늘 힘들어했다. 그런데 이번 독일 기운영을 통해, 피라미드에 대한 진실의 실마리를 찾을 수 있었고, 한민족의 문화와 역사, 그리고 회로에 대한 뿌리를 확신할 수 있었던 것은 엄청난 소득이었고, 소중한 자료 획득의 기회를 가지게 되었다. 이번 성과에 대한 내용을 나열해 보면 다음과 같다.

첫째, 최초의 피라미드 건설 주역이 한민족의 선인이라는 것, 그리고 화성인이 깊이 개입되었다는 사실이다. 그런 얘기를 들은 독일에 거주하는 선생님의 아랍인 남편이 아랍어 동영상을 통해, 피라미드 벽화에 새겨진 동양인과 화성인의 모습을 찾았다.

둘째, 스위스 취리히에서 발견한 돌 조각이 최초의 피라미드 건설자재임을 검진으로 확신했는데, 거기에 적극적인 관심을 가졌던 어떤 선생님이 인터넷 동영상에서 피라미드 자재로 쓰인 돌이 석회암의 일종인 백운암[2]이라는 것을 알게 되었고, 그 돌의 색깔과 무늬가 취리히에

---

2 백운석은 피라미드의 안쪽 측면에 사용하고 이탈리아, 스위스에 많이 분포한다. 전도율을 배로 늘이는 광물이며 화강암, 구리와 더불어 전기를 일으키는 물질로 사용한다.

서 가져온 것과 같은 것임을 확인했다.

셋째, 스위스 취리히에서 작은 돌에 새겨진 동양의 문양을 발견하고, 그것을 촬영해 왔는데, 그 사진을 본 또 다른 선생님은 5,800년 전의 문양이라는 것에 관심을 가지고, 자신의 전문적 지식을 동원하여 전문 서적[3]을 찾아보았다. 그 결과, 이런 문양을 '당초문'이라고 하는 단순한 식물 형태 무늬로만 표현한 학술적인 의미를 반박한 연구 자료가 있음을 발견했다.

그 자료에 의하면, 당초는 '덩굴풀'이라 하여 하늘, 태양, 으뜸, 단군의 의미를 담고, 우주 공간으로 퍼져 올라가는 '하늘기운의 초문화(草紋化)'를 표현한 말이라고 했다. 그러므로 이 문양은 서양에서 동양으로 전해졌다는 학술적 표현에서 벗어나야 한다고 했다. 당연히 고대 한민족의 문화에서 최초로 시작되어 세계로 퍼져나갔음을 말해 주는 것이었다.

이 연구 자료의 내용은 취리히에서 발견된 문양을 5,800년 전의 것이라고 검진한 것을 뒷받침해 주었다. 이 분야에서 나름 전문적인 지식을 갖추고 있는 선생님이 찾은 자료에 힘입어, 취리히에서 발견한 문양을 깊은 묵연을 통해 다시 세밀하게 검진해보았다.

"이 문양은 배달국의 제1세 환웅이 두 차례 걸쳐 페루에 갔을 때, 화성인으로부터 우주에 대한 개념을 상세하게 설명 들었다. 그는 본국으로 돌아와서 그 내용을 그림과 문양과 부호로 천부경을 만들었다. 그때

---

3 김양동, 「한국고대문화 원형의 상징과 해석」, 지식출판사, 2015, 당초문의 기원과 상징

이 문양을 사용한 내용이 있었다. 그 문양은 번역된 천부경 문장에서 대삼(大三)에 해당하는 글자였다. 그 글의 의미는 삼신(三神), 즉 삼신오재(三神五才: 천天·지地·인人, 법法·섭攝·의意·리理·순順)를 뜻했다.

사진에서 보인 다섯 개의 잎 모양은 하늘의 작용기운에 해당하는 오재(五才)를 나타낸 것이고, 그 밑에 작은 받침 모양은 삼신(三神)의 의미를 나타낸 것이었다.

환웅은 모든 사람이 삼신의 분신임을 잊지 않고 삼신을 가슴에 모시면서 그 뜻을 늘 새기기 위해, 이 문양을 어디든지 장식 무늬처럼 쉽고 편리하게 사용하도록 했다. 이 글자 문양이 당초문의 발생학적 원류가 되어, 전 세계로 퍼진 것이라고 보아야 한다. 그리고 더 발전한 것은, 삼신의 뜻이 실린 태양의 열 기운의 모양을 문양으로 나타내면서 다양한 형태의 당초문으로 변화되었는데, 하늘의 뜻을 모르고 삼신을 잃어버린 후손들은, 이 문양을 단순한 꽃무늬 문양인 것으로 생각하고 예쁘게만 그려 내려고 애썼던 것이었다."

2) 하늘과 함께했던 기운영, 그 증거

회로공부를 하는 과정에서 주어진 메시지와 검진의 내용을 현실에 반영시키기에는, 뚜렷한 증표 없는 미심쩍은 점 때문에 불만을 토로한 적이 많았다. 이번 기운영의 효과는 이러한 인식을 확실하게 바꾸어 주려는 하늘의 의도가 짙게 느껴졌다. 그 의도에는 한 치의 오차도 없이 뜻을 펴는 하늘의 의지를 보이기라도 한 것처럼 여겨졌지만, 그보다 하늘은 늘 우리와 함께한다는 것을 분명히 알게 하려고 했고, 지금도 우리 곁에서 우리가 내딛는 걸음을 한 발짝 한 발짝씩 명확하게 주시하고 계신다는 것을 알게 하려는 것 같았다. 독일 기운영의 목적과 과정을 다음과 같이 살펴보면 그것이 분명했다.

첫째, 지금까지 몇 년 동안, 신계 조직의 영가들을 처리하기 위해 많은 고충을 겪었고, 나라를 위해 희생된 수많은 호국 영령들의 천도도 많이 한 직후라, 좀 쉬고 싶은 생각이 들었다. 그런데 뜻하지 않게, 전혀 생각지도 못했던 독일 뉘른베르크와 스위스 취리히에 가라는 메시지가 들어왔다. 거기 가서 거의 숨겨 놓은 듯, 잘 보이지도 않는 곳의 작은 돌 한 개, 곧 최초의 피라미드를 만들 때 사용했던 재료석의 조각을 찾으라는 것이었다. 그리고 사람들의 눈길이 잘 닿지 않는 외진 곳의 나무 밑에 장식해 놓은 작은 돌 문양이 한민족의 문화 흔적이라고 찾아보라는 것이었다. 그 물건들은 그 장소에 오래 살았던 사람도 전혀 알지 못하는 상황이었는데, 하늘께서는 그 위치에 그 물건들이 있다는 것을 어떻게 알고 정확하게 일러 주셨는지 정말 신기할 따름이었다.

둘째, 지구인을 탄생시키는 과정에서 희생된 많은 화성인 영혼들을, 수없는 시간이 흘렀음에도 잊지 않고, 그 어렵고 힘든 과정을 거치면서 피라미드를 건설하여 구제하려는 애틋한 하늘사랑을 느끼게 했다.

셋째, 하늘은 피라미드를 건설하기 위해 오랜 시간 화성인들을 교육했고, 그 화성인들은 배달국 한민족에게 우주, 하늘, 인간, 영혼, 세상, 만물 등에 대한 원리와 개념을 전수했다. 그리고 피라미드 건설의 필요성을 주지시키면서 건설의 주역들을 키우게 했고, 그렇게 최초의 피라미드는 완성이 되어 하늘의 뜻이 이루어졌다. 그러나 피라미드 건설의 주역이었던 한민족 선인 40명은 엉뚱한 종족의 침략을 받고 억울하게 죽었다. 그들의 잘못이 있었음에도 하늘의 뜻을 받드는 일에 기여했다는 이유로, 그 영혼들을 끝까지 거두어 주시려고 3,500년 전과 2,000년 전에 두 명의 구세주까지 선정했다. 그러나 두 차례 다 실패를 거듭했으면서도 포기하지 않고 지금껏 애쓰셨던 것을 생각하면, 언제나 우리와 함께하려는 하늘의 지극한 사랑을 느낄 수 있었다.

넷째, 기운영 과정에서 알게 된 피라미드 건설의 진실과 피라미드 재료석인 돌 조각 채집, 그리고 한민족의 문화 흔적인 꽃문양 발견, 이 세 가지가 검진으로는 분명한 진실이지만, 사실에 부합되는 것인지 고심되었던 일인데, 이 내용을 인터넷과 전문 서적에서 사실로 확인할 수 있었다.

이번 독일 기운영은, 하늘의 뜻을 펴는 전반적인 과정을 보여주면서, 하늘과 인간의 관계성에 대한 믿음을 더욱 공고히 하라는 메시지로 느껴졌다. 수많은 세월이 흘러도 인간의 능력으로는 도무지 알 수 없었던 피라미드의 진실을 알게 되고, 더 나아가 하늘의 뜻이 무엇인지 확실하게 알 수 있는 기회였다. 그리고 하늘이 인간에게 사랑을 베푸는 일련의 모든 과정이 너무 힘들고 어렵고 안타깝게 느껴졌고, 그렇게 수없이 속 썩이고, 애태우게 하는 인간을, 그래도 끝까지 포기하지 않고 뜻을 이루려고 애를 쓰시는 것을 안다면, 부끄러워서 어찌 고개를 들 수 있겠는가!

지금껏 공부를 해오면서 품었던 모든 의문과 비밀이 한꺼번에 퍼즐

맞추어지듯 완성되는 느낌이었고, 우리가 열심히 하고 있는 회로공부가 하늘의 뜻을 이루려는 데 작은 일조가 되었다고 생각하니 너무 큰 영광을 누리는 것 같았다.

4장

피라미드의 진실

우주 형상을 축소한 입체모형

최초의 피라미드 건설

    건설의 목적

    칠레, 이스트섬

    배달국 제1세 환웅, 화성인을 만나다

    천부경을 설파하다

    모아이 석상과 마추픽추 신시 건설

    건설의 주역

피라미드 완성과 화성인의 철수, 마야인 등장

    피라미드를 이용한 화성인 영가 천도

    화성인들의 철수

    마야인의 등장

    마야 문화의 번성

    마야인의 멸망

    이스트섬의 모아이 석상과 영혼의 현황

한민족 선인들의 죽음

1. 최초의 피라미드 건설

1) 건설의 목적

태양계에 생성된 지구별은 처음에는 뜨거운 불덩어리였다. 100억 년 전, 하늘이 여러 가지 식물들이 생겨날 수 있는 조건이 될 때까지 그 불덩어리를 식히는 데 50억 년이 걸렸고, 그 식물들이 척박한 조건을 이겨내고 무성하게 자생할 때까지는 20억 년이 걸렸다. 식물들이 잘 자라 여러 종류의 동물들이 살아갈 수 있는 자연환경이 조성되었고, 이들이 자연환경에 적응하여 잘 살아갈 수 있게 되기까지는 29억 9천 9백 50만 년이 걸렸다. 이렇게 동식물들이 완벽하게 살아갈 수 있는 자연환경이 조성된 후, 인간이 환경에 적응하여 살아가면서 자연의 순환이 원활하게 이루어지기까지는 49억 9천 9백 50만 년이 걸렸다.

50만여 년 전, 하늘이 드디어 지구인을 탄생시킬 계획을 세우고, 화성인을 지구에 여러 차례 투입하였으나 거듭 실패하는 많은 시행착오를 겪었다. 그러나 인내하며 계속 투입한 끝에 마침내 아프리카 남아공 지역에 투입한 화성인들이 지구환경에 적응하였다. 250여 년 만에 겨우 적응에 성공한 화성인들은 어렵고 힘든 환경 속에서 1,000여 년 동안 살아남았는데, 15명의 인원이 1,000명으로 늘어나는 대성공을 거두었다. 자신감이 생긴 그들은 아프리카 중부 지역에서 오랫동안 살다가 다시 북부 지역으로 진출했다.

　35만 년 전, 이집트 나일강변에 진출한 화성인들은 그곳이 자신들이 정착하기에 가장 좋은 환경임을 깨닫고, 거기서 완전히 정착할 결심으로 주거지역과 생활환경 터전을 가꾸는 데 최대한 노력을 기울이면서, 인류 문명 발상지의 토대를 만들었다. 그때까지 늘어난 인구는 약 4,000명 정도 되었다. 그러나 15만 년 동안 희생된 화성인은 2만 명이 넘었다.

　나일강변의 화성인들은 지금의 짐승보다도 더 못한 환경에 처해 있으면서 그들 나름대로 생활의 방편을 마련하고, 꾸준한 단성생식을 통해 인구를 늘리려고 노력했다. 이런 상황이 거의 7만 년 지속되는 동안, 하늘은 문명을 일으키는 지혜를 발휘하도록 많은 구세주를 탄생시켰고, 그 결과 인류 역사상 획기적인 문명발전의 원동력이 된 불을 발견하게 되었다.

　불은 자연환경에서 주어지는 어렵고 힘든 상황을 극복하는 데 크게 도움이 되었고, 특히 짐승들의 공격을 방어하는 수단으로는 아주 효과적이었다. 불을 이용함으로써 행동반경이 넓어졌고, 지혜를 발휘하는 사고의 폭도 넓어지면서 생활 형편은 크게 나아졌다. 이런 상황에서 환경 적응을 위한 신체 진화가 빠르게 일어났는데, 필요한 부분은 길어지면서 유연해지고 불필요한 부분은 퇴화하였다. 이 과정이 10만 년 동안 진행되면서 마침내 직립보행을 할 수 있는 신체 구조로 바뀌는 대진화가 일어났다.

직립보행의 신체 구조는 손을 사용할 수 있는 조건이 되므로 다양한 도구를 개발했고, 이로써 자연환경을 이용하고 주변 환경을 개발하는 자신감을 가지게 되었다. 이 같은 자신감은 미지의 세계로 뻗어가려는 야망을 일으켰고, 그들은 거리낌 없이 세계 각처로 뻗어나가기 시작했다.

이렇게 세계 각처로 뻗어나가는 세월이 거의 11만여 년이 흘렀다. 지금으로부터 7만여 년 전, 파미르고원에 정착한 종족들은 1만여 년 동안 생활하면서 문명을 크게 일으키고 문화를 다양하게 발전시키는 데 크게 성공했다. 발전한 문화생활 영향으로 이 종족들은 단성생식의 신체 구조에서 양성생식의 신체 구조로 바뀌는 획기적인 진화를 일으켰다. 이 변화는 '부부'와 '가족'이라는 구성원의 조건을 갖추게 되었고, '씨족'과 '부족'이라는 사회 구성원 개념이 생겨나게 했다. 이렇게 되면서 생활문화 수준이 한층 더 높아졌고, 생활양식이 크게 달라지면서 지구인으로서 당당한 면모를 갖추게 되었다.

이들은 거기서 머물지 않고, 한 무리는 중국 황하 유역, 또 한 무리는 인도 인더스 유역을 거쳐 한반도 계룡산 지역에 이르렀고, 다시 강화도의 넓은 지역을 거쳐 북쪽의 더 넓은 곳을 찾아 올라갔다. 그곳은 바로 바이칼호가 있는 지역으로, 땅이 기름지고 기후가 좋은 '까축'이란 곳이었다. 이 종족들은 거기서 새로운 문명을 꽃피워 전 세계로 전파할 계획을 세웠다. 물론 이 모든 것은 하늘의 뜻을 펴기 위한 원대한 하늘의 계획이었다.

1만 3천여 년 전, 그곳에서는 가족, 씨족, 부족 단위의 복잡한 사회가 될 만큼 인구가 많이 불어나, 이런 사회를 통제하며 이끌어 갈 법과 제도 그리고 형식이 필요했다. 한편으로는 식량난을 해결해야 하는 중요한 문제가 대두되었다. 이런 상황에서 구세주 환인(桓因)이 태어나, 새로운 국가 체계를 세우고 농사짓는 법을 개발하여 식량을 풍족하게 하였다. 백성들은 3,300년 동안 천국 같은 세월을 보냈고, 그 사이 인구는 더욱 많이 불어나게 되어 또 다른 국가 체계가 필요한 시기가 도래했다. 하늘은 이때에 맞추어 미리 정해놓은 구세주 환웅으로 하여금 배달국을 세우게 한 후, 10여 년 동안 그가 발휘한 뛰어난 능력을 확인했다.

이제, 화성인을 지구인으로 환골탈태시키는 과정에서, 세계 전 지역에서 지금까지 희생된 화성인의 영혼 5만여 명을 구제하기 위해, 마침내 피라미드 건설을 계획하게 되었다.

2) 칠레, 이스터섬

하늘이 인간 탄생의 필요성 때문에 수많은 기운 변화작용을 일으켜 화성인을 탄생시켰지만, 본래 의도한 목적과는 차이가 크게 나서 그만큼 실망도 컸다. 그래서 잘못된 여러 가지 문제를 충분히 고려하여 지구를 인간이 적응할 수 있는 환경이 되도록 다시 다듬었다. 그리고 지구환경이 충분히 조성된 시점에서 화성인을 투입하여, 지구환경에 적응하여 살아남게 하는 시도를 여러 차례 감행했다. 그 결과, 거의 44만 년 만에 파미르고원에서 화성인이 지구인으로 변신하는 데 대성공을 거두었다. 그 후, 4만 년 동안 한반도 계룡산과 강화도 지역에 정착한 종족들은 고도의 문명과 문화를 발전시켰고, 인구도 많이 늘렸다. 그 상황을 지켜본 하늘은, 이제는 인간의 탄생에 대해서 안심할 수 있는 시점에 이르렀고, 이 종족들이 앞으로 국가 체계를 이루어 하늘의 뜻을 충분히 펼 수 있겠다고 확신하게 되었다.

화성인들이 지구환경에 적응하는 과정에서, 세계 전역에 걸쳐 지금까지 처절하게 희생된 화성인의 영혼들은 약 5만 명 정도였다. 하늘은 이 영혼들을 구제하기 위해, 한민족 배달국이 국가 체계를 구체적으로 갖추는 시점에 맞추어 피라미드를 건설하기로 마음먹고, 우선 해두어야 할 작업을 위해, 화성인들에게 칠레 이스터섬에서 생활할 수 있는 터전을 마련하라고 지시했다. 화성인들은 거기서 생활하면서 매일 페루에 건너가서 피라미드 설계도와 그 외의 여러 가지 문양과 그림을 새기는 작업을 해야 했다. 이는 그동안 지구상에서 희생된 화성인의 영혼들을 구제하려는 지극한 하늘사랑의 발로였다.

2만 년 전, 하늘은 지금 남태평양에 있는 외딴섬, 이스터섬에 20세가 된 화성인 청년 20명을 보내어 오랫동안 살아갈 수 있는 환경을 조성하게 했다. 그 당시 이곳은 나무 한 그루 없는 사막 같은 곳이었지만, 토양과 기후가 화성과 비슷한 조건이었기 때문에 화성인들이 와서 생활하기에 적합하다고 판단했다. 이들은 화성에서 살았던 방식대로 땅굴을 파서 생활공간을 만들고, 땅속의 지유를 개발하여 식량을 해결했다.

이들의 임무는 여기서 평생 지내며, 페루로 건너가서 넓은 땅과 큰 암벽에 큰 도상과 문양, 그리고 그림을 새기는 작업이었다. 큰 도상은 우주 형상의 평면도이면서 앞으로 건설할 피라미드의 설계도이고, 문양과 그림은 인간과 만물, 세상과 우주 원리를 설명한 내용이었다. 이 작업은 20년마다 20명의 젊은 청년들이 근 300년 동안 15차례 걸쳐 투입되어 진행되었는데, 그동안 투입된 인원은 300명에서 가끔 추가로 보충해야 했던 인원까지 합치면 약 400명 정도 되었다.

　이들이 작업한 장소는 페루의 '나스카'와 '팔파'의 넓은 지역과 높은 산의 암벽이었는데, 이 넓은 땅과 암벽에다 피라미드 설계도인 대형 도상과 인간과 동물 등 세상에 존재하는 다양한 생물들의 모양을 새겼다. 이 작업은 단순하게 새기는 정도가 아니라, 땅과 암벽을 깊고 넓게 파서 뚜렷한 라인이 오랜 세월에도 지워지지 않게 만드는 엄청난 대역사였다. 이 라인은 영원히 파괴되지 않는 불멸의 대작이 되었고, 지금까지도 그대로 보존되어 있어 수많은 관광객의 발길이 끊이지 않는, 세계의 관광 명소가 되었다.

　이 작업을 위해 20명의 화성인이 비행선을 타고 매일같이 이스터섬에서 페루로 출퇴근했다. 괴롭고 힘들고 외로운 작업을 오랜 기간 한다는 것은 뚜렷한 소신이 없고는 할 수 있는 일이 아니었다. 그들은 자신들의 조상 영혼을 천도하겠다는 자부심과 지구인을 교육해야 한다는 하늘의 소명을 분명하게 지키기 위해 최선을 다했다.

　작업은 300년 만에 끝났다. 그러나 우주와 인간, 그리고 만물과 세상, 하늘과 인간관계에 대한 개념을 교육해야 할 대상, 특히 화성인들의 영혼을 천도시킬 수 있는 피라미드 건설의 주역이 나타날 때까지, '라인'을 관리하고 보수 유지하는 인원이 계속 상주해야 했다. 이때도 화성으로부터 20명의 젊은 청년들이 20년마다 충원되었고, 이 일은 피라미드를 건설할 주역들이 나올 때까지 거의 6,700년간 계속되었다.

3) 배달국(倍達國) 제1세 환웅, 화성인을 만나다

1만 3천 년 전, 환인을 중심으로 한, 환국(桓國)이란 국가 체계가 이루어져 천국과 같은 시대가 3,300년 동안 이어졌고, 인구는 엄청나게 불어났다. 마지막 환인의 아들 환웅(桓雄)은 구세주로 태어나서 하늘의 메시지에 따라 30세가 된 시기에 배달국(倍達國)이라는 새로운 국가를 세웠다.

환웅은 여러 분야에서 10여 년간, 하늘이 인정할 만한 뛰어난 능력을 발휘했다. 이를 지켜본 하늘은 뜻을 펴는 지금까지의 과정이 차질 없이 진행된 좋은 결과라 여겼고, 지금이 피라미드 건설 계획을 진행시킬 수 있는 적절한 시기로 보았다.

(1) 제1세 환웅(桓雄), 나스카와 팔파라인으로 가다

환웅은 배달국을 세운 지 10여 년이 지난 어느 날, 하늘로부터 화성인을 만나야 한다는 계시를 받고, 15명의 보좌진을 데리고 화성인이 제공한 비행선으로 이스터섬에 도착했다. 이스터섬은 나무 한 그루 없는 황량한 모래벌판이었다. 뜨거운 태양이 내리쬐어 불볕더위만 존재하는 이런 지역은 사람들이 도저히 살 수 없는 황무지에 불가하다고 생각했다. 그러나 화성인들이 인도하는 길을 따라 들어간 땅속의 환경은 신기해서 놀라움을 금치 못할 별천지였다. 화성인들은 환웅 일행을 깍듯이 예우하며 친절하게 대우했고, 여기 오게 된 이유를 다음과 같이 설명했다.

"우리는 당신들이 배달국을 세우기 약 1만 년 전, 여기서 생활의 터전을 마련하여 지금까지 지내오면서, 페루의 넓은 땅과 암벽에 여러 가지 문양과 그림, 그리고 도형을 새겨 놓고, 당신들이 올 때까지 지금껏 기다렸다. 페루의 넓은 지역과 암벽에 새겨 놓은 것들은 우주 형상을 나타내는 도형이고, 그 속에서 이루어진 세상, 그 세상을 이루고 있는 인간과 각종 생물의 모습이다.

인간은 하늘의 뜻과 우주의 원리를 이해하고 소명을 완수하는 데 힘써야 한다. 특히 우주 형상으로 새겨진 거대한 도형은 앞으로 당신들이 건설해야 할 피라미드의 설계도이다. 충분히 숙지하고 연구하여 피라미드 건설에 차질이 없도록 해야 한다. 이것은 하늘께서 특별히 내리신 엄명이다. 피라미드 건설은 화성인들이 지구에 투입되어 환경에 적응하려다 지금까지 희생된 화성인의 영혼들을 천도시키려는 것이다."

환웅 일행은 화성인들의 얘기를 듣고, 영혼을 거두어주시려는 하늘 사랑에 감동을 진하게 느끼면서 기꺼이 그렇게 하겠다고 다짐했고, 화성인들과 함께 비행선을 타고 페루로 건너갔다. 도착한 지역은 엄청나게 넓은 평원이었고, 높은 산과 깊은 골짜기가 아련하게 눈에 들어왔다. 제일 먼저 눈에 띈 것은 태양을 의미한다는 '빛살무늬'였는데, 그 넓은 땅에 그러한 내용의 문양이 아주 크면서도 정교하게 그려져 있다는 것은 그들로서는 감히 상상할 수도 없는 대작이었다. 그 외에 큰 도형과 많은 그림이 땅바닥에 새겨져 있었다. 특히 산골짜기의 암벽에는 인간과 생물들의 다양한 모습들이 꼼꼼하고 선명하게 새겨져 있었는데, 그것을 보고는 더욱 놀랍고 신기해했다. 환웅 일행은 화성인들이 생활하는 지하 숙소에서 15일 동안 편안하게 숙식을 제공 받으며, 그 어마어마한 도형과 그림들을 자세하게 살펴보았고, 전반적인 내용에 대해 상세한 설명을 들었다.

그 내용들은 주로 우주와 인간의 관계, 만물과 세상에 대한 것이었고, 그 중심에는 태양이 있었다. 화성인이 설명하는 내용들을 충분하게 이해하고 소화하지는 못했지만, 화성인들과의 1차 만남을 끝내고 본국으로 돌아와서 많은 사람을 '솟대'가 있는 중심 지역에 모이게 한 후, 이스터섬과 페루에서 화성인들에게서 들었던 내용을 간략하게 정리하여 설명해주었다.

4) 천부경을 설파하다

화성인과 1차 만남이 있은 지 5년이 지난 후, 환웅(桓雄)은 하늘로부터 화성인을 한 번 더 만나볼 것을 계시받았다. 1차 때와 같이 15명의 보좌진을 데리고 이전과 똑같은 방법으로 페루의 어느 지역으로 갔는데, 이번에는 아주 큰 기하학적 도형, 그리고 인간과 만물의 형상들이 많이 그려져 있는, 더 넓게 펼쳐진 평원이었다. 그곳에는 기하학적 도형인 원(○), 방(□), 각(△)을 조합하여 새겨 놓은 큰 도상들이 있었다. 그 중에서 가장 크고 복잡하게 그려 놓은 도상은 우주 형상이었고, 앞으로 환웅이 만들어야 할 피라미드의 설계도였다. 화성인들은 이 넓은 땅에 비행선을 이용하여 어마어마하게 큰 도형을 정확하고 상세하게 그렸고, 긴 세월이 흘러도 지워지지 않고 그대로 유지하게 했다는 것은 정말 불가사의한 일이 아닐 수 없는 신기한 일이었다. 화성인들은 환웅 일행에게 이 도형은 우주 형상이고, 그 안에는 우주의식, 즉 하늘, 신 (神)이 들어 있다고 설명했다. 그리고 인간과 신은 어떤 관계가 있는 것이며, 그 관계를 어떻게 유지하고, 어떻게 행동해야 하는지에 대한 개념을 자세하게 설명했고, 앞으로 피라미드를 건설해야 한다는 것과 그 이유에 대해서도 상세하게 설명했다. 이번에는 20일 동안 전과 같은 숙식을 제공 받으며, 하늘의 비밀과 같은 내용을 교육받았고, 피라미드 건설의 소임도 받았다. 화성인들과 2차 만남은 이렇게 끝났다.

화성인들이 작업한 라인이 영원히 지워지지 않고 그대로 존재하게 한, 이 불가사의한 일은, 그들을 존경한다는 생각을 넘어 신(神)의 경지에 도달한 위대한 존재로 느끼게 했다.

환웅(桓雄)은 온몸을 휘감는 순수한 하늘기운의 감동에 빠져 가슴 벅찬 환희가 일어났다. 본국에 돌아와서도 가시지 않는 감동으로 페루에서 교육받고 설명 들은 도형의 의미와 우주, 신에 대한 의미, 특히 인간이 지녀야 할 소명에 관한 내용을, 문양과 그림과 숫자를 이용하여 아주 간단하게 압축시켜 표현한 천부경을 만들었다. 이 내용을 백성들이 충분하게 이해하도록 설명했고, 나아가 주변의 종족들에게도 전파했다.

환웅은 때때로 천부경을 설파하는 기회를 가졌는데, 그 자리에서 고도의 문명을 일으킨 내용과 높은 수준의 문화 발전을 가져온 과학적 논리를 함께 설명했다. 이때가 되면, 본국의 백성들과 주변의 종족들은 물론이고, 소문을 들은 세계 각처의 사람들이 구름처럼 몰려왔다. 이에 따라 배달국의 위세는 세계 여러 곳으로 떨쳤고 영토 확장은 저절로 이루어졌다. 그 시기의 배달국은 세계 중심 국가로서 당당한 모습을 충분히 갖추고 있었다.

그러나 환웅은 피라미드 건설의 소임으로 기술개발에 박차를 가하면서 인재 양성에도 많은 힘을 썼으나, 그로서는 역부족임을 느끼고 심적인 부담 때문에 고민을 많이 했다. 결국, 94세가 된 말년에는 하늘로부터 구세주의 능력을 부여받은 제2세 환웅에게 피라미드 건설의 과제를 넘겼다. 제1세 환웅은 모든 것을 내려놓고, 자기의 고향 '까축'으로 가서 여생을 보냈다. 고향에서 99세까지 여생을 보내는 동안, 시스킨스키 지역의 높은 암벽에 문양과 그림과 숫자로 천부경을 새겨 놓고, 수많은 사람에게 우주와 하늘, 그리고 신과 인간에 대한 의미, 인간에 대한 소명을 설파하며 지냈다.

지금도 까축의 어느 곳에는 배달국 제1세 환웅의 무덤이 있을 것으로 생각된다.

5) 모아이 석상과 마추픽추 신시(神市) 건설

(1) 모아이 석상

제1세 환웅은 화성인들로부터 전해 들은 피라미드 건설의 필요성과 부여받은 임무 때문에 최선을 다해 기술개발을 다각도로 연구했지만, 그 과업은 너무 버겁고 어려운 일이었다. 피라미드 건설에 대한 고심은 환웅에게 거의 일상이 되었는데, 부담이 크면 클수록 화성인들의 위대함에 대한 존경심은 더 커 갔다. 그러던 중 어느 날, 이스터섬으로부터 화성인 20명의 죽음을 알리는 비보가 날아왔다. 그 20명 중에는 그가 두 차례에 걸쳐 피라미드 건설에 관한 내용을 교육받으러 페루에 갔을 때, 친절하고 정중하게 대해 주었던 15명이 포함되어 있었다. 환웅은 자신과 보좌진 15명에게 숙식을 제공하며 친절하게 환대해 주었고, 우주와 세상에 대한 개념을 그림과 문양으로 상세하게 설명해 주었던 그들의 모습을 떠올렸다.

그는 그들이 수명을 다하고 죽었다는 것은 수긍할 수 있었지만, 존경하는 위대한 사람들의 죽음에 대한 애틋한 마음은 금할 수 없었다. 그는 고귀하고 위대한 인품의 소유자로 마음에 새긴 화성인 15명의 업적을 기리고, 그들을 영원히 추모할 수 있는 석상 15개를 이스터섬에 만들기로 결심했다. 화성인들을 어떤 모습으로 표현할 것인가를 고민하다가, 고귀하고 위대한 인품의 소유자다운 모습을 상상했다. 귀는 아주 크고, 눈은 온화하면서 부리부리하며, 얼굴은 위풍당당하고 몸은 웅장한 모습이 상상되었다. 그는 배달국의 석공 15명을 보내어, 화산암을 2년 동안 다듬어서 상상했던 모습 그대로 만들게 했다. 이 석상을 '모아이'라 불렀는데, 이는 '고귀하고 위대한 인품의 소유자'란 의미이다.

위대하고 웅장한 15개의 '모아이 석상'은 모든 사람으로부터 영원히 추앙받을 수 있는 당당한 모습이었고, 배달국에서 이들을 항상 추모할 수 있는 위치와 방향으로 세워 놓았다.[1] 제1세 환웅은 매년 음력 1월 1일, 해가 뜨는 시각에 맞추어 모아이 석상을 바라보며 감사한 마음으로 추모 행사를 열게 했다. 모아이 석상은 오랜 세월, 아무도 모르게 긴 역사 속으로 그렇게 걸어온, 희대의 걸작이 되었다.

---

[1] 15개의 석상들은 모두 해가 뜨는 동쪽 바다를 등지고 태평양 건너 한반도 방향인 서쪽을 바라보고 있다.

(2) 신시(神市: 마추픽추)

　제1세 환웅은 모아이 석상 건설을 성공적으로 끝내고서야 무거운 마음을 홀가분하게 풀었다. 그러나 이스터섬에 남아서 페루의 나스카라인과 팔파라인을 관리하는 화성인들의 처지가 마음에 걸렸다. 화성인들은 이스터섬에 들어와 300년 동안, 거대하고 위대한 작업을 하느라 엄청난 고통을 감내했고, 작업이 끝나고서도 지구인을 교육하여 피라미드를 건설할 수 있을 때까지 몇천 년을 기다리며, 거대한 문양과 그림들을 관리하느라 무척 애썼다. 그 점을 잘 알고 있었던 환웅은 이스터섬에서 힘들게 사는 화성인들을 위해, 안전하면서 안락하고 아름다운 공중도시를 건설해 주어야겠다고 마음먹었다. 화성인들이 자신들의 국가로 여길 만큼 자부심을 가질 수 있게, 지구인은 아무도 찾아올 수 없는 깊은 골짜기의 높은 산 정상에, 신비할 만큼 웅장하고 멋진 도시를 지으려고 구상을 깊이 했다.

　환웅은 배달국의 인력 350명을 선발하여 공중도시를 건설해야 하는 취지를 충분히 숙지시키고, 그에 따른 여러 가지 주의 사항에 대해서 철저하게 교육하였다. 350명의 인력은 비장한 각오로 페루에 도착하여 현장 상황을 세밀하게 파악한 후, 화성인들의 자부심에 맞추어 편리하게 생활할 수 있는 적합한 시설을 다양하게 지으려고 구상을 다각도로 했고, 멋지게 구상한 내용을 가지고 화성인에게 조언을 구한 후, 즉각 시행에 들어갔다.

　태양의 빛이 방해받지 않는 곳에 돌을 깎아 태양과 항상 소통할 수 있는 해시계를 만들었고, 큰 바위 밑을 깎아내어 화성인들이 편안하게 거주할 수 있는 지하 석굴을 조성하면서, 그들의 식량인 지유도 훌륭하게 개발했다. 화성인들에게 기술을 자문하여 부족한 기술력을 보완했고, 큰 돌을 운반할 때는 비행선을 지원받았다. 그들은 힘들고 어려운 상황에서도 8년이라는 긴 세월을 잘 견디며, 주변 환경과 조화된 멋진 공중도시를 훌륭하게 건설했다. 제1세 환웅의 마음은 매우 흡족했고, 자기의 백성이 참으로 대견하고 자랑스러웠다. 환웅은 화성인들이 자부심을 가지고 앞으로 살아갈 수 있는 이 멋진 공중도시를 '신시(神市)'라 했다.

6) 건설의 주역

제1세 환웅은 피라미드 건설을 제2세 환웅에게 미루고, 고향으로 돌아가 천부경을 설파하며 말년을 보냈다. 그러나 피라미드 건설은 제2세 환웅 때도, 그 이후에도 쉽게 이루어지지 않고 계속 미루어지다가, 거의 3,900년이 지나서 화성인들의 적극적인 개입이 되고서야 시작할 수 있었다. 화성인들은 기술력과 장비를 지원하면서 피라미드 건설의 전반을 감독했다.

지금으로부터 약 5,800년 전, 고대 한민족의 배달국 28세 환웅은 즉위한 지 3년이 지난 후, 하늘로부터 이집트 나일강변에 피라미드를 건설해야 하고, 한민족의 문화를 전 세계에 펴야 한다는 메시지를 받았다. 제1세 환웅으로부터 전해져 내려오는 화성인들과 교류 내용, 우주 원리와 천부경의 의미, 그리고 피라미드 건설의 목적에 대해서 이미 자세하게 전해 들은지라 놀라운 일은 아니었다. 그러나 그 또한 피라미드의 건설에 대해서 많이 고민해 왔지만, 그럴 만한 능력을 발휘한다는 것은 도무지 무리라고 생각했다.

그런 상황에서 28세 환웅은 하늘로부터 "능력 있고 훌륭한 젊은 인재 40명을 양성시켜 지원하면 설계와 기술 부분은 화성인이 도와줄 것이다."라는 새로운 메시지를 받았다. 그 메시지에 용기를 얻은 환웅은 25세의 젊은 인재 40명을 뽑아 피라미드 건설의 목적에 대한 내용과 전 세계로 펼쳐야 하는 한민족의 문화를 충분히 교육했다. 이 40명의 젊은이는 하늘로부터 성령을 부여받았고, 큰 능력을 갖춘 재능 천사의 도움을 받는 축복이 내려졌다. 이들은 한민족과 국가, 세상을 위해 재능을 발휘하는 소명을 지닌 상태에서 선인(先人)으로 다시 태어났다.

이들은 화성인이 제공한 비행선을 타고, 지금의 스위스 취리히 호수를 이루는 '리마트강변'으로 투입되어 강변 주위에 있는 '하프너 거리'라는 지역에 생활 근거를 마련했다. 그리고 약 500~600m 정도 떨어진 지금의 '조세프잔디공원'이 조성된 곳을 작업장으로 이용했다. 이 지역은 강이 가까이 있어, 서회암의 일종인 백운암이 많이 퇴적되어 있었고, 이 돌은 색깔이 선명하면서 윤택이 흐르는 질감은 피라미드 건설의 자재로는 아주 좋았다.

리마트강에서 채취한 석회암을 다듬는 것은 그리 어렵지 않았지만, 오랜 세월 동안 그 많은 양을 똑같은 방법으로 매일 같이 반복 작업하는 것은 소명과 인내 없이는 할 수 없었다. 오랜 세월 동안, 그들은 확고한 소신과 인내심으로 충분한 양의 피라미드 자재 돌을 완벽하게 다듬었다. 완성된 자재 돌은 비행선을 이용하여 이집트 나일강변으로 옮겼고, 40명의 인원과 화성인 3명도 함께 건너갔다. 피라미드 자재 돌을 다듬고, 피라미드를 건설하는 과정과 현장에 다른 인력은 전혀 투입하지 않았고, 화성인의 철저한 지도와 감독 아래 피라미드를 완성했다.

피라미드 자재 돌을 다듬고, 피라미드를 완성하기까지는 20년이 걸렸다. 40명의 인재는 결혼도 하지 못하고 독신으로 지내면서 오로지 이 일에만 열심히 몰두했다.

　피라미드의 크기는 지상에 드러난 부분의 높이가 15*m*, 밑변은 23.5*m*이고, 돌 한 개의 크기는 한 변이 약 50*cm* 정도의 정방형이고, 무게는 약 1톤 정도 되었다. 지하로 들어간 부분은 지상의 6배 정도의 크기이며, 전체의 형상은 우주 형상을 축소한 천부해인우주의(天符海印宇宙儀)[2]와 같은 것이었다.
　지금은 지상 부분이 오랜 세월의 풍화작용으로 사라졌지만, 지하 부분은 아직 그대로 보존된 것으로 검진되었다.

---

2 '천부해인우주의'는 7장에 자세히 설명되어 있다.

2. 피라미드 완성과 화성인의 철수, 마야인의 등장

1) 피라미드를 이용한 화성인 영가 천도

최초의 피라미드 건설을 대성공적으로 끝낸 후, 하늘의 뜻에 따라 그동안 지구상에서 희생된 5만 명의 화성인 영가들을 피라미드 안으로 모이게 했다. 화성인 한 명의 영가에는 남녀 복수 영혼이 들어 있으므로 실제 영혼 수는 10만 명이 되었다. 이스터섬에서 15개의 모아이 석상에 남아 배달국으로부터 추모받던 15명의 영가는 참여하지 않았다.

화성인과 배달국 한민족 선인들에 의해 최초로 만들어진 피라미드 내부에는 우주 자연의 순수기운이 강하게 응집되었다. 그렇게 강하게 응집된 순수기운은 10만 명의 영혼을 어루만져 줄 수 있었고, 그동안 힘들고 두려웠던 의식을 충분히 달랠 수 있었다.[3] 피라미드 건설에 참여했던 화성인 3명과 배달국 한민족의 인재 40명은 엄숙하게 예를 갖추어 이 영혼들 앞에 섰다. 그동안 자신들이 느꼈던 지극한 하늘사랑을 전하면서 천도 의식을 거행했다. 영혼들은 감사하다는 의식을 전하면서 평안하게 영면할 수 있는 영계로 올라갔다.

---

3 이집트 기자에 있는 피라미드를 만든 목적은 지구인으로 진화될 때까지 추위와 환경에 적응하지 못해 죽은 화성인을 천도하기 위함이다. 각 지역에서 고통스럽게 죽어간 화성인들의 영혼을 불러들인 후, 피라미드 구조 내에서 강하게 응집되는 순수기운의 빛으로 영혼을 어루만져서, 오랫동안 두려움에 찌들인 고통과 물질의식을 파괴하고, 순수영계로 유도하는 것이다.

2) 화성인들의 철수

최초의 피라미드 건설과 화성인 영가들의 천도까지 무사히 끝낸 화성인 3명은 페루 마추픽추로 돌아왔다. 하늘의 뜻에 따라 이스터섬에서 생활하며 페루에서 라인 작업을 했던 화성인들은 배달국 1세 환웅의 선물로 지어진 마추픽추 신시(神市)에서 배달국의 한민족들에게 도우미까지 받으며 편안하고 안락하게 지냈다. 그러나 영가 천도를 끝으로 모든 임무와 상황이 끝난 화성인들은 지금까지 지구에서 생활했던 그들의 흔적을 최대한 남기지 않으려고 노력했다. 그동안 도우미 역할을 했던 배달국 한민족들에게 감사한 마음을 전하면서, 마추픽추 신시(神市)는 화성인들이 페루에 작업해놓은 팔파라인과 나스카라인의 상태를 가끔 점검하러 올 때 이용할 수 있도록, 아무도 모르는 깊은 산 속에서 비밀의 도시로 남게 해달라고 부탁했다. 그들은 모든 흔적을 지울 만큼 지우고 난 후는 아무런 미련 없이 화성으로 홀가분하게 떠나버렸다.

3) 마야인의 등장

화성인들이 이스터섬에서 생활하면서 페루에서 여러 종류의 라인을 작업했고, 그 작업 내용을 제1세 환웅에게 설명하면서 피라미드를 건설해 달라고 부탁했다. 그러나 제1세 환웅은 피라미드 건설이 자기의 능력 밖임을 느끼고 다음 세대로 미루었다. 그러나 화성인들로부터 대우를 받으며 우주의 원리와 하늘의 개념, 세상의 이치와 인간의 소명 등을 교육받았던 제1세 환웅은 감사함과 보답하는 마음으로 그들의 죽음을 애도하는 15개의 모아이 석상을 세우고 배달국 백성들에게 추모하도록 했다. 그리고 마추픽추 신시(神市)를 지어 화성인들의 생활을 안전하고 편리하도록 만들어 주었다. 또한 화성인들의 생활에 적극적인 도움을 주기 위해, 배달국 백성들을 파견하여 도우미 역할을 하게 했다.

그렇게 오랫동안 도우미 역할을 해왔던 배달국 백성들은 화성인들이 신시(神市)에서 철수한 후, 신시를 비밀로 해달라는 화성인들의 부탁대로 아무도 모르게 빠져나와 칠레의 북부 지역으로 가서 새로운 터전을 마련하여 그들 특유의 문화를 가꾸어 생활했다. 그 시기가 지금으로부터 5,800년 전이었다. 오랫동안 화성인들과 함께하면서 그들로부터 배운 과학 기술과 색다른 문화를 기반으로 삼아 새로운 시대의 문명을 일으키는 기반을 만들었다.

이들은 빠른 속도로 새롭고 독특한 문명을 발전시키면서 고을 국가 형태를 만들어 갔다. 그리고 그들은 스스로 특별한 종족이라 생각하고 거기에 걸맞은 의미를 부여한 종족의 명칭으로 '마야'라 불렀다. '마야'는 '하늘의 어머니(삼신)가 점지해주신 특별한 자손'이라는 의미이며, 그 의미에 대단한 자부심을 가졌다.

칠레 북부 지역에서 마야인의 뿌리가 된 배달국의 백성들은 더 나은 문명을 크게 펼칠 수 있는, 넓고 높은 산이 있는 멕시코 지역으로 올라갔다. 거기서 페루의 마추픽추 신시(神市)를 염두에 두면서 최대한 하늘과 가까운 높은 지역을 선정하여 신성한 도시를 건설하고자 했다.

4) 마야 문화의 번성

마야인은 화성인들에게서 배웠던 과학 기술과 문화 양식을 기반으로 하여, 개발에 역점을 두고 최대한 노력을 아끼지 않았다. 그들의 문화는 실로 상상할 수 없는 무한한 발전을 일으켰다. 주변의 여러 종족이 소문을 듣고 몰려와서 배움을 요청했고, 마야인은 거절하지 않고 그들이 가진 모든 것을 공유하는 데 아낌이 없었다. 더구나 바이칼호 지역에서 배달국의 주변 종족으로 살았던 사람들이 북아메리카 남부지역까지 내려와 살다가, 마야 문화의 발전 상황을 소문 듣고 많은 인원이 멕시코로 내려와 귀화할 뜻을 내비치었고, 마야인은 아무런 조건 없이 기꺼이 받아들였다. 마야인의 마음 깊은 곳에는 기본적으로 타고난 배달국 한민족의 선하고 착한 성품과 하늘의 뜻을 받들고 순리를 따르는 순수함이 흐르고 있음이 분명했다. 마야인은 몰려든 주변 종족에게 문화를 아낌없이 전수해주면서 하늘의 뜻과 우주의 원리, 그리고 하늘을 대하는 인간의 도리와 소명을 일러주고 잘 지킬 것을 다짐받았다.

마야인과 함께하며 뛰어난 문화를 충분히 받아들인 주변의 여러 종족은 주변의 여러 지역으로 나누어져서 자신들의 특성에 맞는 문화 형태로 발전시켰다. 마야 문화는 남미 북부의 여러 지역에서 거의 2,000년간 하늘의 뜻을 거스르지 않고 찬란하게 꽃을 피웠다.

5) 마야인의 멸망

마추픽추 신시(神市)에서 화성인들의 도우미 역할을 했던 배달국의 한민족들은 그들만의 새로운 문화를 만든 후, 스스로 '마야'라는 새로운 종족의 의미가 담긴 명칭을 사용했다. 그들은 거의 2,000년 동안 찬란한 문화의 꽃을 피워 위대하고 평화로운 시대를 이루었다. 그러나 그 후, 500년이란 많은 세월이 흐르는 동안, 마야인으로 합류한 여러 종족의 후손들은 조상들이 이뤄준 풍요로운 생활 여유에서 교만을 부리기 시작했다. 그들은 자신들의 권위 의식을 높이려는 정치적인 논리를 경쟁적으로 신경을 쓰다 보니, 결국 신(神)을 받드는 신문화 형식에 빠져들었다.

그중 신(神)으로 받드는 대상을 '태양'으로 결론 냈다. 그리고 태양신을 적극적으로 떠받드는 중심인물과 추종 세력을 형성했다. 중심인물과 추종 세력은 일반 백성들과 거리를 두는 근엄한 위계를 만들어 자신들의 권위 의식을 한층 키웠고, 그에 따른 형식과 제도는 하늘의 뜻을 거스르는 기복적인 행위가 전부였다.

그들은 조상들에게 물려받은 뛰어난 문화의 내용과 의미를 충분히 습득하여, 세계로 전파 시키기 위해 더 발전시키려 하지 않고, 우쭐한 권위 의식에만 신경을 쓰다 보니 교만은 극에 달할 정도였다. 급기야 태양신을 모시는 중심인물과 추종 세력들은 사후에 자신들을 신격화시키려는 욕심을 냈고, 거기에 걸맞은 요식 행위와 형식을 다양하고 복잡하게 만들었다. 그 욕심에 억지로 춤추어야 하는 백성들의 고통과 멸시는 이루 말할 수 없었다. 그들이 신(神)적인 권위 의식을 최고로 발휘하려고 했던, 크게 실수한 결정적인 발상은 태양신을 모셨던 그들이 죽으면, 이스터섬에서 모아이 석상과 같은 석상을 만들어야 한다는 것이었다. 그들은 거의 신적인 권위를 세우려고 하늘이 금기시하고 있는 이스터섬을 마치 그들 집안의 묘지 땅인 양 함부로 생각했다. 그것은 크게 대가를 치르는 실마리가 되어, 마야인은 어느 날, 순식간에 사라지는 시기가 오는 줄 몰랐을 것이다.

이스터섬은 화성인들이 생활했던 곳이고, 배달국의 제1세 환웅은 은혜를 입은 15명의 화성인이 죽었을 때, 그들 영혼을 애도하고 추모하기 위해 15개의 모아이 석상을 만들어 배달국에서 그곳을 향해 매년 추모식을 거행하게 했다. 그런 이유로 하늘에서는 그곳을 일반인의 사용을 금기시한 신성 지역으로 여기고 있었다. 이런 내용을 조상으로부터 전해 들었을 터인데, 이를 아랑곳하지 않고 함부로 행동한 마야인의 후손들은 하늘의 노여움을 사고, 천재지변인 혹독한 강추위가 들이닥치는 바람에 갑자기 한꺼번에 죽어버렸다.

6) 이스터섬의 모아이 석상과 영혼의 현황

(1) 마야인의 영혼과 모아이 유사 석상

5,800년 전, 최초의 마야인으로 명명한 배달국의 한민족들은 하늘과 배달국의 뜻을 거스르지 않고 특출한 문화를 발전시켰다. 그리고 발전시킨 문화를 주변 지역으로 널리 퍼지게 했다. 그러나 이스터섬과 마추픽추 신시(神市)는 접근을 금지했다. 그곳은 화성인들이 특별한 목적을 띠고 지구에 왔을 때 편안하게 생활했던 터전이었으므로, 그들이 임무를 마치고 화성으로 떠날 때, 앞으로도 가끔 이용할 수 있게 일반 사람들의 접근을 금기시해달라는 특별한 부탁을 받았기 때문이다. 거의 2,000년 동안은 그 약속이 지켜졌다. 그런데 500년 전 정도의 후대에 와서 마야인들은 교만이 극에 달한 상태에서, 왕권을 휘둘렀던 세력들이 죽으면 그들의 권위 의식을 높이기 위해 금기시한 이스터섬에 모아이 석상과 유사한 석상을 만들었다. 그렇게 만들어진 마야인의 석상은 55개이고, 그에 따른 55명의 붙박이 영혼도 존재하고 있다.

(2) 잉카인의 영혼과 모아이 유사 석상

9,500년 전, 배달국으로부터 배제되었던 호족들은 여러 지역을 떠돌다, 바다를 건너 미국의 서부에 있는 자이언국립공원으로 갔다. 이들은 이곳에 정착하여 2,000년 동안 안정된 생활을 했다. 7,500년 전에는 배달국의 환웅에게 우주의 원리와 하늘의 뜻이 담긴 천부경을 설파해줄 것을 간곡하게 애원하므로 환웅이 직접 그 장소에 갔다. 환웅이 다녀간 표적으로 삼신오재(三神五才)를 의미하는 5개의 동심원을 바위에 새겨 놓았다. 호족들은 천부경과 삼신오재의 큰 뜻을 후손들에게 대를 이어가며 교육하게 했고, 결코 하늘의 뜻을 거스르지 않으려고 애를 쓰는 믿음의 생활에서 행복하고 평화로운 나날을 보냈다.

그런데 3,000년 전, 폴란드 지역에서 발생한 칸족은 유럽 대부분의 지역을 침략으로 거의 휩쓸었다. 그리고 2,000년 전에는 미국 서부의 자이언국립공원까지 침략했다. 이들에게 줄지어 쫓겨난 호속들은 그랜드캐니언, 브라이스캐니언, 월넛 등의 지역으로 흩어져 생활하다가 남미의 페루에 있는 마추픽추 신시(神市)로 숨어 들어갔다. 거기서 거의 1,000년 동안 안전하게 생활했다. 그러나 칸족이 남미의 페루로 내려와 호족들이 사는 마추픽추를 발견하고 무력으로 침략했고, 그런 후, 페루 지역을 완전히 장악했다.

그들은 그 지역에서 그들 나름대로 새로운 문명을 일으킨 후, '잉카' 라 명칭 했고, 북으로는 에콰도르, 남으로는 칠레의 중부 지역까지 세력을 확장하는 대제국을 이루었고, 그 이후, 500년 동안 더 넓은 지역으로 세력을 키우면서 잉카제국의 명성을 높였다. 이들도 태양신을 섬기면서 권위 의식을 높이는 데 이용하는 각종의 문화 형식을 만들었다.

그중에서 왕권을 휘두르던 사람들이 죽으면 이스터섬에다 그들을 추모하는 모아이 유사 석상을 만들었다. 그렇게 만든 모아이 유사 석상은 70개이고, 그에 따른 70명의 붙박이 영혼도 존재하고 있다. 잉카제국 역시 이스터섬을 왕족들의 묘지인 양 함부로 사용한 이유로 하늘의 벌을 받아 심한 한파가 들이닥쳤다. 이 이후로 국력이 쇠락해지고 내란까지 일어나 국력을 다시 회복하기 어려운 상태가 되었다. 1,500년 경, 결국 스페인 군인들에게 정복당하고 말았다.

이스터섬의 현재 조사된 모아이 석상 수는 총 877개인데, 그중 배달국에서 만든 진품 석상 15개가 있고, 마야인들이 만든 유사 석상이 55개, 잉카인들이 만든 유사 석상이 70개로 총 140개이다. 나머지 737개의 석상은 잉카제국이 멸망한 이후에 형성된 권력자나 세력가들이 자신들의 권위와 명성을 남기려고 모방적으로 만든 것으로 생각된다. 그러나 존재하고 있는 영혼은 화성인 영가 15명, 마야인 영가 55명, 잉카인 영가 70명, 총 140명이다.

3. 한민족 선인(先人)들의 죽음

최초의 피라미드를 완성하여 화성인 영가들의 천도까지 끝낸 배달국의 한민족 인재 40명은 세계 곳곳에 문화를 전파해야 하는 그들의 소임을 완수하기 위해 본국으로 가지 않고 스위스 취리히로 돌아왔다. 그들을 맞이하는 스위스 지역의 토착민들은 거의 신인(神人)의 위상으로 떠받들 정도였다. 그들은 이집트에서도 그렇게 예우받았지만, 여기처럼 우상이 될 만큼은 아니었다.

한편, 이집트 나일강변에서 유럽 지역으로 진출한 종족 중, 북유럽의 핀란드 지역으로 올라간 종족들은 열악한 환경에도 불구하고, 무사히 정착하는 데 성공했다. 그러므로 하늘께서 이들에게 구세주를 내려보내어 문명을 크게 일으킬 수 있게 했다. 그들은 그들 나름대로 문화를 발전시키면서 인구도 많이 늘렸고, 집난 구조의 중심 세력을 키우면서 조직을 체계화하는 데 힘을 기울여, 덩치가 크고 힘이 센 북방 종족으로 자리매김했다.

어느 날, 그들은 이집트에 최초의 피라미드가 건설되었다는 소문을 듣고, 스위스 지역의 한민족에게 찾아와 그들의 지역에도 피라미드를 건설해 달라고 요구했다. 그러나 한민족 선인들은 하늘의 뜻을 어길 수 없다는 이유로 집요하게 부탁하는 그들의 요구를 끝내 물리쳤다.

그들이 돌아간 후, 스위스 토착민들은 위협적인 언행으로 보아 북방 종족들이 침략해 올 것이라는 예감이 들어 매우 두려워했다. 토착민들은 그들이 침략해올 것을 대비하여 한민족 선인들에게 방어할 수 있는 국가를 세우고 왕이 되어 줄 것을 간청했다. 이런 상황에서 40명의 한민족 선인들은 국가를 세워서 침략을 막아야 한다는 23명의 찬성파와 하늘의 뜻과 환웅의 명을 받들어 한민족 문화를 전 세계로 펼치는 데 힘써야 한다는 17명의 반대파로 나누어져 심한 언쟁이 일어났다.

 "국가 건설은 하늘의 뜻과 환웅의 허락이 있어야 하는 것이다. 우리가 어찌하려고 감히 그런 일을 자행하려고 하느냐!"라는 반대파의 목소리와 "지금 상황이 시급하니 국가를 먼저 건설하여 침공에 대비책을 세워 놓은 후, 허락을 받으면 되지 않느냐!"라는 찬성파의 목소리가 점점 대립되었다.

 찬성파는 토착민으로부터 대우받았던 우쭐함으로 교만에 빠져 권력욕을 강하게 일으킨 터라, 자신들의 뜻을 굽히지 않고 자기들만이라도 국가를 건설하겠다고 고집부리며 독일의 뉘른베르크 지역, 지금은 '로제나우공원'이 조성된 곳으로 떠나버렸다. 반대파는 소신을 굽히지 않은 채, 스위스 취리히에 그대로 머물면서 하늘의 뜻과 환웅의 명을 받들 것을 다시 한번 다짐하고 결의했다. 40명의 한민족 선인들은 이와 같은 위급한 상황을 극복하려는 우선의 대비책을 지혜롭게 세우지 못하고, 서로의 주장과 생각만을 고집 부리다 결국 헤어지는 안타까운 일을 벌였다.
 한편, 피라미드 건설을 거부당했던 북방 종족들은 그들 지역으로 돌아와서도 불쾌한 심정을 진정시키지 못하고, 피라미드 건설을 한 번 더 강하게 요구해야겠다고 생각했다. 그러던 차에, 뉘른베르크 지역으로 옮겨 간 한민족 선인들이 국가를 세우려는 야심을 눈치채게 되었다. 이들은 지체없이 많은 군사를 일으켜서 뉘른베르크와 취리히 두 지역을 무참하게 침공해 버렸다.

북방 종족들에게 붙잡힌 한민족 선인들 40명은 치욕스러운 고문과 수모를 당했다. 그들은 단합하여 현명한 지혜를 발휘했어야 하는데, 그렇지 못한 자신들의 어리석음을 뒤늦게 후회했다. 피라미드 건설의 요구는 끝내 거절했지만, 선인들은 처참한 죽음을 맞이해야 했다. 지금으로부터 5,800년 전, 고국의 서쪽 끝, 저 멀고 낯선 땅에서 한민족 선인들이 비참하게 죽어가는 일이 벌어지고야 말았다.

북방 종족들은 이 여세를 몰아, 서유럽 쪽의 지역으로 침공해 들어갔고, 영국의 스톤헨지를 중심으로 문명을 크게 일으켜서 잘살고 있던 토착민들까지 몰아냈다.

5장

지극한 하늘사랑, 그 감동

바이칼호의 부르한 바위섬에서의 천도

배달국 한민족 선인들의 영가 천도 계획

단군조선의 탄생과 시대 상황

제1차 영가 천도 계획

아리랑과 회로공부

제2차 영가 천도 계획

하늘께서는 우주를 영원히 존재케 하려고 뜻을 펴는 과정에서 희생되었던 많은 영혼을, 오랜 세월이 지났음에도 잊지 않고 구제하기 위한 방도를 치밀하게 계획하고 계셨다는 것을 2019년 5월 17일(금)~31일(금), 14박 15일간의 독일 기운영을 통해 절실히 느꼈다.

5,800년 전, 독일 뉘른베르크와 스위스 취리히에서 억울하게 죽음을 맞이한 한민족 선인들의 영혼들을 찾아가서 그들을 마주하며 의식을 교류하다 보니, 새삼 가슴으로 진하게 파고드는 지극한 하늘사랑에 감동하였다. 그 감동은 지금, 이 순간에도 한 치의 오차 없이 우리를 참되게 이끌어주시려고 노력하시는 하늘사랑의 진동으로 전해져 왔고, 이처럼 늘 성스러운 축복과 큰 은혜를 받는다고 생각하니, 너무나 감사할 따름이었다.

하늘께서 현명하고 올바른 지구인을 탄생시키기까지 희생된 화성인의 영혼들을 이십수 만 년이 지났음에도 불구하고, 피라미드를 이용해 영혼을 구제하려고 계획했던 것은, 하늘사랑이 아니고서야 할 수 없었을 것이다. 그리고 그것을 실행하기 위해 수많은 세월 동안 세밀하게 기획한 것은 우리를 정말 감탄하게 했다. 또한 최초의 피라미드를 건설했던 주역들이 엄청난 고생을 감내하며 큰 성과를 이루고서도, 그들 스스로 교만에 빠져 주어진 소임을 제대로 수행하지 못한 채, 참담한 죽음을 맞이한 것을 두고, 이를 가상히 여겼다는 것도 감동적이었다. 더구나 이들의 영혼을 기어이 구제하시려고 3,500년간 두 번씩이나 구세주를 지목했다는 것과 두 번씩이나 어이없게 실패하는 시행착오를 겪었음에도 그것을 포기하지 않고, 수천 년이 지난 오늘날까지 영혼을 구제하려고 애를 써오신 것을 생각하면, 그것은 지극한 하늘사랑이 아니면 할 수 없는, 정말 감동적인 일인 것이다.

1. 배달국 한민족 선인들의 영가 천도 계획

1) 단군조선의 탄생과 시대 상황

배달국은 9,700년 전, 제1세 환웅에 의해 건국되어 5,033년 동안 유지되었고, 4,667년 전, 제38세 환웅을 끝으로 막을 내렸다. '환웅(桓雄)'의 의미는 하늘의 뜻을 받들어, 세상을 위해 사랑을 펼치고 실천하는, 하늘과 같은 위상에 도달한 사람'이다. 특히 하늘의 뜻이 무엇인지, 하늘과 인간이 어떤 관계인지를 지상의 만인에게 전하고, 험악하게 변질한 세상을 구하기 위해 헌신하고 희생하는, 위대하고 장엄한 구세주의 역할을 담당해야 한다.

배달국은 하늘의 뜻에 따른 '홍익인간'을 건국이념으로 삼았고, 고도로 발전된 과학 기술과 문화를 전 세계가 공유하도록 널리 전파시키면서 세계만방으로 국위를 떨쳤고, 그 위세는 세계 중심 국가로서 자리매김을 확고하게 했다. 38명의 환웅이 자국의 백성을 다스리면서, 주변 종족들도 차별 없이 혜택을 주었던 이 시대는, 만인이 편하고 행복하게 지낼 수 있었던, 그야말로 천국 같은 세월이었다. 그러나 인구가 많이 불어나면서 빚어지는 여러 가지 문제들을 재정비하기에는 지형의 제약이 따랐다. 이에 마지막 환웅은 왕검이란 아들에게 더 넓고 기름진 땅을 찾아 백성들의 주거와 식량을 해결하고, 국가 기반 시설과 사회제도를 보완하여 더 큰 국가의 면모를 확고하게 갖추라고 지시했다. 이에 왕검은 여러 지역을 둘러본 결과, 지금의 평양인 아사달이 가장 적합함을 느끼고, 그 지역에 도읍을 정하여 새로운 나라, '조선(朝鮮)'을 세웠다. 조선이라는 나라 명칭의 의미는 '해가 떠오른다.'이다. 환웅의 아들 왕검은 조선의 제1세 '단군(檀君)'으로 올랐다.

'단군(檀君)'이란 칭호는 '하늘에 제사를 지내는 제사장으로서, 하늘의 뜻을 받들고 하늘의 메시지를 받아, 백성을 편하고 행복하게 다스리는 성군의 역할을 한다.'는 의미를 지니고 있다. 단군의 칭호를 받은 사람은 구세주의 위상에는 미치지 못하지만, 하늘의 성령을 입은 선인으로서 나라를 위해 자신의 재능을 최대한 발휘하고, 백성을 이롭게 해야 하는 하늘의 엄중한 소명을 지니고 있다.

'단군조선(檀君朝鮮)'은 배달국의 위세와 명성, 그리고 홍익인간이라는 건국이념을 이어받아, 세계 중심 국가의 역할을 빼어나게 할 뿐만 아니라, 국가 기반과 사회제도의 모든 면에서 혁혁한 발전을 이룸으로써 세계 최강대국의 면모를 갖추었다.

2) 제1차 영가 천도 계획

(1) 첫 번째 구세주의 탄생

하늘께서는 배달국의 정치와 사회, 그리고 문화의 뛰어난 발전상을 계승한 단군조선이 1,000여 년 동안 혁혁한 발전을 이룬 것을 두고, 너무나 대견해하며 좋아하셨다. 하늘께서 이때를 맞추어, 먼 타국에서 억울하게 죽임을 당한 배달국의 젊은 인재 40명의 영혼을 천도시키려는 계획을 세우셨다. 그들은 화성인 5만 명의 영가 천도를 위해 최초의 피라미드를 건설했고, 환웅의 명에 따라 한민족의 문화를 전 세계로 전파하려 했다. 그러나 그들은 그런 헌신적인 노력을 했음에도 불구하고, 현명하고 지혜로운 처신을 하지 못하는 바람에 타지에서 비참하게 죽게 되었다. 그래도 하늘께서 그들의 공을 참작하여 영혼을 구원해 주려는 것은 지극한 하늘사랑의 발로였다.

단군조선이 전 세계적으로 위세를 크게 떨치던 중기 무렵은 국력이 최고조에 달한 시기였다. 그 시기는 최초의 피라미드 건설의 주역 40명이 이국땅에서 억울한 죽임을 당한 지 2,240년 정도가 지난 때이다. 지금으로부터 약 3,560년 전, 하늘께서는 이 억울한 영혼들을 구제하기 위해, 유능한 인재를 골라 구세주로 지목했다. 그 구세주에게는 영적 능력이 뛰어난 재능 천사 두 명을 내려주어, 자신감 넘치게 능력을 발휘하도록 했다.

(2) 구세주의 변질과 천도 계획 실패

하늘께 지목되어 큰 능력을 부여받은 구세주는, 그에게 주어진 능력을 함부로 드러내는 교만을 부림으로써, 주변 사람들의 이목을 끌었고, 결국 추종 세력이 형성되었다. 추종 세력들은 그에게 단군의 능력을 능가한다고 부추기며, 당신이 단군이 되어야 한다고 적극적으로 유혹했다. 이에 교만함을 떨치지 못한 그는 돌이킬 수 없는 정치 야욕에 빠졌고, 결국 추종하는 많은 세력을 규합하여 쿠데타를 일으켰다. 어리석고 바보 같은 그는 거짓되고 못된 단군(檀君)에 오르게 되었다.

못된 거짓 단군은 쿠데타로 오른 자신의 위상을 합리화하기 위해 사회의 여러 가지 제도를 권위 의식을 세울 수 있는 내용으로 개혁했다. 그중에서 가장 중점으로 다룬 것이 자국 백성들이 자만심을 가지게 하는 선민(選民)의식의 고취였다. 그는 단군조선의 백성들은 하늘로부터 특별히 선택된 민족으로서, 다른 종족과 차별되어야 한다는 것을 강조했다. 그런 명분으로 주변 종족들에게 높은 세금을 물려서, 많은 물건과 농산물을 거두어들였다. 그에 응하지 않는 종족들은 강제로 노예를 삼는 무리한 정치를 폈다. 그 바람에 주변 종족들의 원성을 산 것은 물론이고, 자국 백성들까지 불만을 크게 토로했다. 그러나 거짓 단군은 불만을 토로하는 자국 백성들에게, 약한 종족들에게서 착취한 물량을 풍부하게 제공했고, 세력을 가진 인물들에게는 노예까지 두게 하면서 달콤한 물욕을 키워가게 했다. 특히 단군 백성들에게 약한 종족들을 무시하고 억압하도록 유도하여 특별한 선민의식을 고취함으로써 백성들의 신임을 얻으려고 힘썼다. 처음에는 거부감을 일으키던 백성들이 시간이 흐르면서 하늘의 뜻과 우주 원리를 거스르는 물질 욕심에 빠지게 되었고, 그 결과 약한 종족들을 깔보고 거드름을 피우는 나쁜 행세를 일삼기 시작했다.

한번 변질되면 다시 돌이키기 어려운 것이 물욕이고, 권력욕이고, 지배욕이다. 이 정권과 백성들은 하늘의 뜻과 우주 원리를 거스르고 주변의 종족들에게 계속 거만한 짓을 함으로써, 그들로부터 하늘을 찌르는 원성을 들었다. 이와 같은 상황이 더 심하게 이어지는 바람에 주변 종족들의 저항은 거세졌고, 그들은 때를 노려 대항할 태세를 몰래 갖추기 시작했다. 이 못된 거짓 단군의 정책은 거대하고 위대한 단군조선을 결국 망하게 하는 실마리가 되어버렸다.

이 못된 거짓 단군은 죽어서도 권력에 대한 야욕을 버리지 못하고, 유계에서 떠도는 힘센 영가들을 자기의 능력으로 끌어당겨 '세계 중앙 신계 조직'을 만들어 '염라대왕'이라는 이름으로 변질한 샤먼의 중심 역할을 하고 있었다. 이는 죽은 자와 산 자를 통틀어서 지배하는 영원한 최고 권력자로 군림하려는 속셈이었다.

2017년 8월, 우리가 바이칼호의 부르한 바위섬에 갔을 때, 아이러니하게도 그를 신계 지옥으로 처리하려는 순간에 하늘의 요청으로 갑자기 천도 대상으로 변경되었다. 염라대왕이라는 이름으로 신계 중심에서 지배 욕구를 채우고 있던 그는 하늘의 구원을 받는 행운을 얻은 것이다. 하늘께서는 그래도 지목하고 키웠던 구세주로서의 능력을 아까워하셨던지, 반성했다는 이유로 그 영혼을 윤회계로 보내고는 다음을 기대하셨다.

3) 아리랑과 회로공부

(1) '아리랑' 그 신기함

아리랑이란 민요는 오래전부터 한민족의 가슴에서 가슴으로 면면히 전해져 오면서 한민족의 고달픈 생활의 버팀목으로 자리 잡고 있음은 주지의 사실이다. 마음이 괴롭고 힘들 때, 외롭고 서운할 때, 슬프고 허전할 때 이 노래를 부르면 굳어 있던 마음이 스르르 풀어져 편안해지고, 새로운 기운이 샘솟는 느낌이 드는 것은 인지상정일 것이다. 지금은 한민족뿐만 아니라 전 세계인의 가슴에서 공감을 불러일으키는 신기한 일들이 벌어지고 있는 것도 사실이다. 그러나 '아리랑'은 누가, 언제 만들어 왜 부르게 되었는지 아무도 모르고 있다. 하지만 이 가락과 내용은 세계인 누구라도, 부르고 들으면 심금을 울리는 심오함이 있는 것은 분명하다.

아리랑~ 아리랑~ 아라리요~~ 아리랑~ 고개를~ 넘어간다-
나~를 버리고 가시~는 임은~~ 십 리도 못~가서 발~병난다-

이런 '아리랑'이 어떤 의미가 있으며 언제, 어떻게, 누가 만들었는지 깊은 사유(思惟)를 해봐야겠다고 생각했다. 2013년 10월 20일(일) 오전, 묵연 중에 떠오른 '아리랑의 의미'를 다음과 같이 메모해 두었다.

순수한 영혼아! (아리랑)
순수한 영혼아! (아리랑)

참으로 아름답고 순수한 하늘의 영혼아! (아라리요)

순수한 영혼이 넘지 않아야 할 경계를 넘어 물욕이 넘실거리는 추악한 세속으로 빠져들어 간다. (아리랑 고개를 넘어간다)

순수한 영혼이 본성인 양심의 '나', 하늘을 버리고 추악한 세속의 고개를 넘어가시는 위대하고 존엄한 존재인 인간이여 (나를 버리고 가시는 임)

그렇게 고개를 넘어 가버리면 얼마 못 가서 지독한 고통의 도가니로 빠져든다. (십 리도 못 가서 발병 난다)

'아리랑~ 아리랑~ 아라리요~~'는 참 아름답고 순수한 영혼들이 물질 욕심을 일으키는 나쁜 유혹에 빠져든 것을 두고 너무 안타까워하면서, 지금의 이 상황이 아주 잘못된 것임을 단군조선 백성(순수한 영혼)들에게 일깨우고, 이대로 계속 간다면 돌이킬 수 없는 수렁으로 빠질 수 있다는 것을 간절하고 애타게 호소하려는 표현이다.

'아리랑~ 고개를~ 넘어간다-'는 순수한 영혼들이 주어진 하늘의 소명을 완수하기 위해 육신과 함께하는 삶의 터전으로 넘나드는 고개, 그리고 영심(靈心)과 양심을 지키기 위해 영혼이 늘 제자리로 돌아와야 하는 고개, 4차원의 영혼과 3차원의 물질, 성(聖)과 속(俗)을 구분하는 이 고개를 넘어가서 더 이상 돌아올 수 없을 정도로 물욕이 넘실거리는 추악한 세속으로 빠져들어 가는 것이 안타까워 경종을 울려 주는 것이다.

'나~를'에서 '나'는 인간이 현상계에서 바른 삶을 영위하도록 바른 지표를 알려주는 생명의 주체인 영혼의 핵심이며, 우주의식인 하늘과 직접 연결되어 있어 하늘과 같은 위상이다. '나'가 세상의 삶을 통해 순수기운을 담금질하게 되면, 순수기운의 강도와 순도가 올라간다. 그것은 우주의 원리에 기인하여 하늘이 바라는 뜻이고, 인간이 완수해야 할 소명이다.

'버리고 가시~는 임은'에서 '버리고 가신다.'는 의미는 '나'가 물욕에 눈이 멀어 지켜야 할 소명을 잊어버린 채, 불순기운에 물들어 버린다는 것이다. 임은 위대하고 존엄한 생명인 하늘의 순수한 영혼을 지닌 인간을 존경하면서도 답답하고 안타까운 심정으로 무언가를 호소하듯이 부르는 의미이다.

'십 리도 못~가서 발~병 난다-'는 것은 사악한 기운의 유혹을 못 이기고, 물욕에 눈이 어두워지면, 변질한 순수기운과 사악한 기운의 독성때문에 얼마 못 가서 몸과 마음이 병들어 지독한 고통의 도가니로 빠져든다는 경고성 표현이다.

'아리랑'이란 의미를 다시 한번 살펴보면, 단군조선 중기에 사용한 용어를 고구려 시대에 와서 지금의 언어로 번역했다 하더라도 그 의미는 변하지 않고 '순수한 영혼' 그대로이다. 이 영혼은 인간에게만 주어진 생명의 주체로서, 생명이 잉태될 때 하늘께서 내려주신 성령(聖靈)이다. 그 성령에는 자연의 섭리와 법칙, 하늘의 뜻과 이치, 그리고 순리라는 우주 자연의 원리가 내재하여, '나'라는 하나의 개체가 우주의 뚜렷한 좌표를 지니고, 세상에서 독립적이고 주체적으로 존재할 수 있는 조건을 갖추고 있다. 그래서 인간은 가장 뛰어나고 영묘한 능력을 지니고 있다고 하여 '만물의 영장(靈長)'이라 한다.

그런데 순수해야 할 인간의 영혼이, 육체의 본능을 이기지 못하고 주체성을 저버린 채, 물질적 욕심에 이끌려 돌아올 수 없는 강을 건너버린다면 얼마나 안타까운 일인가. 하늘의 입장에서는 물론이고, 이 결과가 주는 고통이 얼마나 크고 지독한 것인가를 잘 아는 선인(先人)들은 얼마나 가슴 아파했을 것인가. 더구나 인간의 소명을 저버렸을 때 주어지는 자연과 하늘의 대가가 얼마나 크고 무서운 것임을 아는 입장에서는 더욱더 힘들었을 것이다.

그래서 고대 선인(先人)들이 사람들의 잘못된 상황을 쉽게 일깨워 줄 수 있는 가장 효과적인 방법에 착안한 것이 '아리랑'이다. '아리랑'은 사람들의 심금을 저절로 울릴 수 있게 하는, 순수기운이 강하게 응집되는 가락과 우주 부호인 글로 이루어졌다. 그것은 불순기운이 한껏 유입되어 타락한 인간의 마음을 노랫가락과 글로써 가다듬어 순수한 상태로 회복시켜주는, 예술적인 큰 효과를 불러일으키는 '율려(律呂)작용'인 것이다. '아리랑'의 가락과 우주 부호인 글은, 그 당시에 인간에게 최초로 주어진, 예술적인 효과를 최대로 불러일으킨 '율려작용'이다. '아리랑'은 예술적인 효과를 극대화한 '율려작용'의 정수(精髓)이다!

아리랑이 만들어진 계기는 하늘께서 최초의 피라미드를 건설한 후 억울하게 죽은 배달국 선인들의 영혼을 구제하기 위해 단군조선 중기쯤, 뛰어난 사람을 찾아 구세주로 지목하여 능력을 부여한 것이다. 그런 사람이 겸손의 덕을 갖추어 때를 기다려야 하는데 그러지 못하고, 자기의 능력을 미리 드러내었다. 그 때문에 그를 추종하는 세력이 형성되어 단군이 될 것을 부추겼고, 결국 쿠데타를 일으켜 단군으로 추대했다. 그렇게 비정상적으로 올라간 잘못된 거짓 단군과 그를 둘러싼 세력들은 권위 의식을 높이고 그들의 행위를 합리화하기 위한 교란 작전의 여러 가지 정책을 폈다. 그중 주변의 종족들에게 무거운 세금과 노동을 강요하고, 거기에 불응하는 사람들은 노예로 삼았다. 하늘의 뜻을 거스르는 비인간적인 정치 행태는 주변 종족들은 물론이고 단군조선 백성들까지 심한 반발을 일으키게 했지만, 백성들에게는 다른 종족들에게 거두어들인 세금으로 물량 공세를 하며 마음을 달랬다. 물량 공세에 길든 백성들은 점점 물욕이 강해지더니 어느샌가 허풍과 허세를 부리기 시작했다.

더구나 정치 세력들이 단군조선의 백성들은 주변 종족들과는 달리 하늘로부터 선택된 사람이라는 선민의식을 고양함으로써, 다른 종족들을 깔보고 무시하며 스스로 우쭐거리는 못난 행위로 전락하여 갔다. 순수하고 너그럽고 착하며 슬기롭고 덕행이 높은 상태로, 수천 년이라는 오랜 세월 동안 가다듬어진 한민족 백성들의 마음이, 이렇게 순식간에 고약한 상태로 변질되리라고는 상상도 못 할 일이었다.

쫓겨난 단군과 그 일행들은 이런 상황이 크게 걱정되었다. 앞으로 일어날 천재지변과 주변 종족들의 반발, 그로 인해 나라가 망할 수 있을 정도의 불행한 징조가 예견되므로, 그들은 나라의 안위가 염려되었다. 그래서 대비책을 강구하기 위해, 우선 더는 백성들의 마음이 사악하게 변질하지 않게 하고, 이미 변질한 백성들도 마음을 바르게 돌릴 수 있도록 하는, '율려작용'을 극대화하는 가락과 글을 만들어 자연스럽게 부르도록 했다. 그것이 '아리랑'이었다. '아리랑'은 백성들의 입에서 입으로 자연스레 퍼져나가 주변 종족들에게도 불리었다. 이 상황을 알게 된 정권 당국자들은 '아리랑을 부르는 것을 금지한다.'는 칙령을 내리고 단속을 강화했다. 그러자 '아리랑'은 점점 깊은 산속이나 지하로 숨어 들어갔다.

(2) '회로공부' 그 신묘함

회로공부는 마음을 돌려서 진실을 일깨우는 데 가장 효율적인 방법이다. 그리고 사람이 큰 잘못을 저질러 나쁜 명행(악업)의 상태가 크고 두터워, 아무리 한 치 앞도 가늠할 수 없는 인생 진로라 하더라도 반성과 회로공부를 통하여 마음을 돌리면 문제를 해결할 수 있다. 그만큼 회로공부가 신묘하다는 것을 의미한다.

거짓 단군과 추종 세력들의 정치 계략 때문에 단군조선 백성들의 마음이 변질하였지만, 그것을 회복시킬 방법의 일환으로 쫓겨난 단군과 그 일행들은 '아리랑'을 만들어 부르게 했다. '아리랑'은 삽시간에 전체 백성들에게 퍼져나갔다. 이를 눈치챈 거짓 단군과 옹호 세력들은 '아리랑'에 대한 금지 칙령을 내리고 강력하게 단속하는 바람에 '아리랑'은 지하로 숨어 들어갔다.

'아리랑'이란 노래를 잊지 않게 할 뿐 아니라 잘못된 마음을 더 빠르게 회복할 수 있는 효과적인 방법인 '회로공부'를 만들어 계승하도록 했지만, 지하로 숨어 들어간 계승자들은 당국의 강력한 단속에서 벗어나지 못해 해외로 도피하게 되었다. 결국 아리랑과 회로공부는 본국에서는 활성화되지 못하고, 그나마 외국에서 명맥을 유지하고 있다가 뒤늦게 한민족 문화 속으로 들어왔다. 우주의 원리와 하늘의 뜻이 담긴 여러 가지 회로 문양이 본국보다 외지의 산이나 바위에서 많이 발견된 것을 보면, 외국에서는 어느 정도 꽃을 피우고 있었다는 정황이라고 봐야 한다.

그 옛날, 세계 중심 국가로서 자리매김을 확고하게 했던 단군조선이 중기에 와서 우주의 원리와 하늘의 뜻을 거스르는 나쁘고 못된 짓을 많이 한 대가는 너무나 컸다. 그 후유증은 오랜 세월을 걸쳐서 후손들에게 한 서린 고통의 질곡에서 벗어날 수 없게 했고, 결국 나라를 잃는 엄청난 고난과 서러움을 겪게 했다. 어쩌면 지금까지도 그 과보의 영향에서 벗어나지 못하고 있는 것이 우리의 처지인지 모른다.

그래도 다행한 것은 회로공부가 이 시대에 와서 재발견되었다는 것, 그리고 영적 홍수를 겪고 있는 험악한 세상을 구제할 수 있을 만큼 발전했다는 것이다. 고무적인 일이기도 하지만, 이것은 정말 하늘께서 일으킨 기적 같은 일이기도 하다.

4) 제2차 영가 천도 계획

(1) 두 번째 구세주의 탄생, 그리고 계획 실패

한민족에게 크게 실망하신 하늘께서 '내가 뿌린 씨앗은 내가 거두어들이겠다!'는 강한 책임 의식을 인간들에게 보여야겠다는 의지의 발로인 양, 배달국 선인들의 영혼을 구제하기 위해 다른 민족 중에서 또 한 구세주를 지목했다. 이번 구세주에게는 영적 능력을 지닌 재능 천사 3명을 내려주었는데, 그는 자신의 신기한 능력이 하늘로부터 주어졌다는 것과 자신의 소명이 무엇인지를 느끼고 있었다. 그래서 하늘을 향한 믿음의 의지를 스스로 다짐하면서 소명을 다할 것을 약속했다.

그러나 당시의 시대 상황이나 사회 분위기로 인해 그는 냉철함과 현명함을 잃어버렸다. 하늘로부터 3명의 수호 및 재능 천사를 부여받고 구세주로 지목받은 입장에서는 영혼 구제의 소명을 당연히 알고 대처할 수 있어야 했다. 하지만 그는 현명한 판단을 해야 했는데도 불구하고, 특이한 능력을 갖추고 싶다는 강한 욕구 때문에 일시적으로 냉철함과 현명함을 잃어버리고, 신기한 자기의 능력에 자신감을 넘어 독선과 교만에 빠져 자신에게 주어진 소명을 다하지 못했다. 결국 하늘께서 구세주 지목을 철회하고, 재능 천사를 거두어들였다.

하늘로부터 버림받은 그는, 죽어서도 그 죄의 대가 때문에 수천 년이 넘도록 고통과 고난의 연속에서 허덕이고 있는 듯하다.

그래도 하늘께서는 그를 불쌍히 여겨, 영혼 구제의 계획을 세우고 때를 기다리실 것이다. 하늘이시여, 영원한 사랑이시여! 감사합니다.

6장

회로

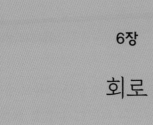

회로의 발자취를 찾아 떠난 미국 자이언국립공원 기운영

회로의 역사

회로의 뿌리, 그곳을 향하여

　　회로와의 만남

　　회로 문양의 발견

　　회로 문양의 흔적을 찾아 나서다

고대 문화 속의 회로

　　고대 문화 속의 회로와의 인연

　　회로 문양의 의미

1. 회로의 역사

회로는 우주가 형성될 때부터 만들어진 것으로 보아야 한다. 우주의 운행과정이 회로이다. 회로린 돈다는 것이다. 일정하게 도는 것을 회로라고 하며 여러 가지 현상을 나타내면서 돈다.

우주 공간 속에는 우리의 삶의 방식이 들어있다. 이것이 인생 회로이다. 회로 속에서 태어나고 회로 속에서 죽는다. 인생의 과정이 회로이다. 신체로 축소해보면 생명활동 자체가 회로이다. 자고 먹고 일하고 신진대사를 일으키는 내장이 회로 속에서 이루어진다.

인류가 생긴 이래 가장 큰 과학적 발견은 농업이다. 한 사람이 일해서 열 명, 스무 명을 살리니 첨단과학이다. 그것을 발전시키기 위해 하늘을 보면서 천지의 운행 조건을 기록하기 시작했다. 예를 들어 재해 방어나 임상적 내용을 수집하여 다음 세대가 생산량을 늘릴 수 있도록 한 것이 주역이다.

주역 이전 방식은 회로의 의미가 있는 내용으로 표현했다. 천지간의 운행을 질서정연하게 만들어 놓은 것이다. 옛사람들은 고래를 잡을 때 땅에다 막대기를 쥐고 가만히 있으면 땅이 회로식으로 패였다. 회로가 지워지니 바위 위에 돌멩이를 돌려 오래 보관할 수 있었다. 그 일부가 반구대 고래잡이이고, 회로의 암각화도 있다. 화랑도가 수련할 때 이를 응용하였는데 신라 시대에도 이러한 것을 읽으려고 노력하였다.

인류가 생겨날 때부터 회로가 있었다고 보아야 한다. 도구는 점점 편리하게 나무에서 돌, 그리고 낫으로 진화되었고 지금은 볼펜이라는 귀여운 도구로 회로를 쉽게 하고 있다.

마당에다 회로를 하거나 손바닥에 회로를 하기도 하는데, 손바닥에다 회로를 할 때의 문제는 피부 속으로 독기가 들어간다는 것이다. 급할 때는 빈 몸으로 회로를 한다. 눈을 뜨고 있지만, 그동안 해 온 회로 기운이 가득하여 눈앞에 회로가 돌기도 한다. 의념을 가지고 회로를 하면 어느 사람을 정화하는 회로가 된다. 전화상으로도 의미만 주면 회로로 유도할 수 있다. 바로 공간 속에 회로를 하는 것이다. 그러나 그 내용이 포위되고 흩어지지 않아야 하는데 공간으로 흩어져 버려 좋은 기운으로 만들어지지 않는다. 그러므로 회로지 위에다 회로를 하는 것이 제일 완벽하다.

글씨도 부호적 의미가 있다면 회로이다. 만든 글자이지만 강한 기운이 어우러진다. 구조 회전력[1]이 갖추어진 회로이다. 그래서 파란색으로 글씨를 쓴다. 주변을 방어하고 정화시키는 조건이 된다. 옛날에는 모르는 사이에 회로공부를 많이 한 것인데 파란색으로 쓰면 같은 분량일 때

---

1 평면에서 팽창하여 공간적으로 이동하는 회전력

피로도가 훨씬 덜하다. 요즈음에는 자판을 두드리니 자연스러운 공부를 할 기회를 잃어버렸다.

2. 회로의 뿌리, 그곳을 향하여

1) 회로와의 만남

1990년, 부산 영도와 충무동 일대에서는 '마음운동'이라는 명칭으로 마음을 다스리고 기를 강화하는 공부에 대해서 소문이 자자하게 나 있었다. 환자를 꾸준히 치료하며 마음운동과 수기침(手气鍼)을 보급하는 시간이 1년 정도 지났을 때쯤, 회로를 만나는 기적적인 행운을 맞이하였다.

울산에서 부산으로 회로공부를 확대하고 싶은 어느 선생님을 소개받는 좋은 기회가 주어졌다. 회로에 관한 내용을 설명 들었을 때, 지금껏 진행해 온 마음운동에 접목하면 좋을, 차원 높은 공부임을 느꼈다. 마음운동에 대한 논리가 아주 부족하다고 생각하며 보완해보려고 애를 쓰던 참이었는데, 마침 회로를 만나니 그 내용이 특이하고 신기하게 느껴졌다. 회로가 어떤 것인지 잘 몰랐지만, 공부의 위상을 확 바꿔나갈 획기적인 기회임을 느끼고 적극적으로 회로에 매달렸다.

그렇게 단숨에 받아들인 회로공부를 시작하고 얼마 지나지 않아 회로의 역사적 뿌리가 궁금해졌다. 시간이 지날수록 회로의 의미와 모양새가 점점 더 신기하게 진행되므로 뿌리에 대한 궁금증과 호기심은 더 커 갔다. 회로의 뿌리를 어디서부터 찾아야 할지 몰라 고심이 많이 되었고, 그 찾는 과정은 결코 쉬운 일이 아니었다.

1995년도 인도 기운영을 통해 친분이 두터워졌던, 나름 공부를 오래 했다고 자부하던 한 선생님으로부터 약간의 정보를 얻을 수 있었다. 그 정보를 가지고 울산과 대구, 서울과 일본을 다니며 여러 경로를 추적한 결과, 확실한 것은 아니지만 약간의 정황은 파악할 수 있었다.

지금의 회로공부는 1980년대 중반, 한 러시아 여성이 한국으로 건너와 서울에서 인연이 된 남자에게 일대일로 은밀하게 전수했다는 것이다. 그런데 전수를 받은 제자는 이 귀한 회로공부를 부당하게 이용하다가 금전적인 사기행각으로 처벌을 받는 입장이 되었다. 그 남자로부터 전수 받았던 몇 명의 제자들은 회로의 본질을 제대로 이해하지 못하고 낮은 수준에서 이해된 그들의 형식만으로 다른 사람들에게 가르치고 있었다.

그들은 회로공부의 본질을 정확하게 알려고 하지 않고, 대략의 방법과 형식만 배우면 각자의 색깔을 입힌 또 다른 방법과 형식을 만듦으로써 회로공부의 종류가 몇 갈래로 나누어져 버렸다. 그들은 스스로 회로 단계의 위상을 편의대로 정해놓고, 어떤 단계에 이르면 마치 깨달음의 정점에 올라 있는 양 허세를 부리고 있었다.

그중 한 라인과 인연이 되어 회로공부를 하게 되었는데, 처음부터 회로라는 그 자체가 신기하게 가슴에 꽂혔고, 회로는 분명 아주 오랜 역사를 지닌 특별한 것임이 느껴졌다. 그때부터 나 나름대로 역사적 뿌리를 찾아보겠다는 다짐과 가능성에 대한 믿음을 강화했다. 회로공부가 깊어지고 위상이 올라갈수록 회로의 의미가 단계별로 뚜렷하게 느껴졌고, 동시에 역사적 뿌리에 접근할 기회가 생길 것이라는 느낌이 확신으로 바뀌었다.

2) 회로 문양의 발견

'천부해인우주 해인도'를 끝낸 2006년 어느 날, 개인적으로 해외 기운영을 하라는 하늘의 메시지를 받고 이집트와 터키를 다녀왔다.

이집트에 도착하여 어느 호텔로 갔었는데 로비에 비치된 탁자 위의 문양이 천부해인우주 해인도와 흡사하게 닮은 것을 발견하고 깜짝 놀랐다. 아주 반가운 순간이었고 '이런 문양을 발견하라고 해외로 보내진 것인가?'라는 의아스러운 느낌도 들었다.

호텔에서 이런 문양의 탁자를 비치해 놓은 것은 관광객들에게 이집트의 고대 문화를 느끼게 하려는 것으로 생각되었다. 그러나 이 문양의 뿌리는 분명 고대 한민족의 배달국 문화라고 여겨졌고, 어쩌면 이집트

천부해인우주 해인도와 흡사하게 닮은 터키의 공원 출입문 문양[2]

피라미드도 배달국의 문화가 바탕이 되어 만들어졌을지도 모른다는 생각이 들었다.

다음 코스인 터키로 건너갔을 때에도 똑같은 문양을 볼 수 있었다. 그곳은 고대 왕들의 휴식 공간으로 만들어진 거대한 공원이었는데, 이후 일반인들이 이용할 수 있도록 개방해 놓았다. 그 공원의 출입구에 설치된 거대한 철제 대문에 이집트 호텔에서 봤던 것과 똑같은 문양이 걸려 있었다.

너무 신기하고 궁금해서 "여기서 사용되고 있는 이 문양은 어떤 의미를 지니고 있습니까?"라고 터키 가이드에게 물었더니 자신은 잘 모르고 문화센터에 물어봐 주겠다고 했다. 문화센터의 답변은 "이 문양을 지니고 있으면 복이 들어오고 귀신을 쫓을 수 있다."고 하는 것이었다. 그 답변을 듣고, 우리 공부의 기운작용 원리로 생각해 보니, 이 문양에는 순수기운을 응집시키는 작용 효과가 있어서, 인체는 물론이고 주변의 독기나 탁한 기운, 또는 불순한 영직 사기운을 정화할 수 있는 것이었다. 여기서는 그 효과를 지금껏 기복적으로 이용하고 있었다는 생각이 들었다. 오랜 옛날에는 이 지역 사람들도 이 문양을 신성하게 생각하고, 엄중한 자세로 마음을 가다듬고 정신을 바로 세우는 데 이용했을 것인데, 세월이 흐르면서 인간의 세속적인 욕심으로 빚어진, 이기적인 기복 행위로 변질된 것이라고 여겨졌다.

어찌 되었든 이 먼 지역에서 고대 한민족의 문화인 회로 문양이 사용되었다는 것은 그 당시의 배달국이 세계 중심국으로서 얼마나 중차대한 역할을 하고 있었는지를 가늠할 수 있고, 또한 한민족의 문화가 세

2 ◇귀신을 쫓는 문양, 악마를 빨아들인다는 고유명사 '라브트 이올드즈'

계 전역에 전파되었다는 사실이 분명하다고 여겨졌다.

3) 회로 문양의 흔적을 찾아 나서다

1999년, 인연이 있는 몇 명의 회원과 문현동에서 용천공기원을 개원하였다. 이후로 회로지 소각을 용이하게 할 수 있는 장소를 무척이나 갈망했었는데, 이집트·터키 해외 기운영을 다녀온 지 얼마 안 된 어느 날, 뜻밖의 좋은 장소를 삼랑진에서 구할 수 있었다. 그리고 2008년 4월, 뜻깊은 삼랑진수련원을 개원하게 되었다.

그 후, 우리 공부 용도에 알맞은 개축 및 조경 공사를 근 1년 이상 계속해 가다, 2010년 중순부터 2011년 초순경에는 지하 관정 및 용정 탱크 공사까지 마치고, 이미 제작해 놓았던 '천부해인우주의'를 용정 탱크 위에 설치했다.

'천부해인우주의'를 용정 탱크 위에 설치한 이 사실은, 용천공심수련에 있어서 매우 중요한 기점이 되었다. 지금껏 외부에 구체적으로 드러내지 않고 조심스럽게 해왔던 우리의 공부를 비로소 세상 밖으로 드러내어 많은 사람에게 알리고자 하는 시작의 종소리와 같았다. 또한 '천부해인우주의'에는 순수한 기운을 전 세계로 퍼질 수 있게 하는 하늘 기운이 강하게 응축되고 있으므로, 세상 사람들의 마음에 무언의 경종을 울릴 수 있게 되었다는 것이다.

또한 회로공부를 처음 시작할 때부터 회로의 뿌리에 대한 호기심과 궁금증이 강하게 생겨 이것을 회로공부로 해결해 보려고 나름 애를 많이 써 왔는데, 용천공심수련의 위상이 상당한 수준으로 갖춰진 시기에 때맞추어 해외 단체 기운영을 시행하게 되었다. 그리고 중국 황산, 아일랜드 · 영국, 미국 자이언국립공원으로 이어지면서, 가는 곳마다 우리 공부의 회로와 유사한 여러 가지 흔적을 발견할 수 있었다.

아일랜드 · 영국에서는 기운 연결 안테나를 세웠고, 미국 자이언국립공원에서 옛 환웅의 발자취를 찾아 고대 회로 문양을 접할 수 있었던 것은 기대 이상의 큰 성과였다. 그런데 바이칼호 기운영에서는 더 큰 소득을 기대하게 되었다.

바이칼호 기운영이 결정된 계기는 2015년 8월, 미국 서부 지역의 자이언국립공원 단체 기운영을 끝내고 오랜만에 회로공부에 집중하던 9월 초쯤에, 해외 단체 기운영의 다음 장소로 이미 검진된 페루의 마추픽추를 취소하고 바이칼호로 가라는 메시지를 받았기 때문이다. 왜 가야 하는가에 대한 내용은 주어지지 않아서 궁금했는데, 9월 중순경에 기원의 한 선생님이 상담차 범일동으로 왔었다. 서로 공부에 대한 얘기를 나누다가 바이칼호 검진에 관한 내용을 말하게 되었다.

그런 후, 2015년 10월 9일(금), 그 선생님이 뜻밖의 자료를 발췌해 가져왔는데 제목은 '한민족의 뿌리, 바이칼을 가다.'였다. 내용 중에 8,000년 전 신석기 초기시대에 새겨진 세계 최대 암각화 지대의 사진이 있었고, 지역 명칭은 바이칼호 북단의 서쪽에 있는 '까축'이었다. 암각화의 회로 문양은 다양하게 전개되어 있었고, 그중 우리 눈에 아주 익숙한 강강술래의 문양도 있었다. 순간, '여기가 우리의 기운영 장소다.'라는 확신이 들어 '까축'을 중심으로 기운영 일정을 짜도록 그 선생님에게 일러 주었다.

다음날 아침, 세밀한 검진을 위해 깊은 묵연에 들어갔는데 어제 봤던 암각화의 문양이 새겨지게 된 과정과 연유에 대한 전반적인 설명이 메시지 같은 의미로 상세하게 머릿속에서 전개되었다. 혹시 잘못된 망상이 아닌지 검진해 가며 그 내용을 잊지 않고 간직하려고 애썼다. 그 내용은 다음과 같다.

"환인 천제는 바이칼호 주변에서 가장 기름진 땅, '까축'에 정착하여 하늘의 뜻대로 문명을 일으켜서 백성들의 생활을 편리하게 만들어 주었고, 지역 발전을 크게 꾀하면서 문명을 세계로 뻗어나가게 하였다. 그리고 최초로 세계 중심 역할을 했던, 고대 한민족 배달국의 제1대 거발환 환웅 천왕은 여기서 태어났고, 그 뒤 배달국의 왕위를 넘겨준 94세에 이 장소로 다시 돌아와서 하늘의 뜻과 천부경을 설파하면서 말년을 지내시다 돌아가셨다. 무덤도 이 장소에 있다."

이 내용의 전반을 다시 한번 세심하게 검진해 보니 '까축이란 장소는 인류 문명의 발상지면서 한민족의 발원지일 뿐만 아니라 회로 문화의 뿌리라고 감히 말할 수 있는 곳이다. 그리고 세계로 널리 퍼져 있는 한민족의 회로 문화는 바로 여기서부터 시작된 것이므로 세계 중심국으로 자리매김하였던 배달국은 결코 신화나 전설의 국가가 아니라 역사적 사실로 밝혀져야 할 것이다.'라는 생각이 들었다.

3. 고대 문화 속의 회로

1) 고대 문화 속의 회로와의 인연

1977년 9월경에 이집트로 일이 있어 가게 되었다. 그 당시는 이집트에 가는 것이 쉽지 않아 거기까지 간 김에 피라미드를 보려고 사하라 사막을 횡단하여 그 지역에 가보았다. 공식적인 피라미드 관광을 할 수 있는 시절이 아니었기 때문에 쉽게 가 볼 수 있는 장소는 아니었다.

그런데 막상 가보니 관광시설은 고사하고 그 지역은 거의 허허벌판이었다. 가이드도 없었기 때문에 마을 사람 누군가에게 눈치껏 도움을 받아야 하는 입장이었다. 한참 동안 허허벌판에서 서성거리며, 태산처럼 높게 서 있는 웅장한 피라미드 앞에서 어떻게 할 줄 몰라 당황하고 있을 때, 함께 간 이집트 파견 직원에게 마을 사람 두 명이 다가와서 피라미드 안에 들어가 볼 것을 권유했다. 우리 일행은 흔쾌히 승낙하고 그들을 따라 피라미드 입구로 갔다.

겨우 촛불 한 자루를 밝히고 입구로 들어간지라 앞은 어두컴컴하여 아무것도 볼 수 없어 두렵고 어리둥절했다. 한참을 더듬거리며 따라가니 어느덧 물체가 서서히 보이기 시작했고, 오르는 계단의 어디선가 시원한 바람이 불어옴을 느꼈다. 밖은 사막의 뜨거운 날씨인데 안은 시원한 바람이 불어오니, 마치 냉장고로 들어온 느낌이었다.

시야는 점점 뚜렷하게 확보되어 계단 양옆으로 정교하게 다듬어진 아주 큰 정육면체의 돌들이 즐비하게 맞물려 있는 것이 보였다. 돌 하나하나가 종이 한 장 들어갈 틈도 없이 너무 정교하게 맞물려 있어 신기함마저 들었다. 그런데 촛불이 꺼지지 않을 정도의 이 시원한 바람은 도대체 어디서 불어오는지, 올라가면 올라갈수록 궁금하고 신기했다. 피라미드는 7대 불가사의 중의 하나임을 알고 있었으므로 대단하겠다고 생각은 했지만, 막상 직접 눈으로 확인해 보니 과연 어마어마하고 신비롭다는 것을 실감할 수 있었다.

그 당시는 본격적인 회로공부를 하지 않을 때였는데 어떻게 이집트에 갈 수 있었고, 또 사하라 사막을 한없이 지나야 하는 먼 거리에 있는 피라미드에 왜 가보려고 마음먹었는지, 지금 생각해 보면 결코 우연은 아닌 것 같다. 피라미드는 지금의 첨단 건축 기술로도 도무지 풀 수 없는 수수께끼 같은 이집트의 고대 문화인데, 회로공부 차원에서 보면 이것 또한 고대 한민족의 회로 문화에서 기인한 것으로 생각되었다. 그 당시 이집트 피라미드로 간 것을 지금 곰곰이 생각해 보면, 2017년 러시아 바이칼호 해외 기운영에서 고대 회로 문화를 볼 수 있게 된 것처럼 '하늘의 뜻에 이끌려 간 것이 아닌지.' 하고 연관되어 떠올랐다.

2017년 여름, 러시아 바이칼호 단체 기운영을 준비하는 과정에서 페루의 고대 문화에 담긴 회로 문양의 인터넷 기사를 접하게 된 것은 정말 뜻밖이었다. 이것 또한 '하늘의 뜻이구나!'라고 생각하면 그저 감사할 따름이었다. 우리뿐 아니라 전 세계적으로 이런 문양에 대한 궁금증을 가지고 관심 있게 연구하고 있는 사람들이 많다는 사실은 회로공부하는 입장에서는 매우 고무적인 일이다. 세계 모든 사람이 우리 공부에 대한 내용을 거부감 없이 받아들일 수 있는 조건이 되고, 공부 내용에 대한 공감대가 넓게 형성될 수 있겠다고 생각하면 가슴 벅찬 일인 것이다.

뜻밖에 접하게 된 페루의 고대 문화에 담긴 회로 문양을 회로공부 원리에 비추어 그 의미를 설명해 본다.

2) 회로 문양의 의미

(1) 페루의 나스카, 팔파라인 유적

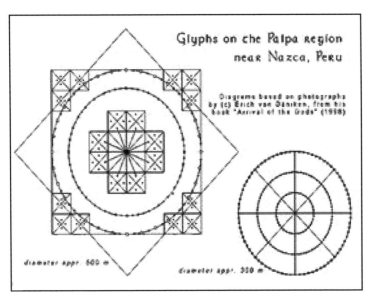

Glyphs on the Palpa region near Nazca, Peru[3]

위 문양은 일반적으로 알려진, 땅 위에 새겨져 있는 것과는 달리 발
견하기 어려운 바위 벽면에 새겨져 있는 것을 가장 최근에 발견한 것

---

3 사진 출처: Erich von Daniken(1998), "Arrival of the Gods"

인데, 마치 하늘을 의미하는 천부해인도(하늘)와 흡사하게 보인다. 하지만 이 문양에는 마름모의 삼각형 부분이 일직선으로 나타나 있는 반면, 천부해인도는 사각형 안으로 약간 들어가 있어, 그 부분에서 조금 다르게 표현되어 있다.

이 문양의 가운데 점을 위로 당기면 입체도형인 정육면체와 사각뿔이 이루어지는데, 사각뿔에서 나타나는 삼각형의 각도가 피라미드 각도와 흡사하므로 마치 피라미드의 평면도처럼 보인다.

작은 사각형을 세어 보면 가로와 세로가 각각 8개이고, 곱하면 모두 64개의 프랙탈 구조로 구성되어 있다. 프랙탈이란 작은 구조가 전체 구조와 비슷한 형태로 끝없이 되풀이되는 구조를 의미한다.

숫자 '64'는 64려(呂)와 64괘(卦)를 나타내는 매우 중요한 의미를 가지는데 그 의미를 설명하면, 64려(呂)는 영혼이 생성될 수 있는 조건의 수이고, 64괘(卦)는 물질이 생성될 수 있는 조건의 수이다.

64려(呂)는 황극(黃極)의 2려(二呂)인 음·수(音·數)에서 4려, 8려, 16려, 32려, 64려로 기운(气運)의 분화 작용이 일어난 것이고, 64괘(卦)는 주역의 설명에 의하면, 태극(太極)의 양의(兩儀)인 음·양에서 사상(四象), 8괘, 16괘, 32괘, 64괘로 기운(氣運)의 분화 작용이 일어난 것이라고 한다. 따라서 64려의 기운 분화 상태가 되면 영혼이 생성될 수 있는 최소의 조건이 되고, 64괘의 기운 분화 상태가 되면 물질이 생성될 수 있는 최소의 조건이 되는 것이다.

위 문양에서 가로와 세로에 나타난 8개의 사각형의 꼭짓점을 세면 각각 9개이므로 가로 곱하기 세로는 81개의 점이 나온다. 81이라는 숫자는 바로 천부경을 의미하는데, 그 점은 하나하나 자체가 질서와 조화를 갖추고 생명 개체의 의미와 성질을 지니고 있으므로 현상계 전반을 그대로 나타낼 수 있는 조건이 된다.

따라서 이 문양은 천부해인도와 같이 우주의 형상을 나타낸 설계도이고, 우주의 원리와 하늘의 이치를 설명한 천부경의 의미를 담고 있는 도상이다.

먼 옛날, 이 지역에 살았던 사람들은 아주 무지한 상태로, 오로지 자연에 적응하면서 살아남기 위한 생존 본능에 따른, 거의 짐승 같은 생활이었을 텐데 이렇게 거대한 문양을 그려 놓았다는 것은 믿기지 않는 것이다.

이런 문양을 누가 어떻게 그렸으며, 이렇게 오랫동안 남아 있게 한 이유와 의미는 무엇이었을까를 생각하면 의문이 너무 커서, 인간의 능력으로는 할 수 없다는 것이 분명하게 생각된다. 이것은 화성인이 와서 그려 놓은 것이라고 추측된다.

그들은 이 문양을 넓은 지역에 걸쳐 그려놓고, 무지한 사람들의 정신을 고취하기 위해 우주 형상과 우주의식이 무엇인지를 설명한 것으로 보인다. 즉, 우주 형상은 이것이며, 우주의식은 곧 삼신이고, 삼신은 인간과 밀접한 관계이며 절대자이다. 그러니 '삼신을 믿고 따르라!', '하늘의 뜻을 이해하고, 믿고, 따르면 틀림없이 행복한 삶을 영위하게 된다.'는 것을 강조한 것 같다.

81개의 점 하나하나가 인간의 생명과 삶이 관련되어 있으며, 그 의미를 알고 실천하는 것이 바로 하늘의 원리, 하늘의 뜻대로 살아가는 것이라고 이해시키면서 오랜 기간 동안 설파한 것으로 여겨진다.

그 당시 그 장소에 최초로 참여했던 인물은 배달국 시대의 제1대 거발한 환웅이었다. 우주의 원리에 대한 설명을 들은 거발한 환웅은 이를 충분히 이해한 후, 돌아와서 백성들에게 그 내용을 설파했는데, 당시에는 글이 없었기 때문에 그 나름으로 도형과 그림을 사용했다. 후대에 와서 문자를 만든 사람들이 그 내용을 문자화시켜 보니 81자의 천부경이 되었다.

이 문양을 보게 된 것도 우연은 아닌 것 같았다. 이로 인해 고대 한민족의 문화와 회로의 뿌리가 있을 거라는 그동안의 믿음과 확신이 결코 거짓이 아님을 알게 되어 너무 기뻤다. 그리고 이 문양이 발견되어 세상에 알려진 시기가 1998년도인데, 지금 우리와 함께하고 있는 천부해인도(하늘)가 1998년에 완성되었다는 것이 우연의 일치라고 하기는 너무 신기한 일이다.

위 문양에는 3개의 축과 5개의 원이 있는데, 원 5개는 '삼신오재'를

의미한다고 미국 자이언 국립공원 기운영에서 설명했다. '삼신'은 우주의 세 가지 핵심 요소를 의미하고, 도형으로 표현하면 원(○), 방(□), 각(△)을 말한다. 이 세 가지 핵심 요소가 잘 조화되어 짜이면 영원히 변하지 않는 형상을 이루게 된다. 따라서 원, 방, 각은 우주의 세 가지 핵심 요소로서 우주가 영원히 존재 되도록 할 뿐만 아니라, 만사만물을 작용할 수 있는 힘을 갖추게 된다. 만약에 이 세 가지 요소가 갖추어지지 않고 원으로만 구성되어 있으면 만사만물을 작용할 수 있는 조건이 되지 않는다. 세 가지 기본 요소가 갖추어져야 영원성도 지니고 작용성도 갖출 수가 있는 것이다. 그래서 세 가지 중요한 기본 요소를 '삼재'라고 한다.

여기에서 '재'는 평범한 것 같지만 어떤 상황, 어떤 조건에서도 자신의 모든 것을 충분하게 발휘할 수 있는, 숨어 있는 큰 재능을 의미한다. 그래서 삼 요소를 '삼재'라고 한다. 이 재능은 우주 만물을 생성하고, 인간의 생명을 잉태시킬 수 있으므로 '신'이라 표현할 수 있다. 그래서 삼 요소를 '삼신'이라고 하는 것이다.

삼신의 의미를 인간의 가슴에 깊이 새기기 위하여 옛날에는 삼신할머니라고 표현했다. 생명 잉태의 능력을 의미하는 여성성으로 할머니라는 호칭이 제일 만만하고 포근한 느낌이다. 엄마라는 표현도 여성성의 주된 의미이다. 엄마를 파자해 보면 'ㅇ,ㅓ,ㅁ,ㅏ'로 원·방·각의 세 요소로 되어있다. 우주의 삼신을 대신하여 현상계에서 소명으로 태어난 사람이 엄마이다. 그래서 엄마의 역할은 중요하고 핵심적이다. 그런데 엄마는 만만하고 포근하지만은 않고 잔소리가 많이 뒤따른다. 그래서 삼신엄마 대신에 삼신할머니로 표현했던 것이다.

우주 형상은 인간과 닮았고, 인간에게 마음이 있듯이 우주에도 마음이 있다. 우주의 마음은, 우주의식의 작용체인 우주령을 담고 있는 '우주심'이라고 표현하는데, 우주심을 '삼신'이라고도 지칭한다. 삼신에는 오재라는 뜻이 내포되어 있다. 삼신이라는 우주의식에는 하늘의 뜻, 하늘의 이치, 하늘의 순리, 자연의 법칙, 자연의 섭리 등 5가지의 진리가 들어 있다는 것이다.

이 문양에 대해 교육을 받은 환웅께서는 미국 자이언에 가서 원주민에게 하늘의 공부, 우주의 원리를 설명하면서 돌에 많은 문양을 새겨 놓았다. 우리는 회로의 발자취를 찾아 미국 자이언국립공원에 기운영을 갔다 온 이후라 이 문양이 새삼스럽게 가슴에 부각되는 것이다.

나스카, 팔파라인 유적지의 문양을 누가 그린 것인가를 두고 많은 설이 있다. 지금은 첨단 장비들이 있어 거대한 그림을 그릴 수 있겠지만, 그 당시에 그런 장비가 있었겠는가를 생각하면 결코 인간의 힘으로는 할 수 없는 것이라 여겨진다. 더구나 이 문양이 수천 년이 지나도 지워지지 않고, 변하지 않고 있다는 것과 그것을 염두에 두고 그 거대한 작업을 했다는 것은 인간의 능력으로는 도저히 가능하리라 생각되지 않는다. 지금 그곳에다 첨단 장비를 이용해서 비슷한 문양을 그려 놓는다 해도 만 년 후에 변하지 않을 것이라고 감히 장담할 수 있겠는가? 그런데도 인간이 할 수 있을 것이라고 생각하는 것은 너무 지나친 비약이고 오만이다.

LINEAS DE NASCA/ LINEAS DE PALPA[4]

위 문양에는 인간, 동물, 각종 사물이 그려져 있는데, 이는 우주에 만물이 생성되어 있고, 자연과 조화를 이루고 있다는 것을 설명하려 한 것이다. 그 당시는 자연을 잘 이용하며 살아가기 위해 자연을 훼손하지 않고, 오히려 자연을 보호하려는 의무감을 지니지 않았나 생각된다.

지금의 우리는 이성을 지나치게 앞세워, 자연을 극복한다는 미명 아래 자연을 이기려 하고, 그에 따라 자연을 너무 많이 훼손하는 오만한

---

4 사진 출처: https://www.instiz.net/pt/3934733

행위를 거리낌 없이 하고 있다. 결국 우리가 스스로를 죽음으로 몰아가고 있는 것이다.

앞에서 언급한 프랙탈 구조는 전체에 미시적인 모든 것이 다 들어 있고, 미시적인 하나의 개체 속에 전체의 정보 요소가 다 들어 있는 것을 말한다. 그런 면에서 생각하면, 나를 혼자라고만 생각할 것이 아니라 내가 전부라고 생각할 수 있어야 한다. 나 혼자 겪는 힘들고 고통스러운 상황은 나 하나로서 끝나는 것이 아니고, 그 상황의 파장이 나도 모르게 주변에 있는 사람들, 어쩌면 전체 사람들에게 영향을 미칠 수 있다는 것을 생각하고 나의 말과 행동을 신중하게 해야 한다. 그리고 내가 잘못했으면 잘못했다고 반성하면서 미안하다 해야 하고, 잘한 일은 겸손의 미덕으로 돌리면 되는 것이다.

(2) 카자흐스탄의 지상화; 카자흐스탄 북부 투르게이 대초원

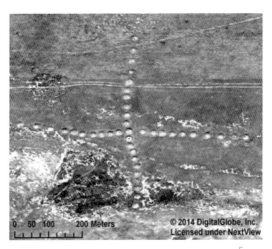

Big Ashutastinsky Cross WorldView-01 09/05/2014[5]

이 문양에도 원, 방, 각의 의미가 담겨 있다. 십자로 보이는 점선 문양은 선풍기를 세게 돌렸을 때, 마치 회전 날개가 십자 형태로 정지되어 보이는 것처럼, 기운의 회전 상태가 너무 빨라서 정지된 십자 형상으로 나타난 것을 두고, 그 의미를 문양으로 나타낸 것이라 보인다.

십자에는 아주 큰 효과가 있다. 십자의 중심 지점은 아주 빠른 회전력이 존재함으로써 나쁜 기운이 존재할 수 없게 하는 기운의 정화 효과가 있는 것이다. 우주 공간에도 경도와 위도가 그물처럼 짜인 기운의 선상이 있는데, 그 교차점은 엄청난 기운의 회전력이 발생하여 강한 흡인력이 존재하는 곳이다. 그 흡인력은 우주 공간에 쏟아지는 불순한 모든 것을 빨아들여 정화 효과를 일으키는데, 이곳을 '블랙홀'이라 부른다.

용천공심수련원에서 행하고 있는 '공심정리'의 원리도 같은 이치이다. 어떤 사람의 몸과 마음의 이미지를 회로지에 올려놓고, 순수기운으로 감싼다. 그런 후, 파란 볼펜으로 십자 형태의 신을 반복해서 그으면 불순한 기운의 의식이 파괴되어 몸 밖으로 끌어낼 수 있는 상태가 된다. 이어서 순수기운의 회전력을 이용하여 불순기운을 회로지에 끌어내는 것이다. 공심정리는 마음의 순도를 높이려는 적극적인 방법이다.

십자 형상의 두 끝이 이어진 사선이 마치 숫자 4와 같이 나타나면, 일정하게 진행되고 있던 기운의 상이 변화될 필요가 있는 상황일 때를 나타낸다. 이는 막 시작한 변화의 회전을 빠른 속도로 전환하려는 채찍질의 상을 의미한다. 4는 어떤 상황이 변화되어야 하는 조건, 즉 변할 수밖에 없는 극의 상태를 나타내는 것이다. 4를 두고 흔히 '죽을 4'라고

---

5 사진 출처: https://m.news.zum.com/articles/26199463

한다. 순수한 상태로 존재하던 물질이 변질하여 불순한 상태가 되면 그 상태를 마감하고 새로운 상태로 변화하는 시점이 온다. 그 시점이 기운의 변화 4의 상태인데, 그것을 우리는 '죽는다.'라고 한다. 사실 새로운 변화를 꾀하는 측면에서는 죽는다는 것을 기쁘게 생각해야 한다. 그런데 보통 사람들은 욕심이 많아져서 그런지 변하지 않으려 하고, 죽으면 무조건 안 된다고 생각한다. 인위적이고 독선적인 판단으로 4를 무조건 회피한다. 예를 들면, 건축물의 4층이나 4동을 찜찜하게 생각하고 회피하는 경향이다.

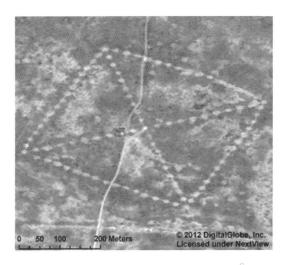

Ushtogaysky Square WorldView−01 09/08/2012[6]

이 문양은 우리가 하고 있는 회로공부의 작은 회로나 큰회로에서 많이 나타나는 모양이다. 이 정도의 수준은 하나의 생명 개체인 '나'를 보

---

6 사진 출처 https://m.news.zum.com/articles/26199463

고, 만날 수 있는 정도로 마음을 갈고 닦아서 순도가 높은 수준에 도달한 상태이고 회로 단계 11~12단계이다. 이런 회로 모양이 나온다는 것은, 우주의 세 가지 핵심 요소인 원·방·각을 마음에 지닌 줄도 모르고 혼탁해진 상태로 생활하다 비로소 조금씩 드러내는 상태이다. 이 정도면 우주의 순수한 기운이 마음속에 잘 어우러져 우주의 원리와 하늘의 뜻을 어느 정도 이해하면서 지혜로운 생활을 하게 된다.

이 문양에서 대각선이 만나는 점을 쭉 올리면 피라미드와 같은 사각뿔 형태가 된다. 피라미드의 사각뿔 형태를 위에서 보면 위와 같은 평면도가 된다. 피라미드는 원·방·각이 잘 어우러져 있는 우주 형상의 일부이므로 우주의 원리와 의미를 그대로 담고 있다고 봐야 한다.

절에서 사용하는 만(卍)자도 회전을 의미하는데, 이것은 세상의 물성적인 기운이 회전하고 있는 것, 즉 현상계의 세속적인 회전을 나타낸 것이다. 반면에 4자나 +자 모양은 영성적인 기운이 회전하고 있는 것, 즉 비현상계의 성속적인 회전을 나타낸 것이므로 만(卍)자 회전은 4자나 +자 회전보다 회전력도 약하고 위상도 낮다.

거꾸로 되어 있는 만(卐)자는 영적 장애가 있거나 사기운에 찌들어 영성이 좋지 않은 사람의 관점으로서, 세상의 이치가 거꾸로 보이는 정신 이상 상태이거나 세상을 보는 관점이 아주 부정적인 사람의 시각이다. 조화로운 질서와 정의롭고 도덕적인 사회를 이루고 있는 정상적인 세상을 색다른 관점에서 파괴하려 하는 사악한 사람의 심리로 보면 된다.

(3) 러시아의 아르카임

아르카임은 러시아의 스톤헨지라고 불릴 만큼 신비로운 거석문화로 여기지만, 의미 있는 문양의 양식이라 할 수 없으며, 지역의 기운 상태가 아주 좋지 않은 곳이다. 이곳은 하나의 거대한 궁전을 지은 곳인데, 궁전 가운데는 핵심 인물이 살고 주변에는 궁녀들이나 하인들이 거주하였다. 적의 침입을 막기 위해 성 주위를 빙 둘러서 깊고 큰 못을 파놓아 외부의 공격을 쉽게 방어할 수 있게 지었다. 이런 건물은 그 지역 고유의 독특한 기술로 지은 것이 아니라 다른 나라의 문화를 흉내 내어 더 웅장하게 지어 놓고 자신들을 과시하려 한 것이다. 환국 문화를 계승한다는 미명 아래 형상은 본떴지만, 본질은 없고 그들의 욕심대로 건물을 크게 짓다 보니 기운이 나쁘게 변질한 상태다. 태국, 말레이시아 등 동남아시아 쪽의 고대 문화 중에도 이렇게 기운이 좋지 않은, 정상적이지 않은 곳이 많이 있다.

(4) 아일랜드 보인강 유적

다음 사진의 아래쪽 바위에 새겨진 문양을 보면, 좌측의 문양은 왼쪽으로 돌아가고, 우측의 문양은 오른쪽으로 돌아가는 회로의 모양이다. 왼쪽으로 도는 것은 하늘의 영성기운을 나타내는 의미이고, 오른쪽으로 도는 것은 세상의 물성기운을 나타내는 의미이다. 이 두 문양이 마주 보며 질서와 조화를 이루고 있음을 보여 준다. 사실, 영성기운과 물성기운은 한 공간에서 동전의 양면처럼 종이 한 장 차이로 맞물려 도는데, 현상 쪽의 앞면에서 보면 오른쪽으로 돌고, 비현상 쪽의 뒷면에

뉴그랜지 무덤의 선돌[7]

서 보면 왼쪽으로 도는 것이다.

회로공부를 시작하는 단계에서는 회로가 오른쪽으로 한참 동안 돌다가 몸의 물질기운을 충분히 정화하고 나면 회로는 저절로 왼쪽으로 돌아가게 된다. 이는 비로소 마음의 영성기운이 제대로 돌아갈 수 있는 조건이 됨을 의미하고, 생명활동의 주체인 마음의 영성기운을 계속해서 강화해 나가야 하는 것을 의미하는 것이다.

다이아몬드나 사각형 모양의 문양도 모두 회로이다. 이런 모양의 회로는 우주의 핵심 삼 요소 원·방·각이 세상에서 조화롭게 어우러져 있음을 보여주는 것으로써 만사만물이 생성되는 근본임을 의미하는 것이다.

---

7 사진 출처 https://m.blog.naver.com/hl2xli/221356065096?view=img_9

아일랜드 보인강 굴곡부 유적은 경주에 있는 1,500~2,000년 전의 무덤처럼 4,000년 전의 무덤에 불과하다. 본래 이런 고분의 형태나 문양은 한민족의 전통문화로서, 하늘의 뜻을 기리며 하늘의 본질인 순수와 진실을 잊지 않고 계승, 발전시키기 위한 것인데, 세월이 지나면서 인간의 욕망대로 지나치게 확대 해석하여, 순수와 진실이 왜곡된 형식으로 변질하여 버렸다. 인위적으로 계산된, 기복적이고 이해타산적인 문양을 만들다 보니 인간의 양심을 지키고 키워주는 본래의 순수한 취지는 사라지고 변질된 형식의 문화만 남게 되었다.

7장

천부경

2019.10.27.(일) 125차 자연과의 대화에서의 천부경 강의

천부경의 역사

천부경 해석

우주 형성과 작용 원리, 그리고 삼극

궁극적 변화 원리와 성의 생성

우주 형상의 형성과 인간의 탄생

인간의 엄중한 역할과 소명

종결

천부경의 핵심 메시지

천부경과 최치원 선생

해인도와 천부경

천부해인우주 해인도

땅과 세상 해인도

인간과 만물생성 해인도

주 해인도

상징 마크와 자동 기술(記述)

입체화된 해인도

천부해인 황동모형

천부해인우주의

무주구천

천성전

1. 천부경(天符經)의 역사

천부경은 신시에 도읍을 정한 거발환(居發桓)이 처음으로 백성들을 향해 우주 자연의 법칙과 우주 자연의 섭리, 그리고 하늘의 의미와 하늘과 인간과의 관계를 그림과 문양, 그리고 도형으로 설파한 내용이다.

이 내용이 배달국 시대 전반에 걸쳐 이어져 내려오다 특정인에게 문자로 표현할 수 있도록 연구하게 하여 최초로 사슴 발자국 모양의 녹도(鹿圖) 문자로 약 $30cm \times 30cm$ 정도 크기의 얇은 돌에 천부경을 새겨서 책처럼 기록하고 보관하게 했다. 이때 360자로 된 경전 삼일신고(三一神誥)를 만들어 백성들에게 우주의 원리, 즉 하늘의 의미와 하늘과 인간의 상관관계를 좀 더 상세하고 구체적인 내용으로 설파한 것이다.

배달국은 천부경의 내용을 정치적 사상과 이념의 토대로 삼아 백성을 다스리면서 문명을 크게 일으키고 문화를 발전시켰는데, 소규모로 이루어진 주변국의 백성들이 몰려와서 인간답게 살기를 간청하므로 모두를 받아들였다. 그러다 보니 늘어난 인구 때문에 사회는 복잡해지고 땅이 좁아서 살기가 어려워지므로 어쩔 수 없이 더 넓은 땅으로 이주하여 잘 짜인 사회체제와 제도 속에서 백성들이 편하게 살도록 새로운 국가 체계를 세울 것을 계획하였다.

이에 마지막 환웅으로 하여금 아사달에 도읍을 정할 것을 명(命)하니, 이것이 세계 최초로 연방 대국의 면모를 갖추고 국가 체계를 확고하게 만들어 오랫동안 만백성의 삶을 행복하고 건강하게 만들어 주었던 국가, 단군조선이다.

이렇게 귀중하게 만들어진 천부경을 단군조선 중기에 와서 교만과 물질 욕심에 빠진 정치지도자들은 서서히 도외시하기 시작했다. 그 이후, 국가가 몰락하고 새로운 국가를 일으켜 놓고도, 외부의 종교를 정치적 구심점으로 만드는 바람에 천부경이 뒷전에 밀려나는 것이 아니라, 아예 지하로 숨어야 하는 신세로 전락한 것이다. 그런데 수많은 세월이 흘러서 이 시대에 천부경이 다시 재발견되고, 재조명되는 것은 하늘의 뜻이라고 봐야 한다.

천부경은 지금의 말과 글로는 도무지 표현할 수 없고, 일반적인 견해로는 알 수도 없고 볼 수도 없을 뿐 아니라 현상계의 물리적 작용으로 나타낼 수 없는 차원 높은 내용이다. 더구나 비현상계의 공간보다 훨씬 높은 차원에서 이루어지는 기운 변화작용의 상(象)을 설명한 것이므로 정신적으로 높은 공부 위상의 직관으로 우주 정보의식을 받아들일 수 있어야 이해할 수 있는 글이다.

천부(天符)라는 글자의 의미 그대로 우주의식, 즉 하늘의 뜻을 담고 있는 글로서, 우주 자연의 법칙과 섭리, 그리고 우주 형상을 세밀하게 설명해 놓았다. 특히 우주와 인간의 관계가 아주 중요하다는 것을 나타낸 글로서, 우주의식인 하늘, 그것을 작용하는 삼신은 인간과 떼려야 뗄 수 없는 불가분의 절대적 관계임을 강조하고, 그 의미를 깊이 있게 설명하고 있다.

즉, 우주 자연의 의식인 하늘의 뜻을 작용할 수 있는 조건의 세 가지 요소를 삼극이라 하는데, 이 우주의 세 가지 핵심 요소인 삼극은 생명 잉태와 만물생성의 절대적인 주역이므로 삼신이라고 표현하는 것이 당연함을 설명하는 것이다.

특히, 인간은 천 · 인 · 지(天 · 人 · 地) 삼신 중에서 삼신의 작용이 조화롭게 이루어지도록 중심 역할을 함으로써 우주를 영원히 존재케 하는 막중한 소명을 지니고 있음을 알게 하는 것이다. 그러므로 인간은 생명의 존엄성을 지키면서 영적, 도덕적 관념을 고취해 우주 자연의 법칙과 우주 자연의식인 하늘의 의미를 바르게 이는 삶을 영위하고, 나아가서는 홍익인간의 이념을 제대로 갖추어야 함을 깨우쳐 주는 경전이다.

다시 말해서 천부경의 핵심은 현상계의 물리적 작용으로 나타낼 수 없는 고차원의 '무'라는 영성적 공간에서 우주의 핵심 요소인 원 · 방 · 각 삼극으로 이루어진 우주 형상을 표현하고 있다. 그리고 우주의 원리를 설명하면서 우주와 인간과의 관계성을 삼신, 즉 천 · 인 · 지라는 세 가지 핵심 요소의 작용을 우주 부호 같은 글과 숫자로 나타낸 것이다. 우주 경영의 작용 주체를 삼신으로 강조하고, 삼신은 인간을 통해서 우주 경영을 원활하게 하는 것이므로, 인간에게는 중요한 소명이 주어져 있음을 알게 하여, 절대 잊지 않기를 암시하는 글이다.

또한, 영과 만물의 생성 과정을 압축 표현하고 있는 것이 이 시대에서는 주목해야 할 내용이다. 그러므로 일반의 천부경 해석은 대부분 태극 상태의 음양 오행작용의 원리 범주에서 꿰맞추기식 해석을 함으로써 앞뒤를 맞추지 못해 해석이 우왕좌왕하는 느낌을 받지 않을 수 없는 것이다.

천 부 경(天 符 經)

일시무시일 석삼극 무진본(一始無始一 析三極 無盡本)
천일일 지일이 인일삼(天一一 地一二 人一三)

일적십거 무궤화삼(一積十鉅 無匱化三)
천이삼 지이삼 인이삼(天二三 地二三 人二三)

대삼합 육생 칠팔구(大三合 六生 七八九)

운 삼사성환오칠 일묘연 만왕만래 용변 부동본

(運 三四成環五七 一妙衍 萬往萬來 用變 不動本)

본심 본태양 앙명 인중 천지일(本心 本太陽 昻明 人中 天地一)

일종무종일(一終無終一)

2. 천부경 해석

아래와 같이 천부경을 설명한 내용은 높은 공부의 위상에서 직관으로 받아들인 하늘의 메시지를 최대한 알기 쉽게 표현한 것이다.

1) 우주 형성과 작용 원리, 그리고 삼극(三極)

일시무시일 석삼극 무진본(一始無始一 析三極 無盡本)
천일일 지일이 인일삼(天一一 地一二 人一三)

천부경의 시작과 끝에서 표현한 일시무(一始無), 일종무(一終無)는 우주가 끝도 시작도 없이 영원히 반복 순환하는 대단원임을 전제한 것이다. 그리고 하나의 대단원인 우주를 일(一)로 나타냈는데, 이것은 '무극(無極)'을 일컫는다. 우주인 무극은 '무(無)'라는 우주 형상의 조건에서 이루어지는데, 이런 무극이 기운 변화작용을 하려면 세 가지 궁극의 핵심 요소가 이루어져야 한다. 그래야 아무리 많이 작용해도 그 근본이 없어지지 않는다.

세 가지 궁극의 핵심 요소를 천·지·인 삼극(三極)이라 하는데, 그 각각은 하나의 독립된 개체로서, 그 하나하나의 역할이 위중하므로 천일(天一), 지일(地一), 인일(人一)이라 표현했다. 우주 공간의 위계질서에 따라 이루어지는 순서는 천(天)이 첫 번째라 천일일(天一一), 지(地)가 두 번째라 지일이(地一二), 인(人)이 세 번째라 인일삼(人一三)이라 했다.

(1) 일시무시일(一始無始一), 석삼극 무진본(析三極 無盡本)

① 무(無)의 형성

끊임없이 팽창해오던 우주 공간이 1경 *km* 정도의 크기가 되었을 때, 우주의 절대의식을 작용하는 성령(聖靈)의 능력은 완숙하게 발휘된다. 그리고 절대의식에 감응된 '능(≈)'은 아주 빠르고 정교한 움직임으로 바뀌어 우주 공간의 모양새를 나타내는 은빛 무리의 '테'를 이룬다. 그 것을 '운(運)'이라 하는데, '운(運)'이라는 은빛 무리의 테를 이룬 우주 공간에는 모든 상황이 더 정교하고 더 강하고 빠른 움직임의 상황으로 전개된다. 이런 상황에서 '능(≈)'은 기(气)로 변하여 존재에 대한 필요충분조건의 궁극적 삼 요소, 즉 삼재(三才)인 민·위·낭(사랑·생명·지혜)이라는 자연의식 '짐'을 아주 높은 수준의 의식으로 성숙시킨다. 그뿐만 아니라, 삼재에 더 강한 기(气)가 충만 되면 기운의 상(象)인 원·방·각(○·□·△)이 이루어지고, 더 나아가 강하고 세밀한 기운 변화작용이 일어난다. 그 변화작용은 원·방·각을 입체로 만들어, 하나로 조합된 완벽한 우주 형상을 이룬다. 이 우주 형상을 '무(無)'라 한다.

② 일(一)과 삼극(三極)의 생성

우주 형상 '무(無)'가 이루어지면, 그 안에서 기운 변화작용하던 모든 정보의식은 자연스럽게 우주 형상 '무'의 중심으로 모여든다. 이렇게 모여든 정보의식들은 궁극의 한 점으로 응축되었다가 폭발하고 팽창하여, 무 안에서 특별한 하나의 공간을 이룬다. 이 공간을 '무극(無極)'이라 하는데, 비로소 '참 우주'가 생성된 것이다. 그래서 하나의 대단원인 우주, 무극을 일(一)로 표현한 일시무(一始無)는 무극이 무 안에서 생겨났다는 표현이다.

　무극이라는 이 공간은 우주의식이 작용하는 순수한 대단원으로서, 그 공간에는 기운의 응축과 팽창이 끊임없이 일어난다. 그 작용의 영향으로 자연의식 '짐'의 삼재가 완전하게 성숙하여 '천·지·인' 삼극으로 격상된다. 이렇게 생성된 삼극(三極)은 우주를 영원히 존재케 할 수 있는 궁극적 핵심 요소로서, 생명을 잉태하고 만물을 생성할 수 있는 능력이 주어져 있다.

　따라서 위 문장에서 표현한 '시일(始一)'은 우주의식을 변화작용 시키려는 것으로, 그렇게 하려면 대단원인 하나가 '석삼극(析三極)', 즉 세 가지 궁극의 요소로 나뉘어 조화되어야 한다. 그래야 '무진본(無盡本)', 즉 아무리 변화작용을 많이 해도 그 근본이 다하지 않는다는 것이다.

③ 하나(一)는 체(體), 삼(三)은 용(用)

　우주를 개괄적(槪括的)으로 표현할 때는 영원히 반복 순환하는 대단원이라 하고, 상징적이면서 함축적인 의미로 표현할 때는 한 점(·) 또는 하나라고 한다. 우주가 의식을 변화작용하지 않고, 있는 그대로의 상태를 상징적이면서 함축적인 의미로 나타낼 때는 하나(일: 一)라고 하는데, 의식을 변화작용하려면, 하나 그대로의 상태에서는 작용할 수 없고, 하나가 세 가지 궁극의 핵심 요소로 나누어져 조화를 이룬 상태인 삼극(三極)이 되어야 의식 변화작용이 가능하다. 그래야 의식 변화작용을 아무리 많이 해도 그 근본이 다하지 않고 그대로 유지되면서 영원히 반복 순환할 수 있다.

　우주가 하나의 대단원이라 함은 의식의 체(體)가 되고, 궁극의 삼(三)

요소인 삼극이라 함은 의식을 변화작용하는 용(用)이 된다.

일시무시일에서 앞의 '일'은 무의 무극 안(중심)에서 응집된 한 점은 팽창되어 우주의 뜻과 원리를 펼 수 있는 하나의 대단원을 말하는 것이고, 뒤의 '일'은, 시작하는 일은 하나 그대로에서는 작용할 수 없고, 삼극으로 나누어져야 가능하다는 것이다. 즉 무극이라는 하나는 황극, 태극, 중극을 나타내는 삼극이 생성되어야 작용이 가능하다. 이 삼극은 인간의 탄생과 삶의 조건을 위한 것이다. 이 삼극이 작용해야 우주의 근본이 그대로 유지된다. 이런 생성과 작용이 없었기 때문에 우주가 다섯 번이나 소멸하는 과정이 있었다.

(2) 천일일 지일이 인일삼(天—— 地—二 人—三)

① 독립적 개체 강조

우주 형성 과정에서 존재에 대한 궁극적 세 가지 의식인 민 · 위 · 낭(사랑 · 생명 · 지혜)이라는 삼재를 '짐'이라 하는데, 이것이 성숙하면 기운의 상(象)인 원 · 방 · 각이 이루어진다. 이것은 우주 형상 '무'가 형성되고, 그 안에서 무극이 생성되면, 삼재는 우주의식을 구체적으로 작용할 수 있는 천 · 지 · 인 삼극으로 격상된다. 이 위상에서는 우주를 영원히 존재케 할 수 있는 궁극적 핵심 요소가 되어, 생명을 잉태하고 만물을 생성할 수 있는 능력을 갖춘다. 그리고 삼극의 천 · 지 · 인 각각은 독립 개체로서 작용할 수 있는 조건도 갖춘다.

위 문장에서 '천일(天一), 지일(地一), 인일(人一)'은 천 · 지 · 인 각각이 하나의 독립 개체로서 위대하고 중요한 능력을 갖추고 있음을 강조한 것이다.

② 우주 공간의 위계질서

우주 형성 과정에서 존재에 대한 필요충분조건으로 생성된 '짐'은 '사랑'이라는 총괄적 의미를 함축하고 있는데, 궁극적 세 가지 핵심 요소인 삼재의 '민(사랑)'은 사랑을 베푸는 것이고, '위(생명)'는 사랑을 품어 간직하는 것이고, '낭(지혜)'은 사랑을 실천하는 것이다. 따라서 우주 공간의 위계질서에 따라 민, 위, 낭의 순으로 나타났다. 그러므로 삼재의 의식이 성숙하여 위상이 격상된 천·지·인 삼극도 천(天)이 제일 먼저고, 지(地)가 그다음이고, 인(人)이 마지막이 된다.

위 문장에서 표현한 '천일(天一), 지이(地二), 인삼(人三)'은 우주 공간의 위계질서에 따라 나타난 순서를 뜻한다.

참고로 표현해보면, 천·지·인이 각각 신성의 절대능력을 발휘하게 되는 궁극의 작용 상태일 때, 이를 원·방·각으로 나타내면 입체 도상이 된다. 즉 천(天)은 원(○ : 구球), 지(地)는 방(□ : 정육면체), 인(人)은 각(△ : 사각뿔)으로 표현한다.

2) 궁극적 변화 원리와 성(性)의 생성

일적십거 무궤화삼(一積十鉅 無匱化三)
천이삼 지이삼 인이삼(天二三 地二三 人二三)

대삼합 육생 칠팔구(大三合 六生 七八九)

(1) 일적십거 무궤화삼(一積十鉅 無匱化三)

위 문장을 직역하면, 하나하나가 차곡차곡 쌓여 무한하고 거대한 십
거(十鉅)가 되었다 하더라도 그 상태가 다가 아니고, 끝이 아니라 '자연
의 궁극적 변화 원리'에 따라 초기 상태인 삼(三)이라는 원점으로 돌아
간다는 것이다.

위 문장을 다시 의역해보면, 우주의식을 작용하기 위해 삼극의 세 요
소가 하나로 잘 조화되어 있어야 한다. 하지만 필요에 따라 그 각각은
천일(天一), 지일(地一), 인일(人一)이라는 독립 개체로서, 각 개체가 우주
의 절대의식을 작용하는 경우가 있다. 각 개체는 그렇게 할 수 있는 조
건을 충분히 갖추고 있다는 것이다.

그래서 위 문장에서 표현한 '일(一)'은 천(天), 지(地), 인(人) 각각이 독
립적 개체로서, 각 개체가 스스로 절대능력을 발휘할 수 있는 조건을
갖추고 있음을 나타낸다. 이 능력이 점점 커져 '십거(十居)'라는 상태, 즉
절대적 능력을 무한하게 발휘할 수 있는 최고의 존재가 되었다 하더라

도, 그게 다가 아니고, 끝이 아니라 '자연의 궁극적 변화 원리'에 따라 원점으로 돌아간다는 것, '화삼(化三)'이다. 원점은 우주가 형성되는 초기의 과정에서 생성된, 존재에 대한 개체 본성의 세 가지 공감의식 '민·위·낭'이다.

이 문장의 의도는 삼극의 천·지·인 각각이 아무리 초월적 경지에 도달했다 해도, 자연의 섭리에 따를 수밖에 없다는 것을 강조했다. 그러므로 누구도 자연 앞에서 거만하거나 교만해서는 안 되고, 오로지 진솔하고 겸손해야 하며, 특히 삼신의 성령을 지니고 태어나는 인간은 자신의 노력 여하에 따라 삼신이 지닌 초월적 능력을 발휘할 수 있다. 그러나 그런 조건이 되었다 하더라도 절대 거만하거나 교만해서는 안 되고, 진솔하고 겸손한 언행의 겸양지덕을 갖추어 오만에 빠지지 않도록 해야 한다는 경고성 내용이다.

(2) 천이삼 지이삼 인이삼(天二三 地二三 人二三)

우주 형성의 과정과 원리에서 설명한 것처럼, 우주가 형성되는 과정에서 생성된 우주의식 즉, 하늘(천신: 天神)에는 시간의 흐름에 따라 음·수라는 두 가지 성질이 생성되는 의식의 변화가 일어난다. 우주의식의 두 가지 성질인 음·수를 성(性), 즉 '신성(神性)'이라 한다.

위 문장에서 표현된 '천이(天二), 지이(地二), 인이(人二)'는 독립개체로서, 존재되는 천(天), 지(地), 인(人)의 의식 각각에 음·수라는 두 가지 성질, 즉 신성이 들어있음을 말한다.

문장의 끝에 표현된 '삼(三)'은 천(天), 지(地), 인(人) 각각에는 삼극이라는 우주의 핵심 삼 요소 천·지·인이 내포되어 있다는 뜻이다. 이는 우주의 구조가 프랙탈 상태로 이루어져 있음을 설명한 것이다.

우주는 미시적인 작은 부분이 거시적인 전체를 닮는 자기 유사성을 가지면서 동일한 상태로 한없이 반복되는 순환성을 보이는 프랙탈(fractal) 구조로 이루어져 있다는 것을 나타낸 것이다. 프랙탈 구조는 현상계의 물질 부분에서 잘 나타나고 있는데, 특히 세포는 대표적인 구조이다.

(3) 대삼합 육생 칠팔구(大三合 六生 七八九)

우주의식인 하늘, 즉 천신(天神)에는 음·수라는 두 가지 성질이 있는데, 이를 '성(性)', 즉 '신성(神性)'이라 한다. 그리고 우주의식을 작용하는 근본적인 삼 요소 천·지·인을 '대삼'이라 한다. 이는 절대능력을 발휘하는 조건을 갖추고 있으므로 '삼신(三神)'이라고도 칭한다.

삼신의 삼 요소 천·지·인 각각에도 음·수라는 두 가지 성질이 들어 있다. 그것을 개별로 나타내면, 천음(天音), 천수(天數), 지음(地音), 지수(地數), 인음(人音), 인수(人數)라는 각기 다른 여섯 가지 성질이 된다. 이를 모두 합하면, '육(六)'이라는 특별한 성질로 조합된다. 이렇게 특별한 성질로 조합된 육(六)을 '영(靈)', 즉 '성령(聖靈)'이라 한다. 다시 말해서 신성(神性)의 여섯 가지 성질이 합해져 잘 조합되면, 육(六)이라는 특별한 성령이 생성된다는 것이다.

이때 육(六)이라는 특별한 성령은 영의 완성체로서 기운의 상(象)으로 나타내면 정육면체가 되고, 생명(영: 靈)을 잉태시킬 수 있다. 또 물질의 결정체 역할을 할 때는 기운의 상(象)이 육각형이 되고, 물질을 생성하는 근원이 된다. 이때 육(六)은 물성 의식을 일으켜서, 물질 요소를 끌어모으는 '칠(七)'을 시작으로 성분을 구성하는 '팔(八)'과 형태가 이루어지는 '구(九)'를 거쳐 물질이 생성된다.

삼신은 우주의 생명을 잉태시키고, 만사만물을 생성하는 절대적 능력을 발휘하는 것이다.

3) 우주 형상의 형성과 인간의 탄생

운 삼사성환오칠 일묘연 만왕만래 용변부동본
(運 三四成環五七 一妙衍 萬往萬來 用變不動本)

우주 형성 과정을 참고해보면, '태허'라는 자연 공간에서 존재에 대한 개체 본성 '짐(민·위·낭)'의 의식이 더 강하게 발현되어 시간과 공간이 잘 짜인, '허공'이라는 새로운 자연 공간이 생성된다. 그리고 시간이 지남에 따라, 이 허공의 '짐'에는 자연의 법칙과 섭리를 지닌 자연의식이 갖추어지는데, 이것을 '하늘' 또는 '신'이라 한다.

이 상황에서 공간의 팽창이 1만 년 동안 진행되면, 허공의 크기는 직경 1조 *km*가 되고, 하늘 또는 신(神)의식에는 '성(性)'이라는 두 가지 성질의 음·수가 생성된다. 이 두 성질이 '민·위·낭'의 각각에 내포되어 여섯 가지의 특성으로 나타나는데, 이것이 잘 조합되면 자연의식을 작용할 수 있는 체계인 '영'이 생성된다. 이것을 경외심을 가지고 높여 부르면 '성령'이라 한다. 성령의 작용 능력이 완숙하게 발휘되는 시점에서는 오재까지 내포된 상태가 된다.

이 시점에서 허공이라는 자연 공간의 팽창이 1만 년 더 진행되면, 공간의 직경은 1경 *km*가 된다. 이때가 되면, 허공 속에서 세밀하게 움직이던 '능'은 더 빠르면서 정교해지는 모양새가 되는가 하는데 어느새, 절대의식에 감응되어 공처럼 둥근 은빛 무리의 테를 이루게 된다. 공처럼 둥근 은빛 무리의 테가 이루어진 허공에 시간과 공간이 확실하게 짜인 상태를 '운(運)'이라 한다.

위 문장에서 표현된 '운(運)'은 그렇게 이루어진 허공을 두고 말한 것이다.

위 문장의 '운 삼사성환오칠(運 三四成環五七)'은 '운(運)' 속에서 '삼사(三四)'라는 사각뿔이 정육면체인 육(六)을 의미하는 '오칠'과 여섯 방향으로 연결되어, 고리 모양으로 결합한 원자 집단 같은 '환'을 이룬다는 것이다.

여기서 표현된 삼(三)은 우주의 핵심이고 근본인 천·지·인 대삼(大三)을 말하는 것이고, 이는 삼신(三神)이라고도 한다. 삼신은 우주라는 본체(本體: ○)에서 의식을 변화작용할 수 있는 확고한 핵심 삼 요소로 자리매김이 되어, 무너지지 않고 변하지 않는 항상성(恒常性)을 지니게 된다. 이것을 도형으로 나타내면 삼각형(△)이 된다. 다시 말해서 위 문장에서 표현된 삼(三)은 대삼(大三), 삼신(三神), 삼각형(△)을 의미하고, 사(四)는 네 방향, 즉 사방(□)을 의미한다.

그러므로 '운 삼사'는 운이라는 공처럼 둥근 빛무리의 회전 속에서 삼이 사방으로 돌아가 사각뿔 형상을 이룬다는 것이다. 이 사각뿔의 의미는 삼신의 지혜를 네 방향에서 빈틈없이 모아 최고의 지혜를 발휘하

우주 형상

는 조건을 말하는 것이다.

　이 사각뿔이 오칠(五七)과 성환(成環)된다는 것은, 사각뿔이 정육면체 오칠과 여섯 방향으로 조합되어 고리 모양의 환(環)을 이룸으로써, 비로소 구체적인 우주 형상이 되는 것이다.

　여기서 오칠(五七)이 육(六)이라는 정육면체가 된다는 의미는, 오(五)는 우주의식, 즉 영성의식의 완성 단계를 말하는데, 여기서 더 나아가 영

(靈)이라는 구성체를 이루면 육(六: 정육면체)으로 표현한다.

영이라는 구성체가 된 육(六)은 동시에 물질의 기초 결정체 역할이 됨으로써 칠(七)을 생성하여 물성의식의 작용이 이어지게 하고, 따라서 물질이 생성된다. 그러므로 육(六: 정육면체)은 오(五)와 칠(七) 사이에서 '중(中)'의 역할, 즉 이쪽에도 영향을 주고 저쪽에도 영향을 주어, 영성과 물성의 균형과 조화를 이루는 중요한 요체가 된다.

'일묘연 만왕만래 용변(一妙衍 萬往萬來 用變)'은 구체적인 우주 형상의 조건이 이루어지면 미묘한 한 알(◉)의 빛 기운, 즉 기(氣)가 우주 중심에 생성되어 팽창되면서 무한한 기운 변화작용을 일으킨다는 뜻이다. 이 상황에서 황극을 이루고, 태극과 중극을 이룬 뒤, 이어서 현상계가 이루어진다는 것이다. 그리고 태양계가 만들어짐으로써 만사만물이 이루어지고 인간이 탄생한다는 것이다.

'부동본(不動本)'은 무한한 기운 변화작용과 만사만물을 아무리 많이 이루어도 우주 형상의 근본은 변하지 않는다는 것이다.

'운'이라는 은빛 찬란한 우주의 '테' 속에서 '무'라는 우주 형상이 완전하게 이루어지면 기(氣)가 생성되어 만사만물이 생성되는 충분한 조건을 갖추게 된다. '무' 안에서 무극이 이루어지고, 무극 안에서 황극, 태극, 중극이 이루어진다. 이렇게 완벽하게 이루어진 상태를 온전한 '우주'라 한다.

4) 인간의 엄중한 역할과 소명

본심 본태양 앙명 인중 천지일(本心 本太陽 昻明 人中 天地一)

이 문장에서 강조하려는 핵심 의도는, 우주라는 대단원 안에서 하늘과 인간의 관계성이 얼마나 크고 깊은 것임을 알게 하는 것, 그리고 인간의 위상과 역할이 얼마나 높고 중요한 것인가를 알게 하려 한 것이다.

위 문장의 '본심(本心)'은 인간의 마음을 나타낸 것으로서, 하늘의 성령으로 이루어졌고, '본태양(本太陽)'은 우주의 마음을 나타낸 것으로서, 태양을 통해 하늘의 뜻이 펼쳐지고 있다는 것이다. 그런 면에서 볼 때, 본심과 본태양은 하늘의 영향 아래 있다는 공통적인 조건을 갖고 있으며, 또한 이 둘의 특성은 문장에서 표현한 것처럼, 밝은데 더 밝아지려고 애를 써야 한다는 '앙명(昻明)'이다. 즉, 항상 순도 높은 밝음을 드높이려고 애를 써야 한다는 것이다. 특히, 인간은 마음을 가다듬는 노력을 열심히 하여, 문장의 '인중 천지일(人中 天地一)'에서 표현한 것처럼, 천(天)과 지(地)와 인(人)이 조화롭게 하나 되는 조건이 되도록 중(中)의 역할을 잘해야 한다는 것이다. 인간은 어떤 상황과 조건에서도 천인지가 떨어질 수 없는, 조화된 하나가 되게 함으로써 우주를 영원히 존재하게 해야 한다는 것이다.

인간은 이렇게 되기 위한 노력을 끊임없이 해야 한다는 지고(至高), 지대(至大)한 소명을 띤 것이고, 그것은 맑고 밝은 빛의 순수한 기운을 지향하여 영성을 드높이는 것이다.

5) 종결

일종무종일(一終無終一)

위 문장을 직역하면, 우주의식, 즉 하늘이 수없는 변화작용을 일으키
고 다시 하나로 돌아왔다 해도 그것으로 끝나는 것이 아니고, 끝날 수밖
에 없는 궁극적 상황에 처한 하나는 또 다른 시작을 의미하는 것이다.

우주를 상징적이고 함축적인 하나(一)로 표현하는 것은, 우주의식 변
화작용이 끝인가 싶으면 새로운 시작이고, 시작인가 싶으면 끝을 의미
하는 연속선상의 원만한 대단원(○)의 상태를 말하는 것이다.

우주의식의 순환작용은 시작이라고 시작이 아니고, 끝이라고 끝이
아니다. 우주는 전체이면서 하나이고, 하나이면서 전체를 수용하고 있
는, 시작도 끝도 없이 영원히 순환하고 있는 대단원이다.

3. 천부경의 핵심 메시지

첫째, 우주에는 인간과 불가분의 관계로 존재하며, 인간에게 미치는 영향이 절대적인 하느님, 즉 삼신이 계심을 알고 가슴에 새겨둘 것을 강조하는 것이다.

우주에는 자연의 섭리인 궁극의 변화에 따라 공허로부터 우주의식, 즉 하늘, 신이 생성되는데, 이 의식을 변화작용시켜서 강화하고 상승하게 하려면 핵심 요소인 천·지·인 삼극으로 분화되어야 한다. 삼극의 각각은 우주의 절대의식과 능력을 지니고 있어 신으로 표현하므로 '삼신'이라 한다.

둘째, 인간은 현상계에서 활동하는 데 필요한 몸이라는 형상을 이루면 하늘로부터 부여되는 성령이 깃듦으로써 생명이 잉태되어 세상에 태어난다. 그러므로 생명의 주체가 영혼임을 확실하게 알고, 그 영혼 속에 담겨 있는 우주의 진리, 자연의 법칙을 지혜롭게 발휘할 것을 강조하는 것이다.

신의식의 기운 변화작용에서 나타나는 파동은 음(音)을 일으키고, 파동이 지나간 흔적은 상(象)을 이루어 수(數)가 된다. 천·인·지(天·人·地) 삼신에는 각각 의식을 작용시키는 두 가지 요소인 음·수가 이루어져 있는데 그것을 '신성'이라 한다.

우주의 핵심인 '대삼(大三)', 즉 천·인·지 삼신은 각각 특유의 맛을 지닌 음수를 갖추고 있는데, 그것을 모두 합하여 잘 버무리면 독특한 맛을 내는 체계가 이루어진다. 그것을 '영(靈)'이라 하고 '육(六)'으로 표현한다.

4. 천부경과 최치원 선생

2017년 3월의 자연과의 대화는 계룡산 산행 및 기운 조정으로 계획하였다. 2017년 8월에 러시아 바이칼로 해외 기운영을 가기 전, 대한민국의 정치와 사회 전반에 악영향을 미치고 있는 계룡산 영가 세력을 정리하기 위해서였다. 그곳의 지리도 파악할 겸 영가 배치 상황을 자세히 살펴보는 과정에서 '계룡산 연천봉' 헬기장에 최고의 산신령인 격암 남사고 선생을 중심으로 한 160명의 영가가 있다는 사실을 알게 되었는데, 그들은 나라의 안위를 염려하며 입산수도하다가 돌아가셨다는 사실도 알게 되었다.

격암 남사고 선생은 천문, 지리, 역학, 풍수 등 모든 분야의 학문에 거의 통달했던 학자였는데 특히 예언가로서 널리 알려진 유명한 분이었다. 그의 저서 중에는 「격암유록」이라는 유명한 예언서가 있어 지금도 널리 인용되고 있다. 그런데 그가 예언하게 된 동기는 어느 날 큰 도인이 나타나서 모든 내용을 알려준 것이다. 그러나 그 자신은 큰 도인이 누구인지 몰랐다.

메시지에서는 큰 도인이 고운 최치원 선생이라는 것이다. 신라 시대의 최치원 선생이 국가의 위상을 높이고 고대 한민족의 위대성을 회복하라는 소명을 다하지 못한 죄책감 때문에 죽어서도 어떻게 해볼 생각으로 기나긴 세월 동안 기다리다가, 조선시대의 남사고 선생에게 국가 명운에 대한 예언을 충분히 암시해준 것이었다. 그리고 격암 남사고 선생이 계룡산 연천봉에서 우리와 만나면 제시해줄 증표가 있다고 했다. 무엇인지는 모르지만 아마 최치원 선생과 관련된 내용일 것으로 생각했다.

2017년 3월, 정상을 약 50m 남겨 두고 오른쪽으로 조금 돌아가니 계룡산에서는 보기 드문 꼿꼿하게 바로 선 소나무 한그루가 의미심장하게 서 있었다. 보기엔 연륜이 오래되어 보였지만, 그다지 크지 않고 아주 다부져 보였다. 증표가 돌에 글 새김 형태나 특정 형태일 것으로 선입견을 갖고 검진한 탓인지 경사진 검진 장소에서 등산지팡이와 나뭇가지를 이용해 땅을 한참 동안 헤집어 보았지만, 아무것도 보이지 않았다. 검진의 오류로 생각하고 일행과 함께 묵연과 검진을 해보는 그 순간, 이 장소가 격암 남사고 선생이 계룡산에 들어와서 집중 수련한 곳이고 수련하는 동안 고운 최치원 선생을 만나서 조선이 처한 어려운 상황과 앞으로 진행되는 여러 가지의 나쁜 일들을 여러 차례 들었던 곳이라는 직감이 들었다. 남사고 선생은 최치원 선생인 줄 모르고 어느 큰 도인으로 생각했던 것이었다.

연천봉 정상의 넓은 바위에는 사자성어 두 문구가 새겨져 있었는데 언제, 누가 새겼다는 기록은 없었다. 오랜 시간 비바람에 할퀴어져 지워진 글자도 있었지만, 미리 만들어 놓은 표지판이 있어 글자와 내용을 이해할 수 있었다.

'방백마각 구혹화생(方百馬角 口或禾生)'의 설명은 방(方)은 사(四)를 의미하고 마(馬)는 오(午)를 말하는데 이는 80을 의미하고, 각(角)은 동물의 뿔 두 개를 의미하므로 482라는 수를 암시하는 것이다. 구(口) 안에 혹(或)이 들어가면 국(國)이 되고 화생(禾生)은 이(移)의 옛 글자이다. 그러므로 조선은 482년 후에 나라가 망한다는 뜻을 암시해 놓은 것이다.

이 글에 대한 궁금증이 생겨 깊은 묵연 후 검진을 해보니 이 또한 고운 최치원 선생과 연관된 것이었다. 조선을 건국한 태조 이성계가 무학 대사와 함께 계룡산에 와서 도읍을 정하고 1년간 건설하는 도중에 이 장소의 도읍은 나라가 빨리 망한다는 무학 대사의 현몽 때문에 한양으로 옮겼다는 이야기가 있었다고 한다. 그런데 무학 대사의 직접적인 현몽이 아니고, 그 당시의 등운사 주지 스님이 한 도인(고운 최치원 선생)으로부터 나라가 빨리 망한다는 말을 전해 듣고 무학 대사에게 일러주었던 것으로 검진되었다. 고운 최치원 선생은 자신이 알고 있는 미래의 우리나라 국운 상승과 세상을 구원할 구세주에 대한 예언을 그 주지 스님의 작은 그릇에 담아주지 못하고 격암 남사고 선생을 기다렸다가 알려 주었던 것이다.

최치원 선생은 이 세상에 태어나면서 받았던 하늘의 소명, 옛 한민족의 국가를 복원하고 국운을 회복하는 것을 이루지 못하고 지식의 명예에 안주하고 있었던 자신을 탓하며 늦게라도 소명대로 해보려고 노력했지만, 그 당시 신라의 정치와 종교 세력에 부딪혀 뜻을 이룰 수 없다는 결론을 내고 합천 가야산으로 들어갔다가 얼마 후에 어디론가 종적을 감추었다고 한다. 검진해 본 결과 그는 말년에 가야산을 떠나 부산시 서구 암남동 혈청소 부근에서 최씨 집안의 도움으로 은거하다가 선생의 나이 59세 때인 10월 7일 15시경에 홀로 죽음을 맞은 것으로 나타났다.

죽은 후에도 자신의 소명을 이행하기 위한 일환으로 시대를 뛰어넘어서까지 남사고 선생에게 예언을 남긴 것이다. 예언의 핵심 내용은 대

한민국의 미래를 넘어서 앞으로 닥칠 인류 멸망의 위기를 넘길 수 있는, 전 세계 인류를 위한 21세기의 구세주에 대한 것이었다.

최치원 선생은 천부경과 관련 있는 우리 공부가 시작되었을 때인 2003년, 최치원 선생의 발자취를 남긴 해운대 동백섬을 기운영 장소로 지정[1]하면서 우리와 인연을 맺게 되었다. 그리고 천부해인우주의가 세상 밖으로 나온 2011년, 묵연 속에서 뚜렷이 모습을 보여주는 바람에 암남공원에서 오랫동안 기거한 것을 메시지로 알게 되었다. 최치원 선생이 나에게 나타난 모습은 관복을 입고 당당했다. 키는 작고 약간 가분수 형태이며, 네모진 얼굴에 눈이 작고 입은 다부졌다. 묵연 속에서 차렷 자세로 고개를 들고 비행하는 상태로 날아왔다.

그리고 2015년 3월 15일, 한민족의 부흥이 먼 훗날 도래할 것이라는 예감을 갖고 부산을 은신처로 삼았다는 그를 찾아가서, 오랜 시간 대화를 나누었다.

최치원 선생과 기운 교류를 해보니, 그는 천부경의 의미와 내용에 대해 확실하게 알지 못하고 있었다. 천부경의 내용을 묻는 것을 오히려 의아해하며 '네가 더 잘 알고 있지 않느냐?'고 반문하는 표정을 지었다.

'천부경은 우주의 원리다. 우주와 인간이 적극적인 유대가 되어 있고, 인간이 하늘의 뜻에 따라서 세상을 바르게 살아갈 수 있게 하는 지침서이며, 우주의 형상을 나타내는 구체적인 설계도이다.'라고 설명하자 굉장히 감명 깊게 받아들였다. 그리고 자신이 살았던 시대상이 천부경을 연구할 수 있는 사회적, 국가적 분위기가 되지 못했음을 매우 안타

---

1 2003년 3월 30일, 동백섬을 기운영 장소로 지정했다.

까워하였다. 최치원 선생을 다음 세상에서 다시 태어나 못다 피운 재능을 한껏 발휘할 수 있도록 순수영계의 윤회계로 천도해 드렸다.

2020년 2월 13일(목), 기운정리를 끝낸 후 묵연을 했는데, 마음속 깊이 잠재되었던 많은 내용이 떠올라 머리에서 전개될 정도로 깊이 들어갔다. 그 중, 특이한 것은 최치원 선생과 천부경에 관련된 내용이었다.

20년 전에 읽었던 천부경에 관한 책, 최치원 선생의 발자취를 남긴 해운대 동백섬을 기운영 장소로 지정하는 '자연과의 대화', 천부경의 뜻을 이해하려고 열심히 암송했던 일, 어느 날, 묵연 속에서 관복 차림을 한 최치원 선생이 날아와 정중한 모습을 뚜렷하게 보여주셨던 일, 암남공원에 계신다는 암시에 따라 최치원 선생의 영가를 찾아 대화했던 일, 녹도문자의 천부경 원본에 집착하여 억지를 부렸던 일 등이 주마등처럼 지나갔다.

그 뒤, 곧바로 '녹도문자의 천부경은 단군조선 중기에 한자로 번역되었고, 해석본 삼일신고(三一神誥)도 이 시기에 지어졌다. 이 번역본과 해석본은 고구려로 전해졌고, 고구려 초기에 참전계경(參佺戒經)까지 지어 삼대 경전이 되었다. 이것을 간직해온 고구려 유민이 신라로 돌아오는 최치원 선생을 기다렸다가, 천부경의 뜻을 물어보는 과정에서 묘향산 암벽에 글을 새겨놓고 연구를 했으나 깊은 뜻을 이해하지 못했다.'는 것을 메시지로 알려주었다.

녹도문자의 천부경을 한자로 번역한 사람이 최치원 선생이 아니니, 찾으려고 집착하지 말라는 충고로 느끼고 묵연을 끝냈다.

5. 해인도(海印圖)와 천부경

'해인도'는 인간의 생명과 밀접하게 연관된 우주 공간의 정보의식과 지혜를 회로공부를 통해 순수한 자신의 마음속에 충분히 담아 도상으로 펼치는 것이다. 회로공부를 통해 마음을 비우고 채우는 과정에서 이내 많은 정보와 지혜는 담아 놓았지만, 아직도 깊이 서려 있는 습독이나 업독의 불순기운 때문에 드러내지 못한 것을 지극한 믿음과 신념과 의지를 발휘하여 다시 태어나는 각오로 환골탈태하는 자신의 고행을 통해서 더 깊은 반성을 끌어내어 진정한 '나'를 찾음으로써 숨겨져 있는 우주 정보를 회로지에 펼치는 것이, 바로 해인도이다.

회로지에 나타나는 해인도의 상태는 그 사람의 역량이나 기운의 위상에 따라 차원이 다르게 나타나며, 해인도(海印圖)의 종류는 다양하다.

'인체 해인도'는 큰회로공부로도 완전하게 치료할 수 없는 깊고 중한 고질적인 병소를 해소함으로써 몸의 기능을 온전하게 회복시킨다.

'가정 해인도'는 가정의 어렵고 힘든 문제를 해결하고 자식들의 건강과 인생 진로가 순리대로 바르게 주어져서 화목한 가정을 이루게 한다.

'사회 해인도'는 자신이 갖춘 재능의 범위에서 사회와 국가를 위해 능력을 발휘하게 한다.

'세상 해인도'는 세상이 순리대로 돌아가게 하고 모든 인류가 평화롭게 살아가도록 능력을 발휘하게 한다.

'우주 해인도'는 하늘, 인간, 땅의 삼신(三神)을 확실하게 이해하여 세상과 인류와 만물을 위하고, 영원한 우주의 존재를 위해 하늘의 뜻을 세상에 펴는 능력을 발휘하게 한다.

큰회로나 해인도를 시작할 때, 전체 도상의 크기나 모양을 미리 구상하거나 예상을 전혀 하지 않는다. 어떤 내용이 어떻게 어우러질지 모르면서 그저 마음에서 우러나거나, 우주의식, 즉 하늘에서 주어지는 순수 기운의 정보의식을 회로지라는 평면 위에 그대로 받아 옮기는 것이다. 자신의 의도가 개입되지 않은 상태에서, 회로지 한 장 위에 올려놓은 볼펜을 쥔 손이 기운에 실려 돌아가는 대로 맡기는 것이다.

이것은 자신의 마음과 하늘에 대한 진정한 순종, 완벽한 순종, 그 자체이다. 순수기운이 전달된 그대로, 손이 뻗치면 뻗치는 방향대로 회로지를 붙이고, 또 붙여 나가는데 신기하게도 한 치의 오차도 없이 바르게 진행된다.

해인도는 일반 사람이 쉽게 접할 수 없고, 비밀스러운 우주의 정보가 해인도에 담긴 도형을 통해 나타낸 진기한 대화를 알 수 있다.

1) 천부해인우주 해인도(天)[2]

'하늘'을 의미하며 '천부해인우주 해인도'로 기술된 해인도의 '천부'는 하늘이 인정하는 사인(印)이다. 즉, 하늘의 큰 뜻을 함축한 우주 정보의식이, 세상의 만사만물에 넓게 펼쳐져 지혜를 얻을 수 있음을 나타낸다. '해인'은 우주 정보의식의 지혜를 크게 얻어 깨달음에 이를 수 있는 위상의 상태가 주어진 것을 말한다.[3] '우주 해인도'는 우주의 광대한

---

2 천부해인우주(하늘) 해인도/ 천부해인 하늘 해인도/ 천부해인우주 해인도(하늘)/ 천부하늘 해인도/ 천부(天) 해인 우주 해인도/ 천부해인우주 해인도 등 명칭이 다양하게 사용되기도 한다.

모양이 그대로 축소되어 평면 위에 나타난 것이다.

진솔한 마음자세가 갖추어진 상태에서 하늘과 교감하여 얻어진 우주 정보를 파란 볼펜을 통해 16절 회로지에 한 점 한 점 이어 모았다. 그런 16절 회로지를 수백 장 붙여서 약 $5m \times 5.5m$ 크기의 '해인도(海印圖)' 라는 평면 도상을 이루었다.

---

3 하늘의 뜻을 순수하고 진솔한 가슴으로 100% 받아들일 수 있는 상태가 되면 해인(海印: 성령)을 받게 되고, 더 나아가서는 해인(海人)의 위상으로 오를 수 있다.

1996년 4월 16일부터 진행된 하늘 해인도는 16절 회로지로 무려 670 장이 되었다. 그 안에는 우주 정보의식의 의도가 함축된 한 점, 한 점의 순수기운이 어우러져, 연결된 모양이 자를 대고 그린 것처럼 너무나 반듯한 도상으로 나타났다. 완성된 천부해인도(하늘)는 머릿속에서 미리 구상하고, 큰 종이도 미리 준비해 놓은 상태에서 그린 것이 아니다. 그저 16절지 위에 올려놓은 볼펜 쥔 손이 가는 대로 회로를 돌리고, 회로가 커지면 회로지를 하나하나 붙여 나간 것이다.

　하루에 거의 10시간 정도 매달려서 강행한 해인도가 약 1년 6개월 만에 끝났다. 결코 순탄하게 끝난 것은 아니다. 해인도 진행 과정에서 환자가 많이 늘어나는 것 자체도 방해였지만, 그보다 심했던 특별한 것은 신계 쪽에서 미인계를 쓰는 것이었다. 화장품을 방문 판매하는 마사지 아가씨들의 유혹, 영험하다고 소문난 여성 무당의 젊은 제자들이 찾아와서 함께 놀자는 유혹 등이었다. 한 번은 공부하는 선생님이 치료를 의뢰한 어떤 환자와 긴 시간 상담을 하는데, 에어컨 배수통의 물이 넘쳐 한쪽에 펴 놓은 해인도가 반 이상 젖어버린 일도 있었다. 회로지가 낱장으로 물에 둥둥 떠다니는 것을 주워 말려서 조심스럽게 새로 붙였다. 생각하면 어이없이 벌어진 꿈같은 일이었다. 그럼에도 불구하고 이렇게 완벽한 해인도가 완성되었다는 것은 하늘의 도움 없이는 이룰 수 없는, 신기한 일이었다.

　이 이후에는 가슴 벅차게 완성된 해인도의 의미가 궁금해졌다. '과연 어떤 내용이 함축되어 있을까, 나에게 계시하는 것이 있다면 그 뜻은 무엇일까?'라는 의문이 머리에서 떠나지 않았다. 그런데 회로공부를 하는 동안 하나둘씩 메시지가 들어와서 알게 되었고, 매년 발간하는 『해인지』[4]에 그 내용을 실었다.

　어느 날, 묵연 중에 '우주이다, '천부우주(하늘)해인도이다', '우주의 크기와 비례되어 있다'라는 메시지가 들어와서 우주의 실제 크기가 얼마나 되는지 검진해 보았다.

　"해인도로 이루어진 도상의 크기가 $5m \times 5m$라면, 우주의 크기는 $5m \times 5m \times 10^{20}$ 정도이다. 그리고 우주는 1963년도부터 이미 수축하고 있다. 우주가 최고로 팽창되었을 때의 크기는 $5m \times 5m \times 10^{22}$ 정도이고, 만약 이 상태에서 완전히 수축하였다면, 우주의 지름은 500억 km, 걸리는 시간은 500억 년이다."

　지금은 후천시대로 진입한 상태이고, 그 과정에서 우주의 자그마한 변화에도 지구는 크게 요동칠 수 있다. 이럴 때일수록 우리는 자연현상에 순종하는 자세가 되어야 우주의 사랑이 적용되므로 자연재해를 두려워할 필요가 없다. 그러나 인간의 오만이나 위선 때문에 한계 이상으로 피폐해진 지구가 스스로 곪은 부위를 도려내고, 정상으로 회복하려는 몸부림이라면 두려워해야 할 무서운 자연재해이다. 지금 이 시각에도 세계 도처에서 미묘한 자연재해가 일어나는 것을 두고 '나와는 상관없는 일이다.'라고 안일하게 생각한다면, 어느새 큰일을 당할지 모르는 위험한 처사라는 것이다. 우리 회로공부는 그 사실을 일깨워 주면서 대비할 수 있는 답을 제시해주는, 위대한 것이다.

4　해인지는 용천공심수련원에서 2002년부터 현재까지 매년 1회 발간되고 있다.

이 해인도의 의미는 한참 뒤에 알게 되었고, 그 의미에 따라 입체형상을 만드는데도 오랜 구상이 필요했다. 입체형상을 만들고 보니 원·방·각(○·□·△)이 잘 조화된 독특한 형상이 되었고, 이 형상은 전, 후, 좌, 우, 상, 하 어디에서 보아도 똑같은 모양으로 대칭을 이루고 있었다. 이 형상의 명칭을 '천부해인우주의(天符海印宇宙儀)'라 했다. 바로 '우주형상'이었다.

2) 땅과 세상 해인도(地)[5]

이 해인도는 '땅'을 표현한 것이다. 1999년 7월 16일 시작해서 2000

---

5 땅 지(地) 해인도/ 땅과 세상 해인도(地)/ 땅 해인도 등 명칭이 다양하게 사용되기도 한다.

년 11월경 마쳤다. 이 해인도 공부를 하기 전 1996년도에 마크를 만들었는데, 이 해인도를 공부할 때 해인도 복판에 우리 마크 모양이 드러났다. '세상에 이럴 수가 있나?' 하고 너무 놀랐다. 미리 계획하지 않고 회로 기운에 순응하면서, 기운이 감도는 손의 움직임에 따라 한 장씩 한 장씩 붙여 가면서 진행했는데 이런 모양이 되었다.

해인도 안의 'ㄹ' 모양은 어둠의 세상에 빛을 돌게 하는 것이다. 빛은 직선으로 다가오는 것이 아니고, 나선형 회전을 하면서 빠르게 다가오는데, 그것을 정면에서 보면 빛이 회전하는 통로가 이렇게 나타난다. 빛이 세상을 밝혀 놓은 기운의 흐름 상태가 우리 마크와 같다.

마크를 이용해서 오링 테스트를 해 보거나, 불순기운을 작용시켜 보면, 순수한 기운이 강하게 어우러진다는 것을 알 수 있으므로, 여기에는 불순한 기운이 존재할 수 없다는 것을 느낀다. 원래 세상은 불순한 기운이 존재하지 않아야 하는데, 지금의 세상은 인간들이 뿜어낸 사악한 기운 때문에 불순한 기운으로 꽉 차 있다.

3) 인간과 만물생성 해인도(人)[6]

'人'을 나타내는 천부해인도이다. 이 해인도는 2001년에 시작해서 2002년에 마쳤다. 해인도 안을 보면, 절 마크 같은 것이 있어 '만다라'가 아닌가 생각할 수 있다.

옛날의 만다라도 이런 해인도의 성격을 띠었다고 볼 수 있다. 그런데 지금의 만다라는, 모두 그려 내기 때문에 옛날의 만다라하고는 전혀 다

---

[6] 人 해인도/ 인간과 만물생성 해인도(人)/ 세상(인간) 해인도 등 명칭이 다양하게 사용되기도 한다.

르다. 만다라를 보면, 곳곳에 기문(氣紋) 같은 것을 세밀하고 복잡하게 많이 그려 넣었다. 그런데 만다라는 위상이 높은 곳이 아니고, 낮은 바닥의 현상계에서 일어나고 있는 사실을 입력한 것이다.

거기에 비해 해인도는 아주 높은 곳에 위치한 정보이므로 지상에서 일어나는 사소한 것들을 굳이 세밀하게 나타낼 필요가 없다. 그렇지만 꼭 나타내려면 얼마든지 나타낼 수 있다. 눈에 보이지 않는, 차원 높은 기운에 의해 반영된 세상이기 때문에 얼마든지 알 수가 있는 것이다. 이러한 차원에서 본다면 만다라와 우리 해인도는 비교할 수 없는 엄청난 큰 차이가 있다.

해인도는 아무것도 보이지 않고 오로지 '청림(靑林)'[7]의 길만 나타내

---

[7] 우주의 모양이 형성될 때 그 모양의 길이 바로 '청림'이며, 생명이 잉태되는 길이기도 하다.

고 있으므로 아무것도 없는 것 같지만, 만사만물의 모든 것을 다 내포하고 있다. 필요할 땐 언제든지 꺼내어서 응용할 수 있고 사용할 수 있는 조건이 되어 있다.

'만(卍)'자가 이렇게 표현된 것은, 세상 사람들의 심성이 순리대로 편안하게 잘 돌아갈 수 있는 조건을 나타낸 것이다. 마음의 기운 순화는 이렇게 푸른빛을 띠면서 순수하게 이루어진다. 만(卍)자와 같은 형태의 마크는 빠른 회전을 나타낸다. 절이나 다른 단체에서 이 마크를 빨간색으로 표현해 놓았는데, 그것은 잘못 이해하고 있는 거다. 특히, 점치는 집에서는 빨간색으로 활용하고 있지만, 불순한 기운들이 어지럽게 휘몰아치는 현상이 생기므로 정상적인 마크의 활용이 아니다.

원래 우리는, 순수한 세상에서 순수하게, 아무런 부담도 고통도 없이, 편안하고 행복하게 살아갈 수 있는 조건으로 태어났다. 그런데, 물질로 이루어진 몸의 의식이 현상계의 물질과 교류를 하다 보니, 물질적 욕심을 일으켜서 우리 스스로 비정상적으로 살아가기 때문에 고통이 수반된다. 이 세상은, 결코 고통의 바다가 아니라, '지혜의 바다'이다. 소크라테스는 그 당시에 이미 지혜가 힘도, 우리가 알고 있는 권력이나 물질적인 것도 아니란 것을 일깨워 주었다. 그러나 그는 지혜가 어떻게 해서 일어나는가에 대해서는 구체적으로 설명하지 않았다.

지혜를 가지려면 우리 마음속에 원천적으로 갖추어져 있는 자연의 순리가 일깨워져야 한다. 그렇게 일깨워지려면, 순수한 기운의 회전이 절대적으로 필요하므로 마음속에 있는 불순한 기운을 다 빼고 순수한 기운이 원래대로 잘 순환되게 만들어야 한다. 순수한 기운의 회전이,

우주 공간에서 운행되고 있는 우주 만물의 회전과 같은 위상이 되면, 우리는 책을 통해서 지식을 갖추지 않아도 언제 어디서라도 지혜롭게 살아갈 수 있는 조건이 된다. 하지만, 마음이 굳어 있으면 지혜가 절대 일어나지 않으며, 마음이 잘 돌고 있을 때 비로소 지혜로울 수 있다. 순수한 마음의 기운 순환은 청명한 푸른색의 흐름으로 나타난다. 세상 만물의 흐름이 순수하면 만(卍)자 형태로 표현될 수 있다.

4) '주'(我)해인도[8]

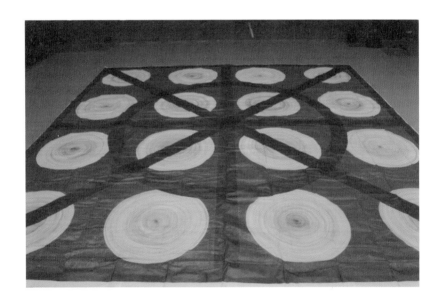

'나'를 나타내는 천부해인도이다. 2003년 7월부터 2004년 11월까지

---

8 나(我)해인도/ 주(我)완성 해인도/ 나의 완성 해인도 등 명칭이 다양하게 사용되기도 한다.

완성이 되었으며, '나는 무엇인가, 나는 누구인가?'라는 물음을 알 수 있는 뚜렷한 좌표를 만들었다. 여기에서 '나'라는 의미는 '이 세상의 누구에게나 깃들어져 있는 하늘기운'으로 기술되었다. 즉, '유아(唯我)'라는 것이다. '실재하는 것은 오직 자아와 그 의식뿐이며, 다른 모든 사물은 자아의 관념이거나 자아에 대한 현상에 지나지 않는다.' 라는 것이 유아의 개념이다.

이 해인도는 '잘 갖추어져 있는 하늘기운의 실제 뜻을, 세상에 펴기 위한 행위 능력을 구체적으로 갖춘 위상이다.'라고 표현할 수 있다. 실제 크기는 $5.15m \times 5.2m$이다.

'나의 완성 해인도'에는 원과 네모와 각이 정확하고 반듯하게 나타나 있다. 회로지 위에서 볼펜을 쥔 손의 움직임이 저절로 반복되었을 뿐인데, 자를 대고 그린 것처럼 '원·방·각'이 정확하고 반듯하게 나타났다는 것을 두고 스스로 감탄하기도 했다. 우주 공간에 펼쳐진 순수기운의 정보의식을 회로지 위에 그대로 옮겨 놓은 것으로 생각하니 너무 신기했다.

'원·방·각'은 '천(天)·지(地)·인(人)'이라는 우주의식의 본질적인 핵심 요소를 말하는데, 우주 공간에 하나의 개체로 태어난 생명인 '나'에게도 들어 있는 것이다. 그 의미는 인간이 세상에서 하늘의 뜻을 펼 수 있도록 주어진 생명의 조건을 말하는 것이다. '나의 완성 해인도'는 생명의 본질적 의미를 그대로 나타낸 것이라 하겠다.

해인도 안에 동그랗게 표현된 것은, 하늘을 나타내는 자연의 순수한 기운이고, 인체에서는 가장 바르고 원만한 마음의 상태를 나타낸다. 순수한 기운을 자연 그대로 유지하면서, 사기운이나 독소가 침범하거나 그것들 때문에 기운이 오염되어도 스스로 정화되도록 회전력이 잘 갖추어진 상태의 기운을 나타내는 것이다.

네모진 가장자리 부분의 테는 땅과 세상을 나타내는 자연의 기운이다. 인체에서는 가장 바른 몸의 상태, 몸의 균형이 아주 잘 잡혀 건강하고 바른 상태를 나타낸다. 외부의 힘에 의해서 변형되지 않고, 지속시킬 수 있는 물질의식이 가장 바르고 강한 상태의 기운이다. 몸의 기운과 마음의 기운이 조화롭게 일체가 되어서 순환의 조건이 아주 좋은 상태이다. 하늘과 땅, 또는 마음과 몸의 조화 상태를 유지하기 위해, 팔방으로 기운을 펼쳐서 아주 빠른 회전력을 갖추고 있는 것을 나타낸다. 중간의 '×'로 표현된 것은, 인간과 세상을 나타내는 자연의 기운이다.

이처럼 몸과 마음이 바르고 강하게 회전력을 갖추고 있으면, 외부의 사기운이나 독소가 침범하더라도 쉽게 방어할 수 있으며, 마음을 다치지 않고 빠르게 회복할 수 있는 조건이 되는 완벽한 상태이다.

이 해인도를 통해서 우리 생명의 주체가 마음인 것을 분명하게 알 수 있다. 우리 생명이 존재하는 것은, 결코 몸이 아니라 마음이라는 것을 분명히 알아야 한다. '나는 생각한다, 그러므로 나는 존재한다.'라는 말을 바꾸어 '나는 생각으로 존재하는 것이 아니라 마음으로 존재한다.'라고 해야 한다.

6. 상징 마크와 자동 기술(記述)[9]

회로공부를 하던 1998년 6월 25일(목), 메시지 같은 내용의 도상이
머리에서 그려졌다. 그리고 그것이 회로지 위에 그대로 옮겨지는 것
이었다. 원의 직경은 100mm, 푸른색 도상의 두께는 7mm로 나타났다.
그런데 완성된 도상은 며칠 전 꿈에서 보았던 소주병의 상표 마크와
똑같았다. 완성된 도상은 지금까지 우리 공부의 상징 마크로 활용하
고 있다.

▲ 용천공심수련 상징 마크
▶ 특허 등록

---

9 해인의 경지에 오른 사람이 필요한 정보와 지혜를 얻기 위해, 자신의 위상(기운의 순도와
단계)에 알맞은 우주 공간의 정보의식에 마음을 바르게 맞추면 그 의미가 자신에게 저절
로 전달되어 회로지에 글 또는 도상으로 '자동 기술'된다. 이런 과정의 상태가 정확하고 바
르게 주어지는 능력이 갖추어지도록 계속해서 공부하는 것을 기술공부라고 한다.

1998년 10월 30일(금)에는 '+'자의 기운이 어우러지는 과정과 효과에 대해서 기술되었다.

"사람과 사람이 서로 마주 보며 둥그렇게 손을 맞잡고 있을 때, 교류되는 아우라[10]가 상하좌우로 교차하며 나타나는 기운의 상이 '⊕'의 모양으로 어우러진다. 이것은 흰 백의 성질로 된 빛인데, 안쪽은 소백(小白)으로 나타나고 바깥쪽은 태백(太白)으로 나타난다.

사람들은 순수한 마음으로 서로가 손을 맞잡음으로써 순수기운을 증폭시킬 수 있고 영성을 높일 수 있다. 여러 사람이 함께 손을 잡고 원을 그리며 빙빙 도는 강강술래는 순수기운의 증폭이 엄청난 것이다."

1998년 11월 24일(화) 8시경, 색다른 기술(記述)의 모양이 나왔고, 그 뜻을 설명하는 메시지가 들어왔다.

"십자(+)는 무색 찬란한, 희고 큰 빛의 기운이 회전하면서 이루어지는 백 십자로서, 엄청난 속도로 돌기 때문에 어떤 땐 팔방으로 기운이 뻗치는 것으로 보인다. 그 속에는 어둡고 무거운 기운들은 사라지고, 제거되고, 깨끗하게 변하여 모든 것을 정화한다.

또 나선형으로 회전해오는 빛의 기운 상태가 구불구불한 활궁 변(弓) 형태와 같이, 서로 두 개가 등을 맞대고 있으므로 생기는 모양인 백 십자(+)와 같이 보인다. 백 십 승이란 순수한 기운이 끊임없이 만들어지는 +자 형상을 말하며, 곧 깨달음으로 가는 곳으로 해(海)라는 뜻이다.

---

10 사람이나 물체에서 발산되는 기운이나 영기(靈氣)를 말한다.

도(道)를 틔워야 한다. 길을 열어라!"

1998년 11월 30일(월), 온종일 이해하기 어려운 기술이 나왔고, 그것을 이해하고 받아들여 보려고 애를 먹었다. 오전에는 회로지 한 장에 꽉 찰 정도로 크고 상세한 도상이 나왔는데 그 핵심의 모양새가 6월 25일(목), 회로지 위에 나타난 메시지 도상과 흡사한 것이었다. 그리고 그 의미를 설명하는 기술은 다음과 같았다.

"물질은 오행작용으로 표상되는 사각 형태로 이루어지는데, 그 중심에 빠른 회전으로 +자가 생겨 입체로 이루어지고, 더 빠른 회전으로 인하여 사각의 상이 겹쳐 팔각으로 이루어진다. 이 주제는 회전이므로 원(○)으로 둘러싸인다.

그 중심에는 기(氣) 흐름의 궁(弓) 모양이 서로 등을 맞댄 상태로 나타난다. 하도(河圖), 낙서(洛書)에서 나타낸 점의 배치와 일치한다."

7. 입체화된 해인도

1) 천부해인(우주) 황동모형[11]

천부해인 황동모형은 하늘의 인장을 받아 세상의 만물에 넓게 비추어 성장과 깨우침을 주는 큰 지혜로 깨달음을 얻을 수 있는 진리의 모형이다. 틀은 황동이며, $5m \times 5.5m$의 천부해인우주 해인도를 실제 크기의 1/20로 입체화했다.

회로공부를 열심히 정진하던 중에 '평면으로 나타난 천부해인도가 입체가 되면 어떤 모양이 될까?'라고 생각되어 모형을 만들어 보았는데, '이게 바로 우주의 형상이다.'라는 메시지 같은 느낌이 들어 가슴이 얼마나 벅차고 놀라웠는지 모른다.

그 뒤, 한참 만에 굵은 황동봉으로 좀 더 정확한 형태인 '천부해인우주 황동모형'을 만들었는데, "천부해인우주 해인도는 우주 형상이고, 천부경은 이것을 설명한 내용이다."라는 하늘의 메시지를 받았다. 그래서 천부경을 새로 공부한다는 각오로 꼼꼼하고 자세하게 읽어 보니, 우주 형상을 너무나 정확하게 설명해 놓았고, 우주 원리도 분명하게 기술되어 있었다. 그래서 천부경과 천부해인도가 같은 맥락에서 만들어졌다는 확신을 가지게 되었다.

---

11 천부해인 황동모형, 천부해인(우주) 황동모형 등 명칭이 다양하게 사용되기도 한다.

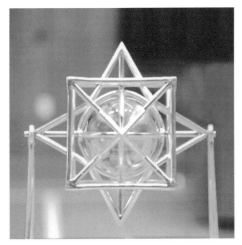

디자인등록증
CERTIFICATE OF DESIGN REGISTRATION

등 록 제 30-0877690 호
Registration Number

출원번호 제 30-2016-0009860 호
Application Number
출원일 2016년 03월 03일
Filing Date
등록일 2016년 10월 17일
Registration Date
등록의 구분 심 사 등 록
Type of Registration (EXAMINED REGISTRATION)
물품류 Class
제25류
디자인의 대상이 되는 물품 Product
옥외용 조형물

디자인권자 Owner
박서휘(831002-*******)
부산광역시 동구 범일로65번길 28 (범일동)

창작자 Creator
박용대(490816-*******)
부산광역시 동구 범일로65번길 28 (범일동)

위의 디자인은 「디자인보호법」에 따라 디자인등록원부에 등록되었음을
증명합니다.
This is to certify that, in accordance with the Design Protection Act, the design
has been registered at the Korean Intellectual Property Office.

2021년 10월 29일

특허청장
COMMISSIONER,
KOREAN INTELLECTUAL PROPERTY OFFICE
김용래

특허청
Korean Intellectual
Property Office

QR코드로 현재기준
등록사항을 확인하세요

▲ 천부해인 황동모형
▶ 조형물 디자인 특허 등록

해인도를 입체화하여 '천부해인 황동모형'으로 만들고 보니, 피라미드의 비밀을 알 수 있었다. 그런데, 피라미드의 비밀보다 더 감동적이었던 것은, 이 자체가 '천부경'이라는 사실을 메시지를 통해 알게 된 것이다.

천부해인우주 해인도를 입체화시켰을 때 펼쳐지는 기운의 세기는 평면보다 10배 이상 세어질 수 있다. 개인적 기운 정리로 기운 정화하는 것이 너무 힘이 들 때 이것으로 기운 정화를 쉽게 빨리할 수 있도록 응용한다.

천부해인 황동모형 아래는 사람이 안으로 들어가 있을 수 있는 형태의 공간을 만들었다. 그 공간 아래에 20분 이상 있으면 빙의된 상태가 풀어질 정도로 강한 기운을 느낄 수 있다.

2) 천부해인우주의

천부해인하늘 해인도 $5m \times 5.5m$의 평면도를 실제 크기의 1/10으로 입체화한 '천부해인우주의'를 만들고 난 후 지혜는 더 크게 열렸다.

어느 날, 깊고 긴 묵연으로 빠져들었는데 이것이 '무'라는 우주 형상임을 다시 한번 확신함과 동시에 약 9,000~10,000년 전에 81자의 수와 글로 압축시켜 표현한 천부경(天符經)임을 알려 주는 것이었다. 그때, 천부경은 바로 우주의 원리를 설명한 설명서이고, 우주 형상을 나타낸 설계도인 것을 알게 되었다.

태허의 공간에서 '공'의 상태가 계속 팽창하여, 지구 시간 10만 년이 지나 직경이 1경 km 정도 되었을 때 비로소 우주의 형상을 이룰 수 있는 기(气:≋)가 생겨난다. 이 시기를 '홍몽(鴻濛)'이라 하는데, 아직 천지가 생겨나지 않은 상태를 말한다. 이 상태에서 우주의 형상과 원리가 좀 더 조화롭게 짜여, 무엇인가 생성될 수 있는 조건이 되었을 때를 광대한 '무'의 상태라 한다. '무'의 상태는 '혼륜(渾淪)'의 상태 또는 '혼돈(混沌)'의 상태라고도 한다. 다시 말하면, '공'의 상태에서 하늘의 뜻으로 팽창된 공간의 기운이 더는 팽창할 수 없는 궁극의 상태에 이르면, 회전력의 음(音: 간직함)과 고정력의 수(數: 나아감)가 조화되어 변화작용을 일으켜서 우주의 근본이며 영원히 존재하는 조건이 되는 '무'가 형성된다. 무(無)는 기(气:≋)의 혼재 상태이면서 완벽한 질서와 자연법칙이 일정하게 작용하는 진리 그대로이다. 그것은 없는 것이 아니라 무한하여 볼 수도, 알 수도 없는 상태를 말한다. 즉, 무는 너무나 넓고, 크고, 많아서 도무지 알 수 없지만, 무엇이든 만들어지고 어디에도 존재할 수밖에 없는 구체적 형상의 상태이다. 이 형상을 이루는 세 가지 근본 요소는 원·방·각으로 '천부해인'이 완벽하게 갖추어진 것이다.

이처럼 어마어마하게 큰 '혼돈'의 우주 형상을 전혀 알 수 없는 입장에서, 회로공부를 통해 얻어지는 우주 정보의식의 순수기운으로 한 점 한 점 조합시켜 평면의 좁은 바탕에 구체적으로 표현한 것이 '천부해인우주 해인도'이며, 입체화시킨 것이 '천부해인우주의'이다. 이것은 우주의 형상이며 무의 형상을 의미한다. 이 형상을 81자의 수와 글로 압축해서 표현한 것이 '천부경'이다. 천부경은 바로 우주 형상과 원리에 대한 설명서이다.

'천부해인우주의'에는 순수한 기운을 전 세계로 퍼질 수 있게 하는 하늘기운이 강하게 응축되고 있으므로, 세상 사람들의 마음에 무언의 경종을 울릴 수 있게 되었다. 삼랑진수련원 내에 8톤 용량의 용정 탱크 위에 설치된 천부해인우주의에 의해 순수기운이 강하게 응축된 하늘의 눈물, 용정수를 지금도 음용하면서 우리 공부에 잘 이용하고 있다.

3) 무주구천

(1) 무주구천의 의미

보이지 않고 잡히지 않는 광대한 무(無) 안에서 온전하게 이루어진 우주의식인 하늘, 그것이 주체가 된 무주구천(無主九天)은 거시적으로는 우

◀ 청림전 앞 용정 탱크
▲ 용정 탱크 위에 설치된 천부해인우주의

주(宇宙)이고, 미시적으로는 바로 '나'이다.

'무(無)'는 '공허'가 압축된 극의 상태에서 팽창되어 형성된 것으로서, 텅 비어 있는 것 같으나 너무 많은 것이 꽉 차 있고, 너무 넓고 커서 도무지 알 수도 볼 수도 없는 상태이며, 어디든 있지 않은 곳이 없고 무엇이든 수용하지 않는 것이 없다. 하나이면서 전부이고, 아무리 작용을 많이 해도 변함없이 그대로이다.

'구(九)'는 아홉이라는 숫자의 의미를 지니고 있지만, 그보다 앞선 상위 개념은 무(無)에서 영(0), 영(0)에서 자연스럽게 발현된 일(一: 하나: 1)이 변화작용하여 팔(八:여덟:8)이라는 자연 순환 상태가 되기까지 수없는 고난의 과정을 거치고 난 후, 비로소 구(九:아홉:9)라는 완성에 이름을 뜻하는 것이다. 그러므로 구천(九天)은 완성된 하늘, 즉 온전(穩全)한 하늘을 의미한다.

'하늘(天)'은 '공허'라는 고요의 연속이 극에 달함으로써 자연 발생의 어떤 움직임이 여럿 일어나고, 그들 움직임은 수없는 충돌의 연속선에서 이대로 간다면 너와 나, 아니 모두가 사라진다는 존재 자체의 위기의식으로 '어떻게 하면 살아남을까?'라는 궁리 끝에 비로소 질서와 조화, 그리고 협력을 이루어야 한다는 공감의식을 갖게 된 상태를 말한다.
공감의식은 서로가 서로를 이해하면서 협조하고, 양보하고 위해 줌으로써 모두가 안전하고 행복하게 존재할 수 있다는 필요충분조건에서 비롯된 의식으로서, 그것은 서로 또는 모두를 위해 생겨난, 따뜻한 사랑의 본질이 싹튼 것이라 할 수 있다.

필요충분조건의 의식으로 갖춰진 움직임은 서서히 일정한 회전으로 바뀌면서 압축을 시도하고, 저절로 압축의 강도가 높아지다가 더 압축할 수 없는 한계점에 도달했을 때 '펑'이라는 대폭발을 일으킨다.

'펑'이라는 대폭발의 현상에서 급팽창하는 움직임은 오래되지 않아 본래의 공감의식으로 질서와 조화를 갖추면서 새로운 의식으로 변화 발전되어 나간다. 이런 과정에서 사랑의 본질이 싹튼 공감의식에는 의식을 조리 있게 발휘하도록 유도하는 요소 '리'가 생성되어 모든 움직임의 다양함에 일정한 규칙을 갖도록 조정한다. 이렇게 함으로써 움직임에는 리듬과 방향과 상(象)의 씨앗이 이루어진다. 이렇게 리듬과 방향과 상(象)의 씨앗을 갖춘 공감의식을 우주의 온전한 자연의식, 온전한 하늘(天), 절대신(神)이라고 칭한다.

온전하게 이루어진 우주의 자연의식은 시간이 지남에 따라 스스로 영원히 존재해야 한다는 필연성을 갖게 되고, 그 필연성에 따라 의식을 작용시키는 체계를 갖추게 되는데, 작용체계가 갖추어진 상태를 '영(靈)', 즉 '우주령(宇宙靈)'이라 한다.

이 우주령(宇宙靈)은 우주 자연의 절대의식이고 신령(神靈) 또는 하늘의 성령(聖靈)이라 이르는 것이다. 이 신령 또는 성령은 생명을 잉태하고 만사만물을 생성되게 하는 작용의 근원이 된다. 인간이란 생명체는 성령을 부여받아 잉태되고 몸을 이루게 된다. 그리고 현상계에서 삶의 과정을 거친다.

우주, 하늘, 성령, 생명은 사랑이 바탕이 되어 탄생한 의식의 결과물로서, 흔히 우리가 알고 있는, 눈에 보이는 푸르고 푸른 하늘, 그것이 아니라, 절대적이고 영성적이며 우주 형상인 무(無)의 주체적(主體的) 핵심이 되는 자연의식이다. 이는 인간과 만물이 현상계에서 생명활동을 하는 동안, 아무런 고통도 장애도 없이 오로지 행복만을 누리게 하는 사랑의 작용체계이다.

무주구천에 대해 받은 메시지의 내용은 다음과 같다.

"무(無)가 구체적인 형상을 이루고, 그 핵심에는 자연의식이 완성된 구천(九天)이 주(主)가 되어 일체가 된 상태, 즉 무주구천(無主九天)은 우주(宇宙)고, 바로 '나[我]'인 것이다."

"우주(宇宙)와 '나[我]'는 눈에 보이지 않고, 손에 잡히지 않는 비현상의 순수한 영성적인 것으로서 현상세계에 있는 만물과 생명의 근원이고 본질임을 알아야 한다."

"세상에는 영성적(靈性的)인 것, 즉 무한하고 영원하며 항상(恒常)한 것(~영혼~)이 있는가 하면, 물성적(物性的)인 것, 즉 유한하고 영원치 않으며 무상(無常)한 것(-물질-)도 있음을 알아야 한다."

(2) 제작

우주를 나타내는 '천부해인우주 해인도'를 실물 크기와 유사하게 4.6m × 4.6m 크기로 제작한 '무주구천'은 상상을 초월하는 순수기운이 응집되어 있어, 그 아래에 서면 누구라도 저절로 몸과 마음이 정화되어 스스로 양심을 회복하고, 인간의 본질적인 순수성을 되찾아 행복한 삶을 영위할 수 있다.

2018년 5월, 해인지 18호에 '무주구천(無主九天)은 우주(宇宙)고, 바로 '나[我]'이다.'라는 메시지를 발표하고, 천부해인우주 해인도를 실물 크기로 제작하는 데 고심해 오다가 2021년에야 드디어 실체로 드러났다.[12]

무주구천 의미 기술 내용

4) 천성전

(1) 천성전의 기능

"영은 우주 생명의 한 개체로서 태극 현상에 나타날 때는 영혼이라 한다. 영은 우주의 절대의식을 작용하는 성령에서 분리된 분성령이다. 그러므로 하늘의 뜻은 지상에서 이루어지게 하는 소명을 지니고 있다." 는 메시지에 의해 무주구천을 제작하고, 무주구천 조형물을 위에 올려 천성전(天性田)을 건립하기로 계획하였다.[13]

천성전 맨 위에는 원(하늘)을 상징하는 무주구천을 안치하고, 방(땅)을 상징하는 사각형의 건물을 만들어, 각(인간)을 상징하는 사람이 들어가면 '원 · 방 · 각', 즉 천 · 지 · 인으로 완전체가 된다. 1층 건물의 구조는 사각뿔을 중간쯤에서 자르고, 그 위에 약간 들어가서 같은 구조로 얹혀 놓은 2층 건물을 짓고, 그 위에 1층 정도의 높이로 천부해인우주(하늘)해인도와 같은 크기의 천부해인우주의 입체 구조물인 무주구천을 2층으로 지은 건물 위에 설치한다.

천성전은 천부해인우주의 입체 구조물인 무주구천에서 발산하는 우주의 순수한 기운이 강하게 응축되어 순수기운이 충만한 건축물로 그

---

12 무주구천 및 천성전 건립을 일생의 마지막 과업으로 여긴 저자는 갑작스러운 병환 중에도 무주구천 제작 일정을 챙겼지만, 결국 완공을 보지 못하고 귀천하였다.
13 저자는 천성전의 설계도를 완성하고, 건립 이유와 운용의 효과에 대해 누차 강조하여 설명하였다.

곳에 들어가면 자연스럽게 사기운이 배설되고, 빙의 영가가 물방울 터지듯이 터지게 된다.

(2) 천성전 건립의 의미

지금까지 많은 사람이 밝고 맑은 사회를 만들어 행복한 삶을 이루려고 노력했지만, 지금까지 그 누구도 쉽게 해결한 사람이 없었다. 이제 누구에게나 그것이 가능하도록 길을 열어 두고자 하는데, 마침내 그때가 왔다.

용천공심수련원 선생님들은 지금까지 하늘의 이치를 배우고 그것을 세상에 알리려고 공부해 왔다. 그 결과, 밝고 맑은 미래 사회를 위한 우리의 뜻과 노력이, 드디어 세상을 위해 무주구천을 만드는 결실로 나타났고, 이제 한 걸음 더 나아가 그 무주구천을 올릴 천성전을 건립하려고 한다. 천성전은 사람들의 마음을 정화시키는 데 일조하면서 세상을 밝고 맑은 사회로 만들 것이다.

잘못된 관념이 고정화되고 가치 기준이 잘못 설정되어, 자기 자신이 무엇을 잘못하고 있는지 모르는 사람들, 잘못을 하면서도 반성하지 않는 사람들, 영적으로 빙의되어 본래의 순수성을 잃고 사악한 기운이 침범하여 병인이 되어 있는 사람들이, 진솔한 마음자세로 천성전에 들어가면 진흙 속에서 순수하게 피어나는 연꽃처럼 그들은 저절로 순수성을 회복하고 회생한다.

밝고 맑은 세상을 만들기 위해 공부한 선생님들 한 사람 한 사람의 결실이 모여 만들어진 무주구천과 앞으로 건립될 천성전은, 영적 홍수 시대를 살아가는 사람들이 자신의 순수한 생명을 지키고 바른 생명의 길로 나아가게 할 것이다.

부디 무주구천과 천성전이 대한민국뿐만 아니라, 세계 여러 곳에 건립되어, 어둡고 칙칙한 이 세상이 희망의 밝은 빛으로 환해지는 그날이 오기를 간절히 바란다.

무주구천과 햇무리

1부 맺는 글

2007년 9월 24일~9월 26일의 한라산 기운영 중 백록담에서 받았던 하늘 메시지의 또 다른 하나는 세상을 향해 천부경을 설파하라는 것이 있다.

사실, 천부경과 인연이 된 것은 약 30년 전, 어느 지인에게서 자신이 저술한, 천부경 내용이 들어 있는 책을 선물 받았을 때부터였다. 옛날부터 궁금했던 천부경이었지만 그 내용이 너무 어려워 제대로 읽지 못하고 거의 방치하다시피 했는데 어느 날, 회로공부에 집중하던 중 천부경이 우리 공부의 핵심 내용임을 기술(記述) 메시지로 알게 되어 천부경을 다시 읽어 보았다. 그러나 내용을 이해하지 못해서 무조건 외워야겠다고 생각하고 시간이 나는 대로 거의 매일 암송하면서 절과 회로를 함께 했다. 그러면서 나름대로 그 의미를 이해하려고 애를 써보니, 언제부턴가 어렴풋이 알 수 있는 것 같아서 몇몇 선생님들에게 천부경의 의미를 어설프게 설명하기 시작했다.

그러던 중 제주도 한라산 기운영을 다녀오고 난 후에 천부경의 의미가 새로워지면서 좀 더 정확하게 이해되었다. 묵연과 회로를 통해서 천부경의 글귀를 자주 되새겨 보니 그 의미가 확실하게 메시지로 주어지기 시작했다. 너무 궁금했던 내용들이 완전하게는 아니지만, 어느 정도 확실성 있게 이해되었다. 그래서 2008년 삼랑진수련원이 개원된 후, 자연과의 대화에서 전체 선생님들에게 처음으로 '천부경이 무엇인가?'를 자신 있게 강의했다. 그때의 강의 내용이 충분하고 흡족하지는 않지만 천부경이 우리에게 주는 의미가 무엇이며 하늘의 뜻을 우리가 제대로 알고 세상에서 어떻게 실천해야 되는지, 메시지를 주는 좋은 기회가 되었다.

천부경은 '우주가 만상의 영성적 대단원이다.'라는 것, 혼돈 상태지만 현묘하고 황홀한 순수기운으로 잘 조화된 '무'라는 우주 형상, 인간의 존재 의미와 위상, 그리고 만물이 이루어지는 과정을 설명한 것이다. 이 위대한 천부경을 '세상에 알려야 한다.'라는 메시지를 백록담에서 받은 것이다.

회로공부의 위상이 높아지면 높아진 만큼, 차원 높은 우주 정보 내용들이 접해지므로 언젠가는 우리 회로의 뿌리를 찾아 그 근원을 확실하게 밝힐 수 있겠다는 자신감을 가질 수 있었다. 요즘 들어서 회로공부에 더욱 박차를 가하다 보니, 이제 그때가 다가온 것 같아 천부경에 대한 진실한 책을 빨리 집필해야겠다는 조바심이 생겼다.[14]

---

14 『해인지』 15호(2016년) 수록 글이다.

제2부

8장

영혼과 사후의 세계

햇무리로 만난 하늘

영혼

영이란 무엇인가

마음이란 무엇인가

생명체 구성의 핵심 요소

생명체 구성 요소의 순위

용어의 개념과 의미

현상계와 비현상계

현상계

비현상계

구성 체계도

1. 영혼(靈魂)

인류의 멸망을 예고하는 여러 가지 나쁜 징조 중에서 인간에게 특별히 어려운 문제로 대두되고 있는 것은, 오래전부터 예언되어 온 '영적 홍수'이다. 그 문제가 지금은 절정에 다다른 듯, 인간의 양심은 수심(獸心)으로 변질한 지 오래고, 사고방식과 행동은 너무 흉악해져, 인간 사회가 아닌 동물 사회가 되어있다. 그래서 지금의 현실을 두고, '영적 홍수 시대'라고 말하지 않을 수 없다.

이러한 무서운 시대에 잘 대처하고 이를 극복해 나가려면, '영혼'에 대한 개념과 의미를 명확하게 이해하는 것이 우선되어야 한다. 그래야 잘못된 선입견으로 빚어지고 있는, 영혼과 관련되어 생겨나는 힘들고 어려운 문제를 바르게 해결할 수 있다. 지금은 세계 어느 사회에서나 '영혼'이라는 용어를 많이 사용하고 있지만, 그 의미가 왜곡되어 대부분은 지레 겁을 먹고 영혼에 대한 거부감을 드러내고 있는 실정이다. 이렇게 잘못된 인식을 확실하게 바꾸어 놓으려면, 영혼의 의미를 보다 명확하고 자세하게 설명할 수 있어야 한다.

인간이면 누구나, 우주와 영(靈)이 자신의 마음과 연결되어 있다는 사실을 이해시킴으로써, 영혼에 대한 개념과 의미를 제대로 받아들일 수 있게 하려는 것이다. 그래야 영적인 어려운 문제에 부딪혔을 때 그 상황을 겁내지 않고 바르게 대처하며, 문제도 차질 없이 잘 해결할 수 있을 것이다.

우리가 살아가는 사회 전반에는 눈에 보이지 않고, 잘 느껴지지 않는 떠돌이 영혼들이 곳곳에 우글거리고 있다. 그뿐 아니라, 각 개인의 가정에는 조상 영혼이나 가족 영혼 중, 한두 명 이상이 기거할 수도 있다. 그 때문에 많은 사람은 자신도 모르게 여러 가지 어려운 문제에 봉착하거나, 큰 사고를 겪는 경우가 허다한데도 그 이유를 모르고 있다.

몸을 벗어난 사후의 영혼들 대부분은 정상적인 영계(靈界) 공간으로 가지 못하고, 사람에게 나쁜 영향을 미치는 유계(幽界)에 머물게 된다. 유계에 머무는 것은, 결코 다른 이유 때문이 아니라 자신이 삶의 영위 과정에서 스스로 만들어 낸 욕심과 애착의 결과이다.

그러므로 우리 스스로 '영혼'이라는 단어를 미신적인 용어처럼 금기할 것이 아니라, 그 의미와 개념을 바르게 알도록 노력해야 한다. 그래야 해결되지 않는 이상하고 어려운 문제의 원인을 직시할 수 있고, 쓸데없는 경제적, 정신적, 육체적 손실을 받지 않게 된다.

인간에게는 의식을 작용하는 두 가지 체계가 있다. 하나는 정(精)을 핵심으로 한 몸의 의식체계, 즉 '육체'이고, 다른 하나는 영(靈)을 핵심으로 한 마음의 의식체계, 즉 '영체'이다. 이 중, 인간의 생명의식을 작용시키는 주체는 마음이고 영혼이다. 요즘에도 '영혼이 있다, 없다.'라는 표현을 많이 사용하는 편인데, 정작 '영혼이 무엇이냐?'라고 질문을 하면 대답하기 어렵다. 사전적 의미로 표현하면 어색하고 명확하지 않다. 지금 이 시대는 영적 홍수 시대인 만큼 그 의미를 분명히 알고 있어야 할 때이다.

'영적 홍수 시대'라 함은, 사후에 몸을 벗어난 영혼이 생전의 애착 때문에 정상적 위상의 공간인 영계, 즉 저승으로 가지 못하고, 현상계의 이면인 유계에 존재하게 되는데, 그 수가 엄청나게 많은 상태를 말한다. 그런 상태에서 그 영혼들이 사람에게 나쁜 영향을 미치지 않는다면 말할 필요가 없지만, 자기와 관련된 사람에게 붙거나 함께 기거하면서, 알게 모르게 나쁜 의식의 영향을 미치게 하는 경우가 대부분이다. 그렇지 않으면 떠돌이 귀신이 되어 자신과 연관된 사람이든 아니든, 자신의 욕구를 실현하려고 해코지를 함으로써 세상을 어지럽게 만든다.

이처럼 혼탁하고 무서운 세상이, 시간이 지나면 지날수록 더 심해져 지금은 거의 절정에 달하고 있는 심각한 실정이다. 이렇게 심각한 실정에 놓여 있는데도, 우리는 이성적이고 과학적인 관점에서 파악이 안 된다는 이유로 아예 내팽개치거나 미신으로 치부해버리는 어리석음을 저지르고 있다. 이 바람에 이와 관련되어 일어나는 크고 작은 교통사고가 수없이 잦은데도, 졸음운전 정도의 원인으로 치부하고 졸음운전 방지 캠페인만 늘어놓아, 사고는 결코 절대 줄어들지 않고 있다. 이는 분명, 나쁜 귀신의 작용이 원인임을 알아야 한다. 따지고 보면 교통사고의 대부분은 일련의 실수로 일어나는 것 같지만, 내·외부의 나쁜 기운 영향으로 일어나는 각자의 재앙이다. 이런 문제를 잘 모른다는 이유로 도외시한다면 근본적인 문제는 결코 해결할 수 없다.

영적 홍수 시대에서도 우리는 마음을 순수하게 갖추어 양심을 잃지 않도록 하는 것이 중요하고, 영혼의 본질적 개념과 의미를 바르게 알아서 나쁜 기운의 영향에 대한 충분한 대비책을 세운다면 얼마든지 이겨낼 수 있는 문제이다.

1) '영(靈)'이란 무엇인가

정신 수련을 오래 한 옛 고수들이 흔히 영(靈)은 소리로 이루어졌다고 한다. 소리는 파동을 의미하므로 틀렸다고 할 수는 없지만 정확한 표현은 아니다. 우주에는 순수한 자연의 의식이 있고, 그 의식을 작용하는 체계, 즉 영이 이루어져 있다. 영의 생성 과정은 다음과 같다.

아무것도 없는, 어둠과 고요의 연속 상태인 정적의 '공허'가 궁극(窮極)에 이르면, 어떤 움직임이 일어난다. 가볍게 시작된 움직임은, 시간이 흐르면서 점점 좌충우돌하는 광란의 상태로 연속되다가 스스로 소멸한다는 위기의식을 갖게 된다. 위기의식은 존재에 대한 애착을 갖게 하고, 서로가 질서와 조화를 이루어야 한다는 '공감의식'으로 전환된다. 즉, 존재에 대한 본질적 필요충분조건인 '민·위·낭'이라는 '짐'을 갖추게 된다. '짐'은 자연의 순수한 본질인 사랑이다. 자연의 순수함은 변함없이 지속하는 절대적인 것이므로, '짐'은 자연의 절대의식이라고 한다.

이 절대의식에는 공간이 팽창되는 과정에서 음·수라는 두 성질이 생성되고, '민·위·낭'의 세 요소에 각각 적용되어 여섯 개의 성질을 이루게 된다. 시간의 흐름에 따라, 이 여섯 개의 성질이 하나로 조합됨으로써, 절대의식을 작용시키는 체계를 갖춘, 독특한 성질의 '영(靈)'이 된다. 그 '영(靈)'을 '우주령(宇宙靈)'이라 하고, 높여서 부르면 '성령(聖靈)'

이라 한다. 사랑이 본질인 '성령'은 생명을 잉태하고 만물을 생성하는, 절대능력을 지니고 있으므로 '신령(神靈)'이라고도 표현한다.

인간은 성령으로 태어나는 고귀한 생명이다. 그 고귀한 생명에는 사랑이 내포되어 있고, 자연의 섭리, 자연의 법칙, 하늘의 뜻, 이치, 순리 등의 진리를 지혜롭게 발휘하는 체계가 이루어져 있다. 그러므로 '인간은 곧 우주다.'라고 말한다.

'영'은 의식을 작용시키는 체계로써, 우주에 적용하면 '우주령, 성령, 신령'이라 표현하고, 인간에게 적용하면 '영혼' 또는 '마음'이라고 표현한다. 인간은 정자와 난자가 결합하여 자궁에 착상될 때, 성령이 깃들어야 생명이 잉태된다. 그런 후, 성령은 몸의 물질정령(精靈)과 합체되어 하나가 되는 조화를 이루면서 세포분열을 일으킨다. 이때 영성기운의 성령과 물성기운의 정령은 7:3의 비율로 혼합된 상태이고, 이 상태를 생명의 주체인 '영혼'이라 한다.

2) 마음이란 무엇인가

사람은 마음과 몸이 합체되어 생명활동하는 복합 생명체이다. 영혼은 마음을 이루는 핵심 요소로서, 하늘의 뜻을 세상에 펴기 위해 노력하는 생명의 주체이며, 몸의 욕망을 통제하고 생명활동을 바르게 유도함으로써, 인간의 영성을 높이고자 노력한다. 그것은 인간이 하늘로부터 부여받은 소명이며, 이 세상에 태어난 목적이기도 하다. 사람이 태어나는 과정을 살펴보면 다음과 같다.

여성의 난관에서 정자와 난자가 결합하여 자궁에 착상하게 되면, 하나의 온전한 세포가 이루어진다. 이때 중극의 영계공간에 대기하던 영혼이 하나의 세포에 깃드는 자연현상이 일어나면 생명이 잉태되고, 세포분열이 시작된다. 만약 하나의 세포가 자궁에 착상되었지만, 영혼이 즉시 깃들지 않으면, 생명 잉태는 실패한 상태이므로 세포분열은 일어나지 않는다. 물론, 정자와 난자의 결합을 인위적으로 조작하는, 자연 조건이 아닌 상태에서도 생명은 잉태될 수 있고, 세포분열도 일으킬 수는 있다. 그러나 그것은 상당히 큰 문제를 안게 되는 비정상적인 것이지, 절대 정상적인 것은 아니다.

몸을 이룰 수 있는 유전자 정보가 입력된 하나의 세포를 부모로부터 물려받은 상태에서 인간에게만 주어지는 영혼이 깃들면, 세포분열은 급격하게 일어나면서 10개월 동안 구체적인 몸의 형태가 이루어진다. 몸의 성장을 온전하게 꾀하게 되면, 하늘의 의식이 갖춰진 영혼은 몸과 교감할 수 있는 마음의 체계를 갖추게 된다. 이런 과정을 통해서 인간이라는 존귀한 생명이 탄생한다.

인간에게 부여된 세 가지 핵심 요소가 있는데, 그것은 마음과 생명에너지인 기(氣), 그리고 신체이다. 이를 '심·기·신(心·氣·身)'이라 말한다.

마음(心)은 인간의 삶을 건강하고 행복하게 만들려고 노력하는 생명의 주체로서, 몸의 본능적 욕망을 지나치게 일으키지 않도록 통제하고 자제시키는 역할을 한다. 물론 마음의 역할은 육체의 생명활동에 필요한 만큼은 적당하게 허용하여 담금질 효과를 냄으로써, 인간의 영성의식이 높아지게 하는 것이 주된 목적이다.

하늘에서 인간에게 부여하는 성(性)은 우주의 진리와 사랑이 내포되어 있으므로 인간 존재의 근본이 되고, 선악의 구별이 없는 참된 것이기 때문에 인간 심성의 절대적 본바탕이 된다. 하늘의식인 신성(神性)을 작용시키는 체계가 영, 즉 신령이다. 인간의 머리에 깃든 이 영(靈: 성령 聖靈, 신령神靈)이 현상계에서 생명의 본질로 작용할 때 영혼이 되고, 마음이 되고, 생명의 주체가 된다. 이처럼 영혼은 마음을 이루는 핵심 요소이므로 인간의 정신활동이나 영적 현상을 주관하게 된다. 이것을 '영심(靈心)'이라고도 표현한다.

하늘의식, 즉 신을 작용시키는 체계인 '영'은 영혼을 이루는 핵심이고, 생명의 주체인 영혼은 마음을 이루는 핵심이다. 마음이 몸과 조화를 이루어 생명활동을 주관하는 것이므로, 인간은 하늘의식을 작용시키는 체계를 갖추게 된다. 그러므로 인간은 몸을 통해 하늘의 뜻을 세상에 펼쳐나가는 위대한 역할을 지혜롭게 한다.

3) 생명체 구성의 핵심 요소

한의학이든 동양철학이든, 아주 오랜 예부터 지금까지 통용되고 있는 생명체의 개념은 세 가지 요소로 이루어진 영 · 혼 · 백(靈 · 魂 · 魄)이다. 이 표현의 상위 개념은 신 · 기 · 정(神 · 气 · 精)이고 하위 개념은 심 · 기 · 신(心 · 氣 · 身)이다.

이런 용어들은 일반적인 생활에서 많이 쓰이는 것은 아니지만, 아주 생소한 것도 아니다. 용어를 따로 떼 내어 표현하면, 심신(心身), 영혼(靈魂), 혼백(魂魄), 정신(精神)이란 단어들이다. 이 단어들은 일반 사람들이 평소에 많이 쓰는 것인데, 그 의미가 분명치 않아서 정확하게 설명하기가 어렵다. 그 이유는 단어 하나하나가 지닌 깊은 의미를 정확하게 이해하기가 어려울 뿐 아니라, 복합 용어인 심·기·신(心·氣·身:마음·기·몸), 영·혼·백, 신·기·정에 대한 개념 파악이 잘되지 않으므로, 이들 사이에서 주어지는 하위 개념과 상위 개념에 대한 차이를 명확하게 이해하지 못하기 때문이다.

　사실, 이런 용어에 대해서 명확하게 설명해 놓은 책도 없고, 뚜렷하게 설명해줄 수 있는 사람도 없는 실정이기도 하다.

(1) 신·기·정(神·气·精)

① 신(神)

　'공허'에서 발생한 '능'은 궁극의 조건에서 생성된 존재 본능 '짐'의 강한 욕구에 따라 정교하고 빠른 움직임으로 공간을 팽창시킨다. 그 과정에서 공간에는 자연의 섭리와 법칙이 확립되어 '짐'에 깃듦으로써, '짐'은 신(神)이라는 절대의식을 갖추게 된다. 다시 말하면, 신은 절대의식으로서, '능'이라는 자연의 움직임이 빚어낸, 존재에 대한 궁극적 공감의식 '짐'에 우주 자연의 절대적 가치인 사랑과 자연의 섭리와 법칙이 깃들어 있는 개념이다.

　우주 자연의 절대의식인 '신'은 음·수라는 두 성질을 생성시켜, 절대의식을 작용시키는 영을 이루는데, 이 영을 '우주령, 신령, 성령'이라 한다. 그것이 신격화된 표현은 '하느님'이다. 하느님은 절대 존재로서, 그 작용의 힘이 어디에도, 어느 것에게도 미치지 않을 수 없고, 사방팔방 통하지 않은 곳이 없는 유일무이한 존재이다.

우주의 절대의식인 '신'은 성령의 작용 능력으로 생명을 잉태시키고 우주만물을 생성시켜, 우주를 영원히 존재하기 위한 소명을 발휘한다. 인간은 신령, 즉 성령의 분령으로 태어나는 위대하고 존귀한 생명이다. 그러므로 인간은 가슴 깊이 하늘을 간직하고 있으면서 하늘의 뜻을 받들어 사랑을 실천하고, 세상에 진리를 펼치는 지혜를 발휘하는 것은 당연한 의무이고 소명이다. 그것은 참으로 위대하고 신기(神氣)한 일이다.

② 기(氣)

'능'은 많은 변화 과정을 거치면서 성숙하고 발전하여 절대의식에 감응됨으로써, 우주 공간의 모양새 '운(運)'을 나타내는 은빛 무리 테를 이루게 된다. 이로써 '능'은 더 세밀하고 강한 움직임으로 발전하게 되고, 나아가 절대의식과 교감할 정도가 되면, 절대의식의 뜻을 펼 수 있는 순수한 영성에너지 '기(氣)'로 전환된다. 기(氣)는 우주 자연의 영성에너지로서, 하늘의 뜻에 따라 만사만물의 기운 변화작용을 세밀하고 다양하게 한다. 또한 '운(運)'이라는 은빛 무리를 이룬 우주 공간에서 정교하고 확실한 우주 형상 '무'를 만들고, 그 안에서 '무극'이라는 우주의 대단원을 이루어, 우주가 영원히 존재할 수 있는 근본적인 바탕을 이룬다.

인간은 신(神)의 작용체인 영(靈), 그것을 작용시키는 순수한 영성에너지 '기(氣)'와 정(精)의 작용체인 백(魄), 그것을 작용시키는 물성에너지 '기(氣)'가 혼합되어 조화를 이룬 영혼이 몸에 깃들어 탄생하게 된다. 그리고 영성의 '기(氣)'와 물성의 '기(氣)'가 혼합되면 '혼(魂)'이라 한다.

③ 정(精)

우주 형상 '무(無)' 안에서 우주의 대단원 '무극(無極)'이 이루어지면, 하늘은 인간을 탄생시켜 우주가 영원히 존재하게 한다. 이에 따라 영성의 기(气)를 강하게 충만한 순수영(⊗) 삼신(三神)은 극대화된 작용 능력으로 천리지기운(天理之气運)의 변화작용을 일으켜, 영이 생성되는 황극(黃極)을 이룬다. 이때 천리지기운(天理之气運)의 변화작용 과정에서 원심력으로 떨어져 나온 파생 기운은 존재에 대한 집착이 강하게 잠재된다. 이 집착은 '정(精)'이라는 물성의식이 되고, 그것을 작용하는 힘을 '기(氣)', 즉 '사물지기운(事物之氣運)'이라 한다.

'정(精)'은 '유(有)' 의식을 생성시키고, 사물지기운(事物之氣運)의 변화작용을 일으켜 물질이 생성되는 '태극(太極)'을 이룬다. 정(精)이라는 물성의식이 작용되는 체계를 '정령(精靈)' 또는 '백(魄)'이라 한다.

우주의 절대의식인 신이 생성된 후, 우주 자연의 순수한 영성기운은 오랫동안 변화의 과정을 일으켰다. 그에 따라 황극과 태극이 이루어져, 영과 물질이 생성됨으로써 인간이 탄생할 수 있는 조건이 되었다. 인간이 탄생하는 것은 영성의식의 신과 물성의식의 정이 기(气)의 작용으로 조화 있게 합체된 것을 말한다. 그러므로 인간이란 생명체의 근본이 되는 핵심 요소를 '신 · 기 · 정(神 · 气 · 精)'이라 하는 것이다.

다시 말해서, 인간은 영성의식의 신을 핵심 요소로 한 마음과 물성의식의 정을 핵심 요소로 한 몸이 합체되어 이루어진 복합 생명체이다. 따라서 근본적인 핵심 요소는 '정신(精神)'이다.

'정신'이란 단어는 '정신 차려', '정신일도 하사불성', '정신을 일깨우자' 등으로 누구나 잘 알고 많이 사용하고 있는 용어이다. 그러므로 사람들은 언제든지 정신을 똑바로 차리고 갖추어야 되는 것임을 은연중에 알고, 자신도 모르게 실천하고 있다.

(2) 영·혼·백(靈·魂·魄)

영·혼·백(靈·魂·魄)은 신·기·정(神·气·精)의 하위 개념으로서, 인간이라는 생명체의 근본적 핵심 요소가 신·기·정(神·气·精)이라 하면, 이를 작용시키는 체계를 영·혼·백(靈·魂·魄)이라 한다.

다시 말하면, 인체에서 정신의 신을 작용시키는 체계를 '영체(靈體)'라 하고, 정을 작용시키는 체계인 백(魄)은 '육체(肉體)'라 한다. 영(靈)과 육(肉)이 합체되어 조화를 이루면, 영(靈)의 핵심 요소 신(神)과 육(肉)의 핵심 요소 정(精)은 서로 소통됨으로써 하늘과 세상의 정보를 공유하는 조건이 된다. 또한 영과 육이 상대, 상합, 상교하는 복합적인 작용은 영성의 기(气)와 물성의 기(氣)가 혼합되어 이루어진 혼(魂)이 하게 된다.

인체에서 영과 백이 혼(魂)에 의해 조화를 이루고 있다가 만약 분리되면, '영혼(靈魂)'과 '혼백(魂魄)'이라 표현한다. 혼백은 '혼령(魂靈)'이라고도 한다. 영혼은 몸에서 분리된 영(靈)의식에 백(魄)의식이 남아 있는 상태를 말하고, 혼령은 정(精)의식에 아직 영(靈)의식이 남아 있는 상태를 말한다.

사람은 세 가지의 의식 작용체계, 즉 생명의 본질인 '영·혼·백'이 조화된 상태에서 생명활동을 한다. 그런데 죽음을 맞이하게 되면, 영과 육이 분리된다. 즉, 영혼과 혼백으로 나눠진다. 영혼은 의식의 순도에 따라 어느 공간에서 어떻게 존재하느냐가 결정되고, 신이 핵심 요소이므로 영원히 존재한다. 혼백 또는 혼령은 의식의 순도와 관계 없이 정이 핵심 요소이므로 현상계에서 3일간만 존재하다 원래의 성분으로 비산(飛散)된다.

인체에서 백(魄)이라고 표현하는 물질정령은, 그 물질의 형태와 성질을 나타내고 유지하려는 핵심 요소이다. 과학적 측면에서 보면, 모든 물질은 핵을 중심으로 끊임없이 돌고 있는 전자를 현미경으로 관찰할 수 있는데, 그것은 물질이 썩지 않고 형태와 질을 그대로 유지하려고 애를 쓰고 있는 현상이다. 즉 어떤 물질이든 그 물질의 형태와 질을 그대로 유지하려면, 거기에 걸맞은 전자의 수가 갖추어져 핵을 중심으로 끊임없이 돌고 있어야 한다.

그것을 '물질정령'이라 하는데, 물질은 무상(無常)하므로 존재의 한계가 있다.

(3) 심·기·신(心·氣·身)

심·기·신(心·氣·身)은 영·혼·백(靈·魂·魄)의 하위 개념으로서, 생명의 본질인 영·혼·백(靈·魂·魄)이 현실과 마주하며 의식을 작용할 수 있는 체계가 갖추어진 것을 말한다.

다시 말하면, 신을 작용하는 체계인 영과 물성기운이 합체되면 '영혼(靈魂)'이라 한다. 이 영혼이 육체를 통해 생명활동을 구체적으로 해야 할 때는 몸과 공유되는 체계를 이루게 된다. 이것을 '마음', 즉 '심체(心體)'라 한다. 그리고 정을 작용하는 체계인 백과 영혼이 합체되어 생명활동을 해야 할 때는 백의식을 작용하는 체계를 이루게 된다. 이것을

'몸', 즉 '신체(身體)'라 한다. 또한 마음과 몸이 합체되어 복합 생명체로 이루어졌을 때, 이들 의식을 작용시키는 공유 에너지는 '기(氣)'라고 한다. 이 세 요소가 합체되어 완전한 형체의 생명체를 갖추면, 심·기·신이라 하는데 일반적으로는 기(氣)를 생략하고 '심신(心身)'이라고 한다.

평소 마음이 언짢을 때는 심기(心氣)가 불편하다고 하면서 기(氣)를 표현하지만, 몸이 아플 때는 신기(身氣)가 불편하다고 하지 않고, '몸이 아프고 불편하다.'고 한다. 만약 몸과 마음이 힘들고 만사가 귀찮아지면, 기(氣)를 생략한 채 '심신(心身)이 피곤하고 힘들다.'라고 표현한다.

'심신' 즉 몸과 마음으로 이루어진 생명체는 서로의 의식을 교류하고 작용하는 공유 통로가 있는데, 거기에는 기(氣)가 흐르고 있다. 그러나 일반적으로 기(氣)라는 표현을 생략하고 있다. 몸은 드러나는 것이지만, 마음은 드러나는 것이 아니기 때문에 몸속에 마음의 생명기운이 내포되어 있음을 묵시적으로 인정할 뿐, 굳이 기(氣)를 나타내지 않는다.

마음을 드러내는 일은 쉽지 않지만, 얼굴을 통해서는 잘 나타난다. 표정으로 마음의 섬세하고 미묘한 감정을 나타낼 수 있다. 특히 감정을 예술 작품으로 드러내는 것은 어떤 동물도 할 수 없는 인간만의 독특한 능력이다. 그것은 바로 영혼이 있고, 그 영혼이 생명의 주체로 작용하기 때문이다.

몸과 마음이 잘 조화되어 있으면, 생명회로에 흐르는 기(氣)가 마음의 정보의식을 몸으로 전달하는 역할을 함으로써, 마음이 담긴 행동을 하게 된다. 그런데 간혹 마음에도 없는 행동을 하는 경우가 있다. 물질로 이루어진 몸은 그 자체로도 의식을 가지고 있기 때문에 마음보다 물질의식이 강하면 독자적으로 행동을 할 때가 있다. 그러면 시행착오를 겪거나 후유증이 생기는 경우가 많다.

영은 영성의식을 작용시키는 체계가 있고, 백은 물성의식을 구체적으로 작용시킬 수 있는 체계가 있는데, 영과 백이 합체되어 생명활동을 할 때 마음과 몸이라 한다. 이때 마음은 '영심(靈心)', 몸은 '육심(肉心)'이라고도 한다.

몸과 마음은 서로 의지하고 협력하면서 조화를 이루고 있으므로, 만약 몸이 강하게 일으켰던 욕구가 몸의 한계에 부딪혀 충족되지 않으면, 마음은 몸이 잠을 잘 때, 몸에서 잠시 이탈하여 시공을 초월한 능력을 발휘함으로써 그 욕구를 충족시켜 준다. 그것이 영혼작용이 일어나는 꿈이다.

몸이 욕구 충족을 마음에 호소하면, 마음은 그것을 최대한 실현해 주기 위해 노력하지만, 몸의 한계를 지나치게 넘어서지 않도록 통제하고 절제시킨다. 그러나 몸이 마음의 지시를 따르지 않고 통제할 수 없는 상태로 욕심을 끝까지 부리면 그냥 놓아버린다. 그렇게 되면 당연히 화를 면하지 못하게 된다. 몸은 한계가 있고, 욕구는 한계가 없기 때문이다.

물질의 독특한 성질 중 하나는 한계 없는 욕구이다. 몸이 욕구를 절제하지 못하는 것을 과욕 또는 욕심이라 하는데, 그 끝은 큰 탈이다. 마음은 이 사실을 잘 알고 있으므로, 몸의 욕구를 통제하고 절제시키지만, 몸은 알지 못하므로 악착같이 고집을 부린다. 만약 마음의 의식이 강하지 못하여 통제 한계를 느끼면 어쩔 수 없이 내버려 두게 된다. 그 결과는 되돌아올 수 없는 강을 건너게 된다. 이것은 마음 즉, 영심이 독기나 사기운에 많이 훼손되어 죄의식을 못 느낄 정도로 양심을 잃어버린 경우이다.

신(身)의 핵심 요소인 '백(魄)'은 물성의식의 정(精)을 작용시키는 체계인데, 순수해야 할 백(魄)이 지나치게 물질 욕심을 냄으로써 순수한 백(白)이 지워져 버리면 남는 것은 '귀(鬼)'이다. 이 귀가 신을 핵심 요소로 하는 영심에 달라붙으면 '귀신(鬼神)'이 된다. 다시 말하면, 몸의 욕구가 너무 강해 욕심의 도를 넘어서면, 순수한 마음을 불순한 귀(鬼)의 마음으로 만든다. 이렇게 되었을 때, 몸을 잃어버리는 죽음의 상태가 되면, 몸에서 분리된 영혼은 귀신이 된다.

현상계에서 필요 이상의 물질을 많이 가지려고 욕심을 내면, 참된 삶을 영위하지 못하므로, 살아 있을 때나 죽었을 때나 고통의 질곡에서 헤매고 있는 상황이 얼마나 비참한 것인가를 생각한다면, 신·기·정(神·气·精), 영·혼·백(靈·魂·魄), 심·기·신(心·氣·身)의 생명 원리를 바르게 깨우쳐야 할 것이다.

심·기·신(心·氣·身)은 영·혼·백(靈·魂·魄)의 하위 개념이고, 영·혼·백(靈·魂·魄)은 신·기·정(神·气·精)의 하위 개념이다. 이 개념을 제대로 이해하고 심신을 충분히 단련시키는 것과 영혼을 항상 맑고 밝게 갖추는 것에 집중해야 한다. 그것이 바로 올바른 정신으로 살아가는 참된 삶의 지름길이다.

(4) 기와 기(气와 氣)

우주 형성 과정에서 절대의식, 신성(神性), 신령(神靈) 등이 생성된 후,

'능'의 움직임은 우주의 절대의식과 교감할 정도로 완숙한 상태가 된다. 이로써 능은 영성의식을 작용시키는 순수한 자연의 근원에너지 '기(气)'로 변한다.

하늘마음은 기(气)를 작용시켜 우주 형상 '무(無)'를 만들고, 그 무(無) 안에서 우주의 대단원인 '순수영(⊗) 무극'이 이루어진다. 순수영 무극은 영성의식을 작용시키는 천리지기운의 변화작용으로 영이 생성되는 '황극(黃極)'을 이룬다. 그 과정에서 떨어져 나온 '기(气)'가 존재하려는 집착의 정(精)으로 변질됨으로써, 유(有)의식을 강하게 일으키는 '기(氣)'로 변한다. 이 기는 물성의식을 작용시키는 사물지기운으로서, 물질이 생성되는 '태극(太極)'을 이룬다.

영성의식을 작용시키는 순수한 기(气)가 이탈되어, 물성의식을 작용시키는 기(氣)로 변한다. 전자를 천리지기운이라 하고, 후자를 사물지기운이라 한다. 이 둘은 서로 상대되면서 일체 되고, 분리된 상태에서 의식을 교환하면서 합쳐지기도 한다. 이 작용 원리가 모든 개체에 응용되어 사물의 생성, 양육, 소멸하는 변화를 가져오고, 응집과 확산을 되풀이하면서 끊임없이 순환 운동을 이어간다.

기와 기(气와 氣)는 우주의 축소판인 사람의 마음과 몸에 가득 채워져 있으며, 우주 공간에 가득한 기에 연동되어 작용한다. 이 기운이 부족하거나 불균형 상태가 될 때 병이 생긴다.

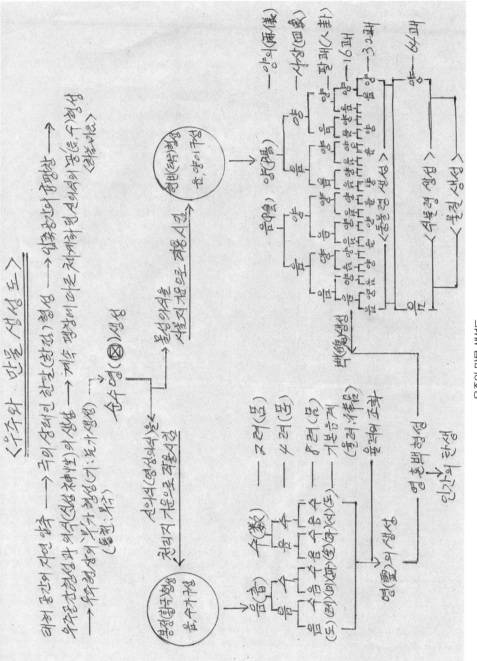

4) 생명체 구성 요소의 순위

신(神):   우주의식, 신성, 천리지성, 하늘을 의미하고, 이치, 법칙, 순리, 섭리 등의 진리가 내재하여 있으며, 우주 자연의 절대의식을 지닌 절대 존재를 말함.

↓

영(靈):   신(神)을 작용할 수 있는 조건을 갖춘 체계, 즉 신(神)의 작용체를 말함.

↓

기(气):   신(神)을 작용시키는 영성에너지(우주 공간과 영(靈)이라는 작용체에 충만되어 있음.)

↓

정(精):   자연의 이치, 법칙이 내재한 물성의식으로서 물질을 이루는 핵심 요소, 물질의 핵

↓

백(魄):   정(精)을 작용시킬 수 있는 조건을 갖춘 체계, 즉 정(精)의 작용체를 말함.

↓

기(氣):   정(精)을 작용시키는 물성에너지(태극이라는 현상계와 백(魄)이라는 작용체에 충만되어 있음.)

영성에너지인 기(气)와 물성에너지인 기(氣)가 혼합되어 잘 조화된 상태를 혼(魂)이라 함.

· 신기정(神气精)

인간에게 주어진 생명의 근본적인 삼 요소로서, 영성의식인 신(神)과 물성의식인 정(精)이 기에 의해 조화되어 있는 생명체

↓

· 영혼백(靈魂魄)

영(靈)은 신(神)을 작용시키는 체계로써 기(气)가 작용에너지이고, 백(魄)은 정(精)을 작용시키는 체계로써 기(氣)가 작용에너지임. 이 두 개의 작용에너지가 혼합되어 조화된 상태를 혼(魂)이라 하며, 영(靈)과 백(魄)의 작용에너지로서 인간에게 주어진 생명체의 근원적 힘이 됨.

↓

· 심기신(心氣身)

심(心)은 신(身)과 합체되어 영혼의식을 체계적으로 작용시키는 본체
신(身)은 심(心)과 합체되어 물질의식을 체계적으로 작용시키는 본체

5) 용어의 개념과 의미

용어	내 용
알	〈사전적 의미〉 ① 덮어쓴 것, 싼 것이나 딸린 것을 다 떨쳐 버린 것임을 뜻함. 　(알몸, 알밤, 알종아리) ② 아주 작은 것임을 뜻함. (알개미, 알다리, 알바가지) ③ 진짜 또는 알짜임을 뜻함. (알부자, 알거지, 알건달) 여기서 알짜란 가장 중요한 물건, 가장 훌륭한 물건, 모자람 없이 본이 될 만한 것을 뜻함. 〈공심적 의미〉 눈에 보이지 않는 저 깊숙한 곳에 무언가를 한껏 지니고 있다가 필요한 시기에 드러내는 시발점을 말한다. (점: 한 점, 한 알) 한 점이지만 무한 크기로 나타날 수 있는 잠재적 요소
얼	〈사전적 의미〉 정신, 넋, 혼(魂), 사람의 육체 속에 깃들어 있어 정신작용을 다스리고 있는 것 〈공심적 의미〉 영혼과 물질의 핵심 요소이며, 생명의 본질인 마음과 몸을 이루는 근본을 말한다. 즉, 신 · 기 · 정(神气精)을 말한다.
넋	〈사전적 의미〉 사람의 육체 속에 깃들어 있어 정신작용을 다스리고 있는 것으로 생각되는 것. 혼(魂), 혼백(魂魄), 정신(精神) 〈공심적 의미〉 얼을 작용시킬 수 있는 조건의 상태, 즉 정(精)과 신(神)을 작용할 수 있는 조건의 상태를 말하며, 정의 작용에너지인 기(氣: 사물지기)와 신의 작용에너지인 기(气: 천리지기)가 혼합, 조화되면 혼(魂)이 된다. 다시 말해서 정(精)을 작용시키는 상태를 백(魄)이라 하고, 신(神)을 작용시키는 상태를 영(靈)이라 할 때, 작용에너지는 혼(魂)이다. 그러므로 영 · 혼 · 백을 넋이라 하고, 이것이 인간의 정신작용의 근원이 된다.
영(靈)	〈사전적 의미〉 신령 영, 영혼, 죽은 사람의 혼백

용어	내 용
	〈공심적 의미〉 신(神)을 작용시키는 체계를 말한다. 신(神)을 핵심 요소로 하여 마음을 이루는 핵심 요소이다. 작용에너지는 기(気)이다.
혼(魂)	〈사전적 의미〉 넋, 혼 〈공심적 의미〉 영(靈)의 작용에너지인 기(気: 천리지기)와 백(魄)의 작용에너지인 기(氣: 사물지기)가 혼합, 조화되어 이루어진 에너지
백(魄)	〈사전적 의미〉 넋, 사람의 생장을 돕는 음(陰)의 기운. 정신을 주관하는 것은 혼, 육체를 주관하는 것은 백이라 한다. 오관(五官)의 기능은 백의 작용이다. 〈공심적 의미〉 정(精)을 작용시키는 체계를 말한다. 정(精)을 핵심 요소로 하여 몸을 이루는 핵심 요소이다. 작용에너지는 기(氣: 사물지기)이다.
영혼 (靈魂)	〈사전적 의미〉 ① 육체가 아니면서 육체에 깃들어 인간의 활동을 지배하며, 죽어서도 육체를 떠나 존재하는 것으로 여겨지는 정신적 실체. 영가(靈駕), 혼령(魂靈) ② 기독교에서 불사, 불멸의 신령한 정신을 이르는 말 〈공심적 의미〉 신(神)이 핵심 요소이고, 육체에 깃들어 마음을 이루는 핵심 요소로 작용한다. 혼백과 연계되어 생명활동을 구체적으로 지배하는 정신작용의 주체가 되는 것
혼백 (魂魄)	〈사전적 의미〉 넋 〈공심적 의미〉 육체에 깃들어 있으며, 몸을 이루는 핵심 요소인데 영혼과 연계되어 생명활동을 지배하는 정신작용의 주체가 되는 것 사람이 죽었을 때 영·혼·백에서 분리된 넋을 말한다.
혼령 (魂靈)	〈사전적 의미〉 죽은 사람의 넋, 영혼

용어	내 용
	〈공심적 의미〉 육체에 깃들어 있으며, 혼백과 같은 의미로 영성의식인 신이 남아 있는 상태의 혼정령에서 정을 생략한 표현이다. 사람이 죽었을 때 영·혼·백에서 분리된 넋을 말한다.
신(神)	〈사전적 의미〉 종교의 대상으로서 초인간적인 또는 초자연적인 위력을 가진 존재 〈공심적 의미〉 우주 형성 과정에서 생성된 우주의 절대의식(천리지성, 신성)을 말하며 우주의 법칙, 순리, 하늘의 이치, 섭리 등의 진리가 내재되어 있다. 우주의 절대의식이 체계적으로 조화된 상태를 '공'이라 하는데, 이것은 우주심을 뜻한다. 우주의 절대의식이 음·수를 만들어, 절대의식을 작용시키는 영이 생성되게 했다. 이 영을 우주령 또는 신령, 성령이라 한다. '신'은 절대 존재다.
기(氣)	〈공심적 의미〉 우주 생명의식의 순수에너지(천리지기)로서 신(神)의식의 작용체인 영(靈)과 마음을 작용시키는 영성에너지이다.
정(精)	〈사전적 의미〉 정기, 정령의 준말 〈공심적 의미〉 물질을 이루는 핵심 요소로서 자연의 이치, 법칙 등의 진리가 내재하여 있다.
기(氣)	〈사전적 의미〉 활동의 근원이 되는 힘, 기력(생기, 원기, 용기) 〈공심적 의미〉 우주 생명의식의 순수에너지(사물지기)로서 정(精)의식의 작용체인 백(魄)과 물질을 작용시키는 물성에너지이다.
심(心)	〈사전적 의미〉 마음. 사람의 몸에 깃들여서 지식, 감정, 의지 등의 정신활동을 하는 것 또는 그 바탕이 되는 것 〈공심적 의미〉 우주의 진리와 순수생명에너지[기氣]를 지닌 영혼을 혼백과 연계시켜 생명활동을 주관하는 구체적인 체계인 마음이다.

2. 현상계와 비현상계

우주의 형성 과정과 순수자연의 변화작용 원리에서 설명한 것처럼, 자연의 섭리와 법칙이 확립된 '짐'은 절대의식으로 성숙되고, 그 절대의식에 감응되어 교감할 수 있을 정도로 진화된 '능'은 더 섬세하고 정확하게 움직일 수 있는 '기(氣)'로 전환된다. 이로써 시간과 공간이 잘 짜인 허공에는 우주 공간을 나타내는 은빛 무리의 테가 만들어지고, 그 속에서 우주 형상 '무(無)'를 형성한다. 이때, '무'의 중심에는 모든 의식과 기운들이 모여들어 궁극의 한 점으로 응집된다. 이 한 점은 우주의 식과 원리가 구체적으로 펼쳐지는, 하나의 대단원인 '무극(無極)'이라는 특별하고 새로운 공간으로 팽창된다. 이 '무극(無極)'은 우주의식인 하늘의 뜻과 원리를 펼치는 영원한 궁극의 대단원으로서, 비현상계인 황극과 중극, 그리고 현상계인 태극을 생성한다. 다시 말해서 생명을 잉태시키고 만물을 생성하는 조건을 갖춤으로써, 영원한 우주의 모양새와 원리가 이루어진다.

우주 공간은 크게 두 가지로 나뉘는데, 하나는 눈에 보이는 현상계이고, 다른 하나는 눈에 보이지 않는 비현상계이다. 눈에 보이지 않는다는 의미는 일반 사람들의 물질의식과 과학적 지식으로는 알 수 없다는 것이다.

1) 현상계(태극太極: 1~3차원)

현상계는 물질로 이루어져 있는 가시적 세계이며, 눈에 보이지 않는 시공간에 대한 상대적 가치가 존재하는 세계이다. 이를 '이승'이라고도 한다.

　현상계의 모든 생물은 1차원부터 3차원에서 생명활동을 영위하고 있지만, 인간은 영혼이 깃들어 있으므로 4차원 이상의 생명의식을 발휘한다. 그러나 물질과 계속되는 교류 때문에, 고차원 의식의 주체성을 잃어버리고 물질적 욕망 추구에만 급급하여, 물질적 가치 기준에 맞추어 사회의 모든 형식과 제도를 편중시켜 놓았다. 결국, 욕심 때문에 생명활동의 진정성을 잃어버리고 자기 파멸을 맞이하고 있는 것이 현대 사회의 절망적인 현실이다. 삶을 영위하는 의미가 무엇인지 모르게 하는 물질적 유혹 때문에, 영혼이 병들어 큰 고통을 자초하는 것이 문제이다. 비현상계와 구분하기 위해 물질로 이루어진 현상계를 0단계로 표현했다.

2) 비현상계(중극中極: 4~12차원)

　비현상계는 눈에 보이지 않는 시공간의 세계로서, 1단계(4차원)에서 4단계(8~12차원)로 나뉘어 있다. 살아생전, 영혼에 갖추어진 영성기운의 순도에 따라 사후, 해당하는 단계로 가게 된다. 1단계는 4차원으로 지옥계(地獄界)와 유계(幽界)이고, 2단계는 5차원의 신계(神界)와 6차원의 영계(靈界)이며, 3단계는 7차원의 순수영(⊗)계이다. 마지막 4단계는 절대계(絶對界)인데, 영성기운의 순도에 따라 8, 9, 10, 11, 12차원으로 달라진다.

(1) 1단계(유계幽界–지옥계地獄界 포함: 4차원)

유계(幽界)는 살아생전의 행위 때문에 마음속에 물질에 대한 강한 집착과 애착이 잠재된 상태에서 죽음을 맞이한 영혼이 가는 세계이다. 인간은 현상계에서 생명활동을 하는 동안, 이기적이고 물질적인 방향으로 치우치기 때문에 양심을 잃어버리고 투쟁심만 키운다. 그로 인해 애착·집착·욕망·한·질투·시기 등이 생전의 영혼 속에 강하게 잠재된 채, 죽음을 맞이하게 되고, 그에 따른 고통의 의식이 그대로 잠재된 상태에서 유계라는 비현상계의 공간에 머물게 된다. 이곳에 머무는 영혼들은 생전에 만만하게 지냈던 사람에게 자신의 처지를 알리고 싶은 욕구 때문에 영파(靈波) 보내는 것에 집착한다.

만약 유계에 머무는 동안 산 사람과 교류 없이 일정 기간이 지나면 천도가 될 수 있다. 아무리 애착이 강하다 해도 60년 이상 머물면 자연적으로 천도가 되지만, 산 사람과 의식 교류가 계속 이루어지면 애착이 더 생성되므로 끝없이 머물게 된다.

지옥계는 유계에 속해 있는데, 스스로가 만들어 놓은 고통의 의식 속에 갇혀 있는 공간이다. 인간이 현상계에서 생명활동을 하는 동안 물질 욕구에 사로잡혀, 양심을 거의 상실한 상태에서 저지른 죄악의 명행(업) 때문에 가게 되는 곳이다. 생전의 영혼 속에 강하게 잠재된 나쁜 명행의 정도에 따라 고통의 환경은 다르게 주어진다. 유계와 마찬가지로 생전의 만만한 인연과 영파작용을 계속 시도한다. 자연 천도의 조건은 유계와 같다.

(2) 2단계(신계神界, 영계靈界: 5, 6차원)

① 신계(神界: 5차원)

인간이 물질적인 욕망이나 그 외의 감정을 다스리는 노력으로 삶의 애착에서 벗어났다 해도, 영원한 생존 욕구와 지배 욕구에 강하게 집착하고 있으면, 사후의 영혼은 1단계의 유계(幽界)를 거치지 않고, 2단계에 속한 5차원의 신계(神界)로 진입한다. 물론 살아생전의 인격체가 2중, 3중, 다중이 아닌 정상 상태여야 한다.

유계에 머물던 영혼이 신계로 진입하려면, 영혼에 잠재되어 있던 물질에 대한 집착과 삶에 대한 여러 종류의 애착들이 소멸하고, 2중, 3중, 다중인격체 문제도 정상적으로 해결한 후, 신계의식을 강하게 높여야 한다. 지옥계에 머무는 영혼들은 잠재되었던 죄업이 소멸해도 유계에는 진입하지만, 신계로 가지는 못한다. 신계의 지배를 받는 유계, 지옥계의 영혼들은 의식의 강약에 따라 위계질서가 저절로 이루어져 있다. 신계에서 세속의 무속인에게 특별한 능력을 부여하는 방편으로 '신(神)모심'이란 절차를 거치게 하여 무속인을 다스리고 이용하는 위계질서 체계를 현상계 내에 갖추어 놓았다. 만약 유계 또는 지옥계의 영혼들을 신계 조직으로 확보할 필요가 있을 때, 무속인을 통해 유도한다. 그뿐만 아니라, 필요하다면 만만하게 부릴 수 있는 유계의 영혼들을 이용하여 무속인을 통해 현상계의 산 사람에게 큰 영향력을 발휘하기도 한다.

② 영계(靈界: 6차원)

인간이 현상계에서 삶을 영위하는 동안, 자신을 정상적인 인격체로 유지하고, 집착과 애착, 그리고 그 외의 감정들을 충분히 다스리는 노력으로, 마음의 순도를 70% 정도 갖춘 상태에서 죽음을 맞이하면, 그 영혼은 비현상계의 2단계에 속한 영계로 진입한다. 영계는 6차원의 공간이며 흔히 '저승'이라고 말하는 곳이다.

비현상계의 2단계에 속한 6차원 공간의 영계는 비순수의식이 혼재된 상태이고, 여기에 진입한 영혼은 잠을 자는 것과 비슷한 휴면 상태로 존재하면서 나름대로 의식을 높이는 노력을 할 수 있다. 의식을 높이는 노력으로 영혼의 순도를 80% 정도 갖추게 되면 순수영계로 진입한다.

천도라는 것은 1단계 4차원의 유계에서 2단계 6차원의 영계로 이동되는 것을 말하는데, 자연적인 것과 인위적인 것이 있다. 자연적인 것은 산 사람과 영파(靈波) 교류 없이 자연 풍화작용을 일정 기간(최고 60년) 동안 겪고 나면, 저절로 영계로 가는 것이다. 인위적인 것은 생전에 만만하게 지냈던 인연의 큰 덕으로, 천도 능력자 천인의 도움을 받아서 영계로 천도가 되는 것을 말한다.

유계에서 머무는 영혼이 영계로 진입하려면 영혼에 유입된 애착·집착·한·욕망 등이 소멸하고, 2중, 3중, 다중인격체의 문제도 정상이 되어야 한다. 사당에 모셔 추모하고 제사 지내는 등의 행위에 의해 산 사람과 영파 교류가 계속 이루어지면 교만과 애착이 커져서 자연 천도는 불가능하다.

영계에는 생명 잉태를 위한 대기 영혼의 공간이 있는데, 이곳을 잉태 대기공간이라 한다. 이 공간에는 황극에서 생성된 영혼과 현상계에서 다시 돌아온 영혼이 함께 있다. 그리고 영계지옥이라는 공간도 있는데, 이곳은 살아생전에 지은 나쁜 명행(命行: 악업惡業)이 너무 큰 상태에서 죽음을 맞이한 영혼이 머무는 곳으로, 유계의 지옥과는 비교가 안 될 만큼 큰 고통의 도가니에 묶인 채, 영원히 구제받을 수 없게 된다.

(3) 3단계(순수영계: 7차원)

삶을 영위하는 과정에서 마음의 순도를 80% 이상 유지하려고 노력했고, 그 상태에서 죽음을 맞이했다면, 영혼은 3단계인 7차원의 순수영계로 진입한다. 이 차원은 시공간을 초월하고, 절대 가치가 존재하는 세계로서, 의념만으로도 모든 일이 이루어진다.

이 차원에 존재하는 영혼이 스스로 영성기운의 순도를 90% 이상으로 높이면, 진화계를 거쳐 4단계인 절대계로 진입한다. 만약 영성기운의 순도가 70%로 떨어지는 경우에는 영계의 잉태 대기공간으로 간 후, 인간으로 다시 태어난다.

한편, 현상계에서 뛰어난 재능과 노력으로 세상을 위한 선인의 역할을 하고, 마음의 순도를 80% 유지한 상태에서 죽음을 맞이하면, 그 영혼은 순수영계로 들어가서 잠시 머물다가 윤회계로 가게 된다. 윤회계의 영혼들이 현상계로 갈 때, 부여받는 역할은 두 가지가 있다. 하나는 새로운 생명으로 잉태되어 선인으로 가는 경우이고, 다른 하나는 천사의 역할로 가는 경우이다.

(4) 4단계(절대계: 8~12차원)

일상에서 마음의 순도를 높이는 강도 높은 수련을 하게 되면, 영성의
식은 크게 높아지고, 마음의 순도는 90% 이상이 된다. 이는 깨달음을
얻을 수 있고, 성령을 받는 위상의 조건이다. 이 상태에서 죽음을 맞이
한 영혼은 영원불멸의 절대적 가치가 존재하는 4단계인 절대계로 진입
한다.

이 단계는 항상 기쁨이 넘치는, 행복 그 자체이며 흔히 천상, 천국, 극
락, 낙원 등으로 표현되는 세계이다. 여기는 영혼의 순도에 따라 8차원
에서 12차원으로 구분된다. 순도가 90%이면 8차원, 95%이면 9차원,
98%이면 10차원, 99%이면 11차원, 100%이면 12차원인데, 이것은 행
복지수가 다르다는 뜻이다.

절대계의 위상에 있는 영혼들은 하늘이 바라는 가장 이상적인 조건
을 갖춘 상태로, 우주가 영원히 존재하는 데 있어서 큰 역할을 하고 있
다.

3) 구성 체계도

구분	단계	차원	명칭	내용		비고
비현상계 (눈에 보이지 않는 세계·中極)	4	12	절대계	100%: "공"	천상, 천국, 극락 (영원불멸의 절대적 가치, 순도 90% 이상)	진화
		11		99%		
		10		98%		
		9		95%		
		8		90%		
	3	7	순수영 (⊗)계	순수의식 상태 (시공간을 초월하여 의념으로만 주어지는 절대적 가치, 순도 80% 이상) *진화계와 윤회계가 포함되어 있음		윤회
	2	6	영계 (靈界)	저승 순수의식과 비순수의식이 혼재되어 잠을 자는 것과 비슷한 상태 순수의식70%〉비순수의식30%		천도
		5	신계 (神界)	비순수의식인 영원한 생존 욕구와 지배 욕구의 집착이 팽배되어 있는 상태 순수의식〈비순수의식(물질의식)		교류
	1	4	유계 (幽界)	영혼 속에 물질의식인 애착·집착·한·욕망·고통 등이 강하게 유입된 상태에서 벗어나지 못하고 현상계와 영파작용을 하려고 집착함 *지옥계가 포함되어 있음 현상계에서 저지른 죄악의 명행(업) 때문에 심한 고통의 환경에 처한 상태 (스스로가 지닌 나쁜 의식에 따라 처한 고통의 상황)		잉태
현상계 (太極)	0	3	물질계	이승 물질로 이루어진 가시적인 세계로서 눈에 보이지 않는 시공간에 대한 상대적 가치의 세계 (몸의식과 물질이 연속적으로 교류하므로 생명의 주체인 마음이 왜곡되어 고통이 유발되는 세계)		선인
		2				
		1				천사

9장

容天공心

容天공 기념관

저자의 귀천을 추모하고, 용천공심수련을 대내외에 알릴 수 있도록
전시관을 만들어 2022.1.23. 개관함.

용천공심수련

　　용천공심의 의미

　　공부의 방법

100차 자연과의 대화를 기념하며

메시지로 전하는 하늘마음

　　새천년 맞이

　　한라산 백록담 기운영

　　바른 생명의 길로 가십시오

　　연심당귀본

　　순응과 자유, 용서와 반성

　　버리는 것 없이 모두 버려라

　　생명의 참모습인 '나'를 찾아 사랑의 향기를 뿜는 한 해가 되기를

　　예술 문화를 바로 세워 정신을 바르게 일깨워야 합니다

　　然心田 '나'그네

　　양심의 잣대를 잃지 마십시오

　　'나'는 어디에 있는가

1. 容天공心 수련

1) 용천공심의 의미

'용천¹공심 수련'은 하늘을 근본으로 하고 순수기운을 작용 삼아서 자신과 일체인 마음이 생명의 본질임을 밝히고 드러내도록 노력하는 것이다. 다시 말해서 자신의 인생 전반에 걸쳐 굳어있는 나쁜 관념들을 자기반성으로 털어버리고 본래의 순수성을 회복하여 자기완성으로 가는 끊임없는 노력이다. 또한, 자신의 순도 높은 영성으로 밝고 맑은 미래 사회를 만들어 가는 마음 수련이다.

---

1 '용천'은 기운이 샘솟는 모습이다. 그렇게 가득하고 넘치는 기운을 퍼 올려 많은 사람에게 나누어 줄 수 있는 중간 조력자, 양수의 역할을 할 수 있도록 해야 한다.

(1) '용'

모든 대상을 너그럽게 받아들이며 허물을 덮어주고 잘못은 사랑으로 용서하면서 더불어 사는 것을 감사하게 생각하는 것이다. 또한 자연을 소중하게 생각하고 아끼는 마음으로 검소하게 생활하면서 봉사와 헌신, 희생정신을 실천하는 것이다. 이 모든 것은 하늘을 향해 부끄럼이 없도록 노력하는 것이다.

(2) '천'

시작도 끝도 없는 영원한 하나 또는 전부이면서 우주 자연의 만사만물이 궁극으로 돌아가는 귀일처이다. 어느 것에도, 어디에도 실재하지 않음이 없으며 언제라도 그 뜻이 작용하지 않음이 없는 것이다. 천은 모든 생명을 잉태, 양육, 보호, 재생, 수용하는 사랑의 대단원으로서 전체를 가리키며 그 모양은 땅으로 표현되고 뜻은 사람에 의해 나타난다.

(3) '공'

절대의식인 하늘의 뜻을 기운작용할 수 있는 근원으로서 하늘(우주 자연)의 본성 그대로 지극히 밝고 맑으며, 부드럽고 포근하며, 넓고 깊어서 더할 것도 덜한 것도 없는 큰 덕과 지혜를 가지고 있다. 세상이 하늘의 뜻에 의해 이루어지고 사람이 하는 일은 사람의 뜻에 의해 이루어진다면 하늘의 뜻이 기운작용 할 수 있는 근원을 '공'이라 하고 사람의 뜻이 기운작용 할 수 있는 상태를 '심(心)'이라 할 수 있다. 그러므로 '공'

은 하늘의 마음이라 하며 세상의 일에 함축되어 사람의 마음에 의해서 나타난다. 천심(天心)은 민심(民心)이라는 옛말은 바로 이를 말한다.

하늘의 뜻은 세상의 일과 사람의 마음으로 나타내므로 '공'을 닮도록 노력하는 것은 지당한 것이며 '공' 공부를 하는 것은 본성을 회복하여 자기완성으로 가는 바른길이다.

(4) '심'

정신활동이나 영적 현상을 주관하는 영심(靈心) 즉, 마음이다. 또한, 심은 영(靈)을 핵심 요소로 하므로 영적으로 깨우칠 수 있어서 우주 만물의 절대적 요소인 삼재(三才)와 그 근원을 같이한다. 영이 현상계에서 생명의 본질로 작용할 때는 심이 되어 생명의 주체가 된다.

2) 공부의 방법

묵연-기술회로-회로-해인도 등의 단계로 공부가 진행된다. 개인이 처한 상황, 공부에 전념하는 정도에 따라 공부의 단계가 달라진다.

일반적인 개념의 '공부'는 앞선 사람들이 지식으로 만들어 놓은 책을 통해서 반복적인 학습을 하는 것으로 알고 있지만, 우리가 말하는 '공부'는 그것이 아니다.

우리가 태어날 때 생명의식 속에 '어떻게 살아갈 것인가, 무엇을 할 것인가, 현명한 삶은 무엇인가?'를 갖고 태어난다. 즉, 생명기운 속에는 자연법칙, 순리, 진리 등의 정보의식이 담겨 있기 때문에 성장하면서 내면의 정보를 스스로 일깨우면 행복한 삶을 살 수 있다. 우리는 생명 정보를 일깨우기 위해 노력하는 것을 '공부'라 정의한다. 나이, 성별, 사회적 위치에 상관없이 지금부터라도 생명 원리를 제대로 알자는 것에 공부의 의미를 둔 것이다.

(1) 공심체조와 절

온종일 신경을 쓰면서 많은 일을 하는 사람들은 자면서도 신경을 곤두세워야 할 정도로 몸을 혹사한다. 근육이 굳을 정도로 피로의 한계를 넘으면 기혈의 흐름이 원활치 못하여 내장의 정상 활동 기능이 저하되므로 발병의 원인이 된다. 그러므로 긴장된 근육을 풀고 몸을 안정되게 하는 절과 공심체조를 하는 것은 아주 좋은 수행이다. 어떻게든 틈을 내서 절과 공심체조를 수시로 함으로써 몸을 조정하는 습관을 갖는 것은 마음공부 진행을 순조롭게 하는 데 크게 도움이 된다.

흔히 '절'을 대상에 대한 숭배의식이라고 표현한다. 그러나 우리 마음공부에서 말하는 '절'은 대상을 두지 않는다. 절을 하려는 근본적인 의도는 잘 돌아가지 않는 고정화된 마음을 강제적인 행동을 통해서 돌아가도록 하려고 하는 것이다. 이것이 절을 하는 참된 의미이다.

(2) 묵연(默連)과 묵연(默然)

'묵연(默連)'은 기순환과 기교환작용에 의해 몸과 마음의 조건대로 자율 동작이 일어나는 상태이다.

인위적인 행동과 말, 생각을 하지 않고 가만히 앉아 있으면 우주의 자연법칙과 하늘의 순리로 이루어지는 만물의 변화작용의 기운 회전력인 본체에 연결된다. 그런 상태에서 몸의 움직임이 자연적으로 일어나는 것을 '기자연운동' 또는 '기자연동작'이라 말한다.

다시 말하면 인위적이지 않은 자연 상태, 즉 연심(然心)으로 가만히 있으면 빠른 속도로 바르게 돌아가는, 우주 공간이라는 큰 회전체에 연결되어 힘들이지 않고 마음이 잘 돌아가는 조건이 된다. 그것을 묵좌연동, 줄여서 묵연(默連)이라 한다.

묵연(默連)으로 기자연운동을 충분히 하면 몸의 움직임은 사라지고, 몸과 마음이 이완되는 느낌이 들면서 자연스럽게 깊은 좌정(坐定) 상태로 들어가게 된다. 이런 상태에 머물면서, 너와 나의 경계가 없어져 걸림도 없고, 막힘도 없어서 편안하고 자유로운 느낌 그대로 하늘 가운데 가만히 있는 것을 묵(默), 자기 본성이 변하지 않고 천성(天性) 그대로임을 보는 것을 연(然)이라 한다. 묵연(默然)은 자기 성찰을 통해서 본질과의 만남을 위한 차원 높은 공부라 할 수 있다.

(3) 기술회로

몸의 기순환이 원활해지면 마음이 편안해지면서 자기반성이 일어나는데 이때 자기반성을 심화시켜 마음의 문을 크게 열면 깊숙이 잠재된 독과 사기운이 배설되고 반성을 글로 나타내는 것이다.

(4) 회로공부

회로지 위에 푸른색 볼펜을 얹어서 마음과 몸의 기운 순환에 의해 저절로 돌아가도록 유도하여 깊숙이 잠재된 불순기운을 배설시켜 우주 공간의 순수기운이 들어오게 함으로써 단계별로 생명의 위상이 높아지게 하는 공부이다.

묵연을 통해 일차적으로 불순기운을 털어내면 뭔가 모르지만, 몸과 마음이 가벼워짐을 느끼게 되는데 이것은 내 생명체의 변화이다. 하지만 몸속의 불순기운을 단순히 털어내는 것만으로 안 되는 것은 차원을 달리하는 몸의 기운, 즉 불순기운이 깊이 잠재되어 있어 묵연만으로는 그것을 충분히 빼내지 못한다. 이럴 때 큰 원심력을 일으켜 쉽게 털어내는 조건을 만들기 위해 하는 것이 '회로'이다. 묵연으로 인한 몸의 자연스러운 순환만으로는 부족하여 회로를 하는 것이다. '회로'는 용천공 심수련의 핵심 공부이다.

회로공부를 통해 불순기운을 빼내고 진실과의 교감을 통해 마음이 잘 짜여 있어 외부의 기운에 흔들리지 않으면 나를 찾을 수 있는 정보 의식이 마음속에서 절로 일어난다. 이런 진실과의 교감, 묵연이나 회로를 통해 우리 생명의 본질과의 만남을 찾는데 이는 곧 나를 찾는 것이다. 이렇게 해야만 판단을 바르게 할 수 있어 건강하고 행복한 길, 자기 완성의 길과 만날 수 있다.

(5) 해인도(海印圖)

'해(海)'의 의미는 하늘의 뜻에 의해 창조된 우주 만물의 자연법칙과 순리를 깨달아 알게 하고, 그 뜻을 세상에 밝혀 지혜의 바다를 이루게 하는 힘을 말한다.

해(海)가 갖추어진 상태에서 하늘의 인(印)을 받아 하늘의 뜻(우주 정보)을 평면에 표현할 수 있는 입장으로서 자신의 위상과 재능의 정도를 정할 수 있다. 우주 공간의 심오한 정보를 해인도를 통해 펴면서 기운 차원이 상승하여 자신의 위치를 꼼꼼하게 살펴볼 수 있다. 공부의 내용이나 수준을 스스로 가늠할 기회도 된다.

(6) 공심정리

우리 스스로 기운을 조정하고 관리하는 공부이지만, 개인마다 진행되는 공부 상태에 따라 지도자 선생님들께서 공부를 도와주는 공심정리를 해준다.

개개인의 기운을 충분히 정리한 후 순도 높은 기운을 부여해 스스로 기운을 운영하고 중심을 잃지 않고 공부할 수 있도록 지도자 선생님들께서 도와주는 것이 '공심정리'이다.

(7) 기운영

마음 수련하는 사람의 공부 상태가 크게 정진 되도록 유도하는 방법으로 수련되는 상태나 조건이 기운영을 필요로 하는 시기라 판단될 때 공심정리를 통해 공기운의 바탕과 장소를 개인의 입장에 알맞게 선정해주어 기를 본인 스스로 운영하게 하는 것이다.

국내외에 있는 많은 장소 중에 기수련하기에 알맞은 기운이 잘 어울려 있는 곳을 여러 군데 미리 설정하여 기운영에 합당하도록 공기운을 조정해 놓았다. 기수련자가 물욕 때문에 마음의 덕목 기질이 훼손되고 왜곡되거나 부족하게 된 상태를 조금씩이라도 회복될 수 있도록 공부의 정도에 맞는 장소를 선정하여 기운영을 함으로써 마음의 덕목이 균형을 잃지 않으면서 위상은 높아지게 하는 것이다.

기운영을 하게 되면 공기운이 증폭, 확대, 강화될 뿐만 아니라 장소가 가지는 기운의 특질 때문에 마음의 덕목 중 부족한 부분의 기운이 보완되고 조화를 이루게 되어 생명의 위상을 상승시키는 것이다. 이와 같은 효과는 교통수단으로 이용하는 물체의 회전력에 공기운의 파장을 맞추어 편안한 마음으로 가만히 있으면 물질기운의 회전력이 진기운화 되면서 순수한 생명기운이 강하게 유도되기 때문이다.

(8) 소각

회로공부한 회로지 속에는 기운이 강하게 응축된다. 공부한 회로지를 소각하면 불순기운도 정화되어 순수기운의 증폭을 가져온다. 이것은 마음공부를 한 회로지를 소각이라는 과정을 통하여 순수기운을 강하게 되돌려 받는 또 다른 차원의 공부이다.

'우주 공간의 불순한 모든 것들은 자연 연소작용에 의해 순수기운으로 환원된다.'는 우주 원리의 메시지를 받으면서 소각의 의미를 깨달은 것으로 소각공부의 핵심 의미는 '연심당귀본(然心當歸本)'의 뜻에 비추어 볼 수 있다.

연심(然心)은 묵연처럼 마음을 진솔하고 자연스럽게 갖추면 마음속에 찌든 독기나 사기운이 불에 타서 정화된다는 것이며, 당귀본(當歸本)은 연심(然心)이 되면 당연히 생명의 본질로 돌아온다는 것이다. 연심당귀본의 뜻을 몸으로 실행하여 공부 효과를 크게 볼 수 있는 좋은 방법이 바로 회로지 소각공부이다.

(9) 자연과의 대화

자연의 산물인 인간이 자연의 섭리와 순리에 그대로 순응하는 진솔함을 배우고, 자연에 동화되어 진정한 자신과의 대화를 끌어내고, 자연을 통해 자기 성찰을 하게 되는 것이다. 즉 자연과의 대화는 자신과의 대화, 자기 성찰이다.

장대한 자연 앞에 서면 마음이 자연스럽게 숙연하고 진솔해지는 것은 지극히 당연하다. 그러한 마음 상태에서는 자연의 순수함에 자연스럽게 순화되어 자연의 순수생명기운 순환이 크게 증폭되는 효과가 있다. 이런 효과는 마음의 본성과·생명기운의 순도를 높이게 할 뿐만 아니라 생명기운의 회전력도 강화하는 좋은 수련이 된다.

2. 100차 자연과의 대화를 기념하며

'100차 자연과의 대화'[2] 행사는 1999년 1월 1일부터 시작한 용천공심수련원의 역사인 동시에, 어쩌면 이 공부를 위해서 걸어왔던 지난날의 개인적인 공부 역사라 해도 과언이 아니다. 지금 공부하고 있는 회로를 처음 만날 때의 상황을 생각해 보면, 그저 그렇게 만나게 된 것이 아니라, 하늘의 이끄심에 의해서 필연적으로 주어진 인연으로 생각된다. 그동안 혼자서 오랫동안 공부하면서 겪었던 어려움과 고통, 즐거움과 기쁨 그리고 회로공부와 인연 된 핵심적이고 중요한 내용을 자세하지는 않더라도 차례대로 열거해본다.

첫 번째, 중국과 한국이 처음 수교한 1993년 8월경, 고구려 역사탐방을 위한 백두산 여행에 동참했다. 생전 처음 가본 백두산 천지의 모습은 너무 감명 깊이 가슴에 와 닿았고, 순간 무엇인지는 몰라도 나한테 '어떤 행운이 주어지겠구나.' 하는 생각이 들었다.

백두산 입구에 당도했을 때, 우리 앞의 팀이 백두산 천지에 올라갔다 내려오면서 우리에게 툭 던지는 말이 "날씨가 흐리고 비가 와서 천지를 아예 볼 수 없다."고 억울해하는 것이었다. 그러나 우리 팀이 올라가는 도중에 하늘은 개기 시작했고, 언제 구름이 있었냐는 듯, 맑고 파란 하늘에서 따가운 햇살이 비쳤다. 비가 그치고 구름이 걷힌 뒤의 백두산 천지는 환하고 곱게 보였다. 이것이 하늘이 주시는 큰 행운의 징조로서 '내가 무언가를 해야 하는 계기가 되겠구나.'라는 느낌이 들었다.

---

2 100차 자연과의 대화는 삼랑진수련원에서 2015.5.31.(일) 실시한 행사이다.

백두산 천지를 갔다 온 후 여러 가지 일들이 많이 있었는데, 그중에서 특별한 것은 지금의 회로공부와 인연이 된 것이다. 그리고 처음으로 큰회로를 끝낸 1996년 3월에는 인도 기운영을 한 달간 하게 되는 행운이 생겼다. 인도 기운영에서는 전혀 생각지도 못했던 엄청난 행운을 만났고, 기쁨과 환희심의 도가니에서 쉽게 빠져나오지 못했던 것 같다. 그것은 하늘과의 만남을 이룬 것이다.

인도는 천국 같은 성지라고 상상하면서 지팡이 짚은 성자들만 여유롭게 살아가는 곳이라고 생각했는데, 말라비틀어진 모습의 사람은 물론이고 지나가는 염소와 개, 아무 곳에나 어슬렁거리며 다니고 있는 비쩍 마른 소, 그리고 나무와 풀들은 하나같이 힘이 없어 흐느적거리고 있었다. 과거에도 저렇게 비참하고 처참한 광경이었을 텐데, 그 허허벌판의 뜨거운 장소에서 궁전 같은 무덤을 저런 사람들의 노동으로 지었다는 것을 생각하니 인도 사람들이 불쌍해서 참을 수가 없었다. 정말 가슴에서 눈물이 울컥울컥 올라왔다. 측은하고 안타까운 심정으로 깊은 생각에 잠긴 채 허공만 쳐다보고 있었다. 그런데 갑자기 어떤 큰 기운에 감응된 것처럼 머리가 뻑뻑하고 가슴이 뭉클해지면서 눈앞이 흐릿했다. 그리고 주체할 수 없는 눈물이 계속 흘렀다.

하염없이 걸어가는데 갑자기 은빛 찬란한 광채가 태풍의 회오리처럼 몸을 확! 감싸는 느낌 때문에 순간적으로 움츠렸다가 허공을 쳐다보았는데 그 허공은 인도의 허공이 아닌, 정말 깨끗하고 밝은 허공이었다. 그 허공 속에서 '아! 내가 하늘을 만났구나. 지금 하늘을 만나고 있구나.' 하는 느낌이 들었다. 내 마음속에서 나도 모르게 오랫동안 갈구했던 그 무엇이 진정 '내 속의 당신이었구나.' 하는 생각에 온몸이 저리도록 감격스러웠다.

인도 기운영으로 인해 우리 공부의 진행 방향을 바르게 세우는 깨달음을 얻을 수 있었고, 그 깨달음은 이 어려운 공부를 많은 사람과 무리 없이 함께할 수 있는 바탕이 되었다.

두 번째, 1997년 11월경, '천부해인 하늘 해인도'를 끝내고 이 공부의 체계와 발전을 위해서 '나는 앞으로 무엇을 어떻게 해야 할 것인가?'를 곰곰이 생각하면서 많은 시간을 보내던 중, 1998년 음력 1월 1일 새벽녘에 회로공부를 하려고 묵연을 깊이 했는데, 갑자기 '너는 깨달음을 얻었다.'라는 느낌의 강한 메시지가 하늘에서 쏟아졌다. 그 깨달음이 무엇인지는 몰랐지만, 그때 내 몸을 온통 감싸는 큰 기운의 속삭임은 "우주가 모두 네 마음속에 담겼으니, 이제 어느 것이라도 알지 못할 것이 없게 되었다."라는 느낌으로 점철되었다. 그 느낌은 아주 높은 위상에 당당하게 올라서서 아래를 훤히 내려다보는 기분이었고 깨달음을 얻었다는 확신을 갖게 되었다. 지금 생각해 보면, 그때 '공인'의 경지에 올랐던 것으로 생각된다.

세 번째, 2002년 9월경에 이탈리아 로마로 기운영을 갔다. 이탈리아 로마 기운영은 2002년 7월 13일 조선일보 1면 하단에 실린, 이탈리아 의사 세베리노 안티로니에 의해 복제된 인간이 자궁에 착상된 지 15주 정도 되었고, 12월이면 출산한다는 깜짝 놀랄 기사 때문이었다. 이제 겨우, 칠흑 같은 세상을 한번 바꿔보려고 시도하는 시점에서 또 이런 죄악을 짓는 것이 도저히 용납되지 않았다.

일단 착상된 영혼을 원격으로 삭제하기 위해 2002년 8월 11일경에 집에서 1차 기운조정을 시도했다. 임신한 여성의 복부를 향해 기운조정을 40분 정도 했는데 아주 양호하게 잘 됐다. 그러나 이런 짓을 또 반복할까 걱정되어 인간 복제의 잘못된 의식을 고쳐 놓아야겠다고 생각하고, 11월 9일 이탈리아 로마에 가서 8일 동안 세밀한 기운조정을 하고 돌아왔다.

기운조정 후에 나타난 여러 가지 반응을 보면, 세계 각국에서 배아 문제를 도덕적인 관점에서 법적으로 규정지어야 한다는 등의 여러 가지 논란이 일었고 인간을 복제하는 경쟁적 행위에 대해서 자숙과 반성을 하는 쪽으로 바뀌게 되었다. 특히 복제할 수 있는 의사한테 몇 년씩 기다리며 복제 시술을 신청해 놓은 불임 부부들이 엄청 많았는데, 전부 취소하는 효과가 있었다. 그리고 가톨릭교회에서는 원래 낙태를 하지 못하도록 금지된 교리가 있는데도 불구하고 낙태를 자행하는 일들이 많았는데, 그때 교황청에서 교황의 교지 선에서 다시 한번 강한 메시지를 띄움으로써 각국의 가톨릭교회에서 낙태 금지 운동이 일어났다. 그 당시의 신문기사를 보면 잘 알 수 있을 것이다.

네 번째, '천부해인우주 해인도', '땅 해인도', '세상(인간) 해인도'에 이어서 2003년 7월부터 시작한 '나의 완성 해인도'를 2004년 11월경에 마쳤다. '나의 완성 해인도'를 끝내기까지 오랜 시간이 걸렸지만 마치고 나니 마음이 한층 홀가분하고 여유로워져서 한국의 자연경관보다 아름다운 유럽이나 호주에서 자연의 의미를 드높일 기회를 가져 볼까 생각했다. 그래서 어디로 갈 것인지 자세히 검진하던 중에 갑자기 '캐나다 기운영을 하라.'는 하늘의 메시지가 들어왔다. 이것이 맞는 것인지, 잘못된 것인지 의아스러운 생각이 들어서 마음을 다시 가다듬어 두세 번 검진을 진솔하게 해보았지만, 그대로였다. 설렘과 기대감으로 한동안 기분이 약간 들떠 있다가 기운영할 날짜를 검진으로 정한 뒤 2005년 8월경에 갔다 왔다.

캐나다의 자연경관에 기대를 걸고 명성 있는 산과 호수를 찾아갔는데 실망스럽게도 한국의 자연과는 너무 다른 것이었다. 한국의 자연은 눈에 보이는 가시적인 아름다움뿐만 아니라, 맑고 깨끗한 순수기운의 상큼함과 쫀득쫀득한 차짐이 피부로 느껴지기도 하지만, 마음을 어루만져 주는 포근함도 있다. 그러나 캐나다의 자연은 그 자체를 액자에 담은, 아름답고 멋진 풍경의 사진처럼 깔끔하게 보이긴 하지만, 피부에 와 닿는 신선하고 촉촉한 질감도 없고 아무런 생명력 없는 물건을 예쁘게 잘 그려 놓은 그림에 불과한 느낌이었다.

우리가 알고 있는 자연의 본질은, 생명력과 생동감이 넘쳐서 사람의 감동을 자아내고 저절로 동화되게 하는 것으로 생각하는데, 캐나다의 자연은 허상을 본 느낌이 들어 씁쓸했다. 그러나 캐나다 기운영은 결코 의미 없는 것은 아니었다. 기운영을 순조롭게 끝낸 마지막 날, 마무리 기운정리를 하는 과정에서 진정한 자연의 의미에 대한 메시지의 기술(記述)이 나왔다. 캐나다 기운영은 자연의 의미를 한층 더 높이는 효과가 있었다고 생각된다. 그 내용을 여기에 적어 본다.

"진정한 자연이란 무엇인가? 눈에 보이는 꽃과 나무, 산과 들, 강과 바다, 푸른 숲과 푸른 하늘은 자연의 산물로서, 반복 순환되는 우주 생명기운의 변화 과정에서 저절로 피었다 사라지는 한 점 구름과 같은 것일 뿐이다. 그러므로 우주만물의 생멸을 저절로 반복하게 하는 순수생명기운을 진정한 자연이라 해야 한다. 그 자연에 동화된 마음이 잘 돌아가면, 자연스러운 마음 상태라 할 것이다.

일상에서 항상 진솔하고 자연스러운 마음 상태를 유지한다면, 우주의 순수생명기운에 쉽게 동화됨으로써 평소에 어쩔 수 없이 유입되는 불순기운을 저절로 태울 수 있기 때문에 마음의 순수함을 늘 유지할 수 있는 것이다.

이렇게 유지되는 마음의 상태를 연심(然心)이라 한다. 연심(然心)의 끊임없는 발로가 사랑의 근원이 된다."

캐나다 기운영 후, 마음속은 환희로 가득 찼고 아무런 두려움 없이 자신감 있게 공부하고 있었다. 그런데 언제부터인지는 몰라도, 마음속에는 '이 세상을 위해 내가 어떤 역할을 해야 되겠구나.'라는 사명감이 자리 잡고 있었고, 그것은 점점 '해야겠다.'는 신념으로 바뀌어 갔다. 회로공부의 연속으로 충만 기운이 가일층되던 중, 2004년 11월 28일 저녁 '너는 구세공인이다.'라는 메시지 기술을 받았다. 이 어마어마한 내용의 역할을 기술 받고는 기쁨도, 두려움도 없는 그저 담담한 심정으로 한참을 멍하게 지냈다. 그때 기술 받은 내용을 2005년 1월 자연과의 대화에서 발표했다.

다섯 번째, 2007년 9월 24일~9월 26일, 2박 3일간 제주도 한라산 기운영을 가서, 한라산 백록담에서 하늘과의 만남을 통해 '너는 용천이다.'라는 메시지와 함께 소나기와 같은 하늘기운을 받았다.

제주도 한라산 기운영 효과로 인해 2007년 11월, 삼랑진에서 용천공심수련원의 장소를 극적으로 구하게 되었고, 2008년 4월에 그 장소에서 감격스러운 개원식을 거행했다. 지금, 모든 선생님이 우리 공부에 너무나 효율적으로 잘 이용하고 있는 삼랑진수련원이다.

여섯 번째, 2010년 9월 18일부터 28일까지 9박 10일간 이집트와 터키 기운영을 다녀왔다. 이집트 기운영의 목적은 인류의 발상지인 나일강에서 세계로 뻗어나간 인류의 발자취를 우리 공부 차원에서 확실하게 알기 위함이었고, 또 아주 옛날, 이집트와 터키 등으로 건너간 우리 한민족의 문화가 실제로 있는지, 있다면 그들의 문화와 잘 조화되어 어떤 발전을 가져왔는지, 그리고 그 당시 세계 속의 한민족 위상이 얼마나 대단했는지를 확인하고 싶었다.

이집트와 터키 기운영을 끝내고 나니 '천부해인우주의를 세상에 공개하고 하늘의 뜻을 구체적으로 밝혀야 한다.'는 메시지를 받았다. 그래서 삼랑진수련원 내에 위치를 선정하여, 지하 용정과 8톤 용량의 용정 탱크를 제작하고 그 위에 천부해인우주의를 올리는 공사를 끝낸 후, 2011년 4월, 천부해인우주의를 세상에 공개하고 하늘의 뜻을 밝히는 메시지를 발표했다.

그때 용정 탱크 위에 설치된 천부해인우주의에 의해 순수기운이 강하게 응축된 용정수를 지금도 음용하면서 우리 공부에 잘 이용하고 있다.

일곱 번째, 먼 훗날, 대한민국이 세계 중심국으로 부상하기 위한 국력을 구축하는 데 필요한 우주 기운을 미리 조정해 놓기 위해, 2011년 8월경에 중국 황산을 단체로 기운영을 했다.

여덟 번째, 2013년 8월 9일~8일 16일, 7박 8일간 아일랜드와 영국을

33명의 선생님이 단체로 기운영을 했다. 지금부터 전 세계에 우리 공부를 알리고 순수기운을 확산시켜서, 밝고 맑은 미래 사회를 만들기 위한 안테나를 심어 놓는 기운영이었다.

아홉 번째, 위와 같은 수련 과정에는 공심금식을 거의 매년 실행했는데, 공심금식 횟수가 총 8번이다. 8일간 공심금식을 하고 나면, 계속 이어서 보식을 32일간 하게 된다. 그 고행은 아주 힘든 극기 수련이었다. 이와 같은 과정을 거쳐, 구세공인의 보임 기간을 무사히 마친 2015년 음력 1월 1일, 드디어 하늘과의 만남을 확실하고 분명하게 이룬 후, 환웅의 위상[4]이 되었다는 메시지와 함께 앞으로 무엇을 어떻게 해야 할 것인지에 대한 구체적인 내용을 지시받은 것이다. 환웅은 하늘의 뜻에 맞는 세상을 만들기 위해, 모든 사람에게 하늘사랑을 적극적으로 연결해 주는 안내자이며 안내 표지판이다.

---

4 위상은 해명, 해인(海印: 성령), 해인(海人), 공인, 구세공인, 용천, 환웅 순이다.

100차 자연과의 대화에서

3. 메시지로 전하는 하늘마음

1) 새천년 맞이

1999년 12월 26일(일) 한 해를 마무리하고, 새천년을 맞이하는 자연과의 대화 행사를 영도 함지골 청소년 수련원에서 거행했다. 새천년을 맞이하는 세상 사람들은 온통 인위적, 이기적, 가식적으로 야단법석인데 비해, 우리의 '새천년 맞이'는 너무나 간단하고 조촐했지만, 그 나름 엄숙하고 신성했으며, 순수하고 진실하게 진행되었다.

새천년을 맞이하는 세상 사람들의 야단법석은, 마치 새천년이 오면 하늘의 축복이 저절로 떨어지고, 태양이 두 배, 세 배로 커져서 더 강렬하고 밝은 빛을 받아 큰 복이 올 것으로 생각하는 것 같았다. 사실, 하늘의 공간을 임의대로 구획해 놓고, 구획한 공간의 순환과정을 새천년이라는 인위적 시간으로 정한 의미를 크게 부여한들, 하늘은 결코 기쁘거나, 감격스러워하지도 않는다.

가만히 살펴보면, 새천년이 오기 전과 후의 하늘도, 세상도, 인간의 오만함도 변한 게 하나도 없는데, 무엇인가를 잔뜩 기대하는 사람들의 어리석은 모습은 참으로 안타깝다 못해 불쌍하기까지 했다. 그들을 향해, 세상을 향해, 하늘의 메시지를 토해냈다.

새천년 맞이

세상 사람들이여!

욕망에 사로잡혀 눈이 멀고 귀가 멀어
아무것도 알지 못하구나!
물질에만 매달린 그 집착으로,
스스로 만든 욕심 굴레에 씌어 천지 분간 못하고,
지옥 절벽의 나락으로 떨어지는 줄도 모르고
좋다고, 미쳐 날뛰는 그 줄이 끝이 없구나!
세상에!
어찌하여 태양이 더 밝게 떠오르기를 바라는가!
새천년은 어디서 오며, 누가 맞이하는가?

세상 사람들이여!
자기를 일깨워서 마음이 밝아져야
세상이 밝아짐을 알아야 한다.
마음을 열고, 마음을 돌려서
지쳐있는 영혼을 일깨워라!
마음을 열어 이웃을 가까이하고
마음을 돌려 깊이 반성하면
칠흑 같은 세상에서 혼절된 의식이 깨어나리라!
그것이 새천년을 맞이하는 올바른 마음자세요,
새천년의 축복이다.
그것이 우리가 바라는 진정한 밝음이요,
양심을 찾는 길이다.

밝고 맑은 자손들의 미래 사회가 이루어지는 길이다.

2) 한라산 백록담 기운영

(1) 천부하늘해인도, 깨달음을 얻다

1996년 4월, 처음으로 해인도를 시작하고 우여곡절은 많이 겪었지만 1년 남짓한 긴 수련 끝에, 1997년 11월경 마침내 천부우주(하늘)해인도를 끝내고 나니 기분은 좋고 마음이 편해졌다. 그러나 얼마 지나지 않아, 해인도의 강도 높은 순수기운을 충분히 소화하지 못한 탓인지, 복잡한 심경 변화를 잘 추스르지 못해서 긴 시간을 힘들게 보내다 연말에야 겨우 마음을 다잡았다. 1998년 음력 1월 1일 새벽, 우리 공부의 방향을 어떻게 잡을 것인가를 정하기 위해 기운을 정리한 후 깊은 묵연으로 들어갔는데, 어느 시점에서 '깨달음을 얻었다.'는 메시지가 들어와서 너무 놀랐지만, 기쁜 마음과 벅찬 가슴은 가눌 수 없을 정도였다. 회로공부는 나 나름대로 더 열심히 하면서도 오랫동안 주체할 수 없는 마음의 상태가 연속되었다. 그 후, 보임 기간 10년 동안 천부해인도('땅'·'사람'·'나')를 완성해 가며 용천공심수련을 진실하게 열심히 했다. 그런데 보임 기간의 마무리 공부 과정에서 2007년 9월경, 뜻밖의 한라산 기운영이 나왔다.

(2) 제주도 한라산 백록담 기운영, 용천의 위상에 오르다

2007년 9월 24일~9월 26일 다녀온 제주도 한라산 백록담 기운영에서 힘든 산행 끝에 겨우 백록담에 도착했을 때, 다리가 엄청나게 아프고 숨이 차서 땅바닥에 아무렇게나 누워 하늘을 쳐다보고 있었는데 갑자기 온몸에 파스를 붙인 것처럼 시원한 느낌과 동시에 '너는 용천이다.'라는 메시지가 전해졌다. 감격과 두려움이 교차되면서, 10년 전 회로공부 중에 그런 기술이 나왔을 때 너무 두렵고 놀라워서 강하게 부정했던 생각이 떠올랐다.

'너는 용천이다.'라는 이 메시지가 10년 전에는 받아들이기 두렵고 힘들었는데 10년 후인 지금, 제주도 백록담에서 다시 '너는 용천이다.'라는 메시지를 받으니 기쁜 마음에 가슴이 벅차올랐다. 그리고 이제는 무엇을 어떻게 해야 할지 알 것 같은 느낌이 들어 주먹을 불끈 쥐면서 자신 있고 당당하게 소임을 다해야겠다고 생각했다.

'용천'이란 메시지를 가슴에 안고, 백록담에서 내려오는 길은 밝게 비춰주는 달빛 때문인지 너무나 따뜻하고 포근하면서 감미롭다고 느꼈다. 지금, 이 순간에도 하늘은 늘 보살펴 주시고 지켜 주시고 계신 것을 생각하니, 또 눈물이 하염없이 흘러내렸다. 어느덧 깊은 생각은, 하늘 향해 함께 공부하는 기원 선생님들로 이어졌고, 산 정상을 향해 길게 늘어서서 끊임없이 힘들게 올라가는 우리 선생님들의 모습이 떠올랐다. '우리 공부는 참 쉽게 시작하지만, 너무 어려운 공부라고 생각하겠구나.'라는 생각이 들어 미안했는데, 그래도 씩씩하게 잘 올라가고 있는 선생님들을 생각하니 참 고맙게 느껴졌다.

그런데 스스로 올라가는 사람이 있는가 하면, 힘들게 올라가는 사람의 옷자락을 잡고 올라가거나 아니면 자신의 밧줄을 다른 사람의 허리에 매달고 올라가는 사람이 있다. 문제는, 한참 올라가다 보면 숨이 차서 잠시 쉬어가야 할 때, 스스로 올라가는 사람들은 자신의 의지대로 쉬었다 갈 수 있지만, 매달려서 가는 사람은 계속 매달려 있기 때문에 너무 힘들어 놓아버리는 경우가 많이 생긴다. '이 문제를 어떻게 하면 좋을까, 각자가 당당하게 홀로 서서, 스스로 갈 수 있도록 하려면 어떻게 할 것인가?' 하는 것이 고민이 되었다. 만약 정상을 향해 열심히 공부한다고 생각하다 잡고 있던 줄이 끊어지든지, 놓아버린다면 사정없이 미끄러질 텐데, 이런 위험한 상황을 피할 방법이 없을까 하는 생각과 함께, 제발 그런 사람이 나오지 않았으면 좋겠다고 기도했다.

우리 공부는 한번 올라가면, 그 위상이 떨어지지 않도록 생활 속에서 충분한 담금질이 되어야 한다. 물론, 담금질을 한다는 것은 힘든 고통과 고난을 겪어야 하는 것이겠지만, '일상생활이 수행이다.'라고 생각하면 못 할 것도 없다. 담금질을 당연한 공부 과정으로 생각한다면, 절대 힘들지 않고 기운이 떨어진다는 염려도 들지 않으며, 오히려 자신이 공부한 만큼의 위상에서 환희와 성취감을 느낄 수 있을 것이다. 여기서 좀 우려할 부분은, 공부 위상이 오르고 담금질의 자신감이 생겼을 때 자신도 모르게 피어오르는 교만이다. 영성의식이 높은 위상에 있다고 해도 육신이 세상에 맞물려 있는 이상, 현실과 마주할 수밖에 없으므로 항상 겸손하고 조심스럽게 행동해야 한다. 올라가거나 내려가거나 언제든지 몸을 최대한 숙이는 겸손함을 보이는 것은, 높은 위상에 오른 영성의식을 유지하기 위한 최소한의 자기 수행이다. 자신이 몸담은 세상과 조화되는 겸손이야말로 '나'가 정상에 당당하게 선 아름다운 모습일 것이다.

백록담에서 받은, '너는 용천이다.'라는 하늘 메시지가 귓가에 울리자, "용천이란 무엇인가, 용천은 무엇을 해야 하는가?"라고 혼잣말로 중얼거리며 한참 동안 멍하게 있었는데 갑자기 달빛이 대낮처럼 밝아지더니 "나를 알게 하라, 나를 스스로 찾아 행복한 삶을 멋지게 살도록 일러 주어라. 나를 알고, 나를 찾으면 양심은 순수로 충만되고 지혜는 크게 일깨워져서 틀림없이 행복해질 것이다."라는 내용의 메시지가 크게 울렸다.

지난 2004년에 '나의 완성 해인도'를 끝내고, 2005년 초에 자연과의 대화 행사 때 발표한 '나'에 대한 글귀가 생각났다.

나는 하늘입니다.
하늘과 땅과 세상 그리고 나,
우주 무한 속에 내가 있고, 나의 무한 속에 우주가 있구나!

죽음은 있는 것이 아니고 아닌 것이요,
삶은 사는 것이 아니고 있는 것이다.
분별 없으면 생사의 경계 있겠는가?
모두가 하늘 가운데 영원한 것.
미움, 슬픔, 이기심, 욕심 다 버리고
부끄러운 마음, 고마운 마음,
진실한 마음, 사랑하는 마음으로
더불어 산다면, 선악의 경계 있겠는가?

나는 사랑의 길입니다.
나는 진리요, 생명입니다.
나는 하늘입니다.

(3) 인생철학의 답, '나'를 찾고, '나'를 알다.

기운영 마지막 날 새벽, 하늘에 감사함이 마음속에서 깊어질수록 순수기운의 충만감은 더 강하게 느껴졌고, '나를 알게 하라.'는 백록담의 하늘 메시지를 사람들에게 당당하게 전달하겠다는 자신감도 충만 되었다.

옛날, 20대의 젊은 시절에 인생에 대한 회의감으로 한참 방황하며 고민했던 심각한 명제, '나는 누구인가, 나는 왜 태어났는가, 나는 어디서 태어나고 어디로 가는가?'는 이 세상에 태어난 사람이면 누구나 한 번쯤 고민하는 인생의 대명제로서 고대국가의 그리스 철학자들이 엄청난 논쟁을 했지만 해결하지 못했던 고민거리였고, 수천 년이 지난 지금도 명쾌하게 해결해줄 사람은 아무도 없는 실정이다. 그래서 우리 공부를 통해서 지금이라도 이 문제의 본질인 '나'를 알고 '나'를 찾게 해주어야겠다고 생각했다.

창가까지 따라왔던 둥근 달은 불을 켜지 않아도 글을 쓸 수 있을 정도로 밝게 비추고 있었다. 백록담에서 받은 하늘의 메시지가 "나는 누구인가, 나는 무엇 하러 왔는가, 나는 어디로 가는가?"라는 이 세 가지 대명제, 즉 인생철학에 대한 답을 충분히 해줄 수 있는 내용이라 생각하며, 2004년도에 받았던 '나'에 대한 메시지에 설명을 덧붙여 다시 써 내려갔다.

"나는 하늘입니다."는 "나는 하늘이 근원입니다."
"나는 길입니다."는 "나는 하늘사랑으로 가는 길입니다."
"나는 생명입니다."는 "나는 생명의 본질입니다."

"나는 진리입니다."는 "나는 진리가 새겨진 우주 공간의 좌표입니다."

"나는 하늘이므로 나를 말미암지 않고는 하늘의 본질적인 만남은 없습니다."

"스스로를 돕는 자는 스스로와 본질적으로 연결된 하늘의 도움을 저절로 당연하게 받을 수 있습니다."

기독교 성경 구절에 있는 내용과 비슷해서 오해할 수도 있어, 이참에 잘못 해석한 성경 내용을 바르게 이해하는 데 도움이 되면 좋겠다고 생각한다.

내가 하늘이고 하늘과 바로 연결되어 있다면, 또한 '나'라는 개체 속에 하늘의 진리가 그대로 들어 있다면, 하늘과 소통된다는 것은 너무나 당연하다. 그러나 생명활동을 위해 부여받은 우주복, 즉 몸이 물질과 교류하다 보면 생명의 본질적인 주체인 '나'를 감추어 버리고, '나'를 잊게 만들고, '나'를 찾지 못하게 함으로써 우리는 지혜를 잃고 힘들게 살아가는 것이다. 그래서 우주복인 이 몸이 본질적 생명의 주체인 '나'를, 즉 자신을 도와서 잘 가다듬으면, 하늘의 도움을 받는다는 것은 너무나 당연한 논리이다.

'나'라는 것은 하늘의 분기운인 성령(聖靈)으로 우주 공간에 태어날 때, 하늘기운 속에는 하늘의 뜻과 순리, 자연의 법칙이나 이치, 진리 등의 내용이 들어 있는 좌표로 이루어져 있다. 좌표는 인간이 세상에서 삶을 영위할 때, 남보다 앞설 수 있고, 편안하고 행복하게 살아갈 수 있도록 현명한 지혜를 발휘하게 해준다. 이렇게 진리라는 중요한 좌표가 나에게 새겨져 있다는 것을 알게 하는 것이 바로 우리 공부이다.

인간에게는 '나'의 존재를 스스로 증거하기 위해, 바르게 살아갈 수

백록담에서

있게 하는 양심이라는 행동 지침이 주어져 있는데, 우주복으로 지급된 몸의 물질 욕구 때문에 소중한 양심조차 다 잃는 경우가 대부분이다. 양심은 하늘사랑을 실천으로 보여주는 아름다운 길이요, 생명을 영원케 하는 진실한 힘이요, 세상을 밝히는 진리의 행동 요소이다. 인간은 이 것을 지님으로써 평등할 수밖에 없고, 세상을 인간 중심으로 이뤄지게 할 수밖에 없는 위대한 존엄성을 갖는 것이다.

3) 바른 생명의 길로 가십시오[4]

우리의 생명은 몸과 마음으로 영위된다. 몸이 없는 생명이 없듯이 마

---

4 『해인지』 5호(2006년) 수록 글이다.

음 없는 생명 또한 온전한 사람이라 할 수 없다. 그런데 많은 사람은 몸이 주체고 몸이 원하는 바에 따라 이리저리 흔들리는 삶을 살고 있다. 몸이 주체가 되는 삶은 바른 삶이 아니듯이 마음이 주체가 되면서도 몸과 함께하지 않는 것 또한 잠을 자거나 죽은 것과 같다. 그러므로 생명의 주체가 몸이 되어 마음을 잃어버릴 것이 아니라 마음이 주체가 되어 몸과 함께 일깨워져야 한다.

마음이 몸을 일깨우기 위해서 우리는 묵연을 한다. 묵연 상태에서는 주어지는 마음이 몸의 기운과 함께 조화되면서 이성은 더욱더 냉철하게 되고 지혜는 더욱더 커질 수 있다. 묵연이란 마음(무의식)의 주체가 몸(의식)과 함께 조화되면서 하늘 가운데 가만히 있으면 상대적 개념인 너와 나의 경계가 없어지고 모든 것으로부터 걸림과 막힘이 사라지는 편안하고 자유로운 상태에 이르며, 이 편안하고 자유로운 상태에서 스스로 자기 본성이 변하지 않고 그대로임을 보는 것이다.

사람은 누구나 실수를 하고, 알게 모르게 많은 잘못을 저지르기도 한다. 하지만 뒤늦게라도 그 잘못에 대해 반성하고 진심으로 참회한다면 같은 잘못을 되풀이하진 않을 것이다. 이렇듯 몸과 마음을 함께 일깨우고, 반성의 마음을 갖는 것은 바른 생명의 길로 걷는 것이다.

바른 생명의 길로 가라! 바른 생명의 길로 가면서 소망하는 모든 일을 절대의식의 공기운에 맡긴다면 운영하는 모든 것이 순리대로 정리되어 이루어진다.

내게 주어진 삶을 원망하거나 회피만 한다면 삶은 질척한 진흙탕이 되어 나의 발목을 붙잡을 수 있다. 물 흐르듯이 편안하고 여유로운 삶이 되도록 몸과 마음을 일깨우는 일에 더욱더 정진하기를 바란다.

4) 연심당귀본(然心當歸本)[5]

일상에서 찌든 마음을 열고 씻는 첫걸음은 반성입니다.
깊숙이 불태워서 순도 높은 마음으로
진실과의 교감을 가지십시오.
행복의 길입니다.
그리고 본질과의 만남을 이룩하십시오.
성스러운 나와의 만남입니다.
하늘의 뜻을 깨닫는 길입니다.

반성(反省)

우리는 살아가면서 양심과 순수성을 잃어가는 과정을 겪어 왔다. 하지만 기운과 마음을 정리하여 원래의 마음을 회복하는 것이 우리 공부이다. 육신이 마음을 훼손시키는 역할을 하더라도 지키고자 하는 마음을 발휘하면 된다.

그 방법에는 묵연과 회로가 있다. 그러나 가장 기본이 되는 첫걸음은 '반성'이다. '반성'은 마음을 정화할 수 있는 조건이 쉽게 될 수 있다. 꿈이나 잠을 통해 기운을 얻기도 하지만, 이는 반성이 포함되지 않으므로 깊숙이 잠재된 독기를 뺄 수 없다. 묵연이나 회로를 하겠다고 앉는 것

---

5 『해인지』 9호(2010년) 수록 글이다.

이 곧 반성의 자세이다. 우리 공부는 반성이 동반되는 공부이다.

연심(然心)

마음을 자연스럽게 두는 상태를 말하거나 몸을 자연스럽게 두는 상태이다. 순수한 기운이 어우러질 때 독기나 불순기운이 타면서 배설이 되기도 한다.

묵언의 효과는 색깔의 변화로 그 타는 불순기운을 느낄 수 있다. 사회에서 열정을 가지고 일하며 '애를 태운다.'고 할 때의 '태움'은 재를 남긴다. 우리 공부의 연심으로 태우는 재는 희고 깨끗하다. 이는 순도 높은 기운으로 태우기 때문이다.

당귀본(當歸本)

씻고 태우고 나면 반드시 근본으로 돌아온다. 지구상의 생을 순도 높게, 차원 높게 그리고 행복하게 살게 된다. 태어날 때는 순수한 정보의식이 마음에 가득 차 있다. 이를 끄집어내어 지혜롭게 산다면 더한 행복이 없을 것이다. 이는 바로 마음의 회복을 뜻한다.

마음이 주체라는 것을 알게 되면 어디에서도 마음이 다 통하게 되고, 하늘의 마음과 같아진다. 공심으로 어우러진 성스러운 자신을 내면에서 찾을 수 있다. 그때 환희심이 일어나며 영성이 높아진다. 우리는 이것을 만나야 한다. 그때는 세속적 물질은 자갈 크기만큼의 가치로도 느껴지지 않을 것이다. 진실과의 교감이 저절로 일어나 작은 일이나 어려운 일 모두 가슴이 벅차질 수 있는데 이때 내 가슴을 벅차게 하는 것, 그

것이 바로 행복이다.

5) 순응과 자유, 용서와 반성[6]

순응과 자유

인간의 삶은 만물의 생멸(生滅)이 반복 순환되고 있는 자연환경 속에서 이루어지고 있으므로 자연환경의 지배를 받는 것은 당연하다. 그러나 인간은 대자연 속의 미물인 줄도 모르고 자연을 정복하려는 오만에 빠져 있다. 자연의 법칙을 어기면서 자연환경에 과잉 대응하여 우주 질서를 어지럽히고 있는 것이다. 그리고 이렇게 하는 것이 인간의 행복한 삶의 길이라고 맹신하는 허욕에 구속되어 자신을 고통과 파멸로 빠져들게 하고 있다.

일상에서도 사회의 질서, 법과 규칙을 서로가 잘 지켜야 편리하고 안정되어 자유롭다. 그렇지 않으면 혼란 속에서 힘들고 고통스럽다.

우주의 원리는 만물을 생육하는 사랑의 힘을 자연의 이치에 나타내고 있으므로 자연의 순리와 법칙을 따르고 지키면 저절로 행복한 삶을 영위할 수 있는 자유인이 되는 것이다. 그러므로 자연에 순응하는 지혜로움을 발휘해야 한다. 이 지혜는 물리적인 힘, 책을 통한 지식, 경제적 능력 등을 통해 얻어지는 것이 아니라 원천적으로 내면에 갖추어져 있는 자신의 양심을 충분히 회복시킬 때 주어지는 것이다. 따라서 삶의 가치를 인위적인 것으로만 만들려고 신경 쓸 것이 아니라 자연에 순응

---

6 『해인지』10호(2011년) 수록 글이다.

할 줄 아는 지혜로움을 갖추는 것이 우리가 바라는 진정한 자유인이 되는 것임을 알고 자신의 양심을 회복하는 데 힘써야 한다.

용서와 반성

일반적인 용서의 개념은 자신에게 저지른 다른 사람의 잘못을 관대하게 받아들이는 것을 말한다. 관대함으로 남을 용서한다는 것은 마음의 그릇이 크지 않으면 하기 힘든 훌륭한 일이다. 그러나 가슴에서는 용서되지 않았는데 생각의 반복으로 용서한 것처럼 착각하는 경우와 관대함을 포장해 '내가 너를 용서한다.'라는 우월감을 느끼는 경우가 있다. 이는 오만에 빠진 생각이며 진정한 용서가 아니다.

대개 자신과 연관되어 일어나는 나쁜 현상은 기운작용의 원리로 보면 그 원인이 자신에게서 비롯된 것이다. 이는 자연에 순응하는 삶의 자세로 겸손해지면 쉽게 이해할 수 있다. 그러므로 남의 잘못을 탓할 것이 아니라 자신이 무엇을 잘못했는가를 먼저 생각하고 자신에 대한 반성이 우선되는 것이 중요하다.

우리는 평소 생활에서 많은 잘못을 하고 산다. 그런데도 자기의 잘못을 모르거나 혹은 알면서도 반성을 하지 않는다면 자신도 모르게 죄의 명행(업)이 누적되어 결국엔 고통의 대가를 치르는 결과를 가져오게 된다.

자기의 잘못을 깊이 반성하면 죄책감에 구속되지 않고 자신을 용서할 수 있게 된다. 자기를 용서함으로써 죄책감에서 벗어나면 오히려 타인을 위한 봉사, 헌신, 희생하는 행동으로 이어져 새로운 인생의 도약으로 영적 상승을 하게 된다. 이것이 진정한 용서이다. 즉, 자기반성이 충분하면 남을 용서할 것 없이 자신에 대한 용서로 이어지고, 그 진정성으로 남 앞에 허물을 내어놓아도 부끄럼 없이 떳떳해지는 진실한 용기가 생기는 것이다. 이것이 바로 자연에 순응하는 삶을 영위하면 취할 수 있는 자유인의 모습이다.

자연에 순응하여 자유인이 되는 것, 자신의 반성과 용서를 통해 진정한 자아를 찾고, 진실하고 행복한 삶을 영위하는 것은 우리 공부의 핵심이다. 자연에 순응하여 대자유인이 되고 자신을 용서하는 진정한 반성을 통해 청림의 길, 진리[7]의 길로 가야함을 잊어서는 안 된다.

6) 버리는 것 없이 모두 버려라[8]

무소유

'버리는 것 없이 모두 버려라.'라는 이 말은 우리의 마음과 몸, 생각 속에서 꼭 필요한 요소는 그대로 두고, 그렇지 않은 것들은 저절로 버릴 수 있는 조건으로 만들어 가라는 의미를 담고 있다. 이는 '무소유'의 개념과 비슷한데 여기서 말하는 무소유는 '꼭 필요한 것은 가지고, 필요 없는 것은 가지지 말라.'는 말이다.

우리가 생명활동을 하는 데는 여러 가지의 물질적 요소가 필요하다. 물질적인 것을 활용하지 않고 생명활동을 한다는 것은 있을 수 없는 일

---

7 우리는 '공 공부'를 하는 것이다. 원은 마음이고 생명이고 진리이다. 반듯하게 가야 할 청림의 길이다. 푸른빛으로 어우러져 있는 청림의, 생명의, 진리의 길이다. 생명을 가지고 있으면 누구나 가야 할 길이고 잠시 벗어났다면 반드시 다시 가야 할 길이다. 온전한 생명, 온전한 삶을 영위할 수 있는 곳인 원을 찾아가야 한다.
8 『해인지』 11호(2012년) 수록 글이다.

이므로, 꼭 필요한 요소들은 우리가 꼭 지니고 활용해야 한다. 그러나 필요하지 않으면서도 가지려고 애를 썼던 물건들, 당장은 필요하지 않은 데도 100년 뒤에라도 혹시 필요할까 봐 간직하려고 하는 것들은 버려야 한다. 이런 것들을 가지고 있는 것은 결국 다른 사람에게 필요한 것들을 오히려 내가 빼앗는 결과가 되는 것이다. 그런 상태의 물건들은 우리가 지니지 않는 것이 좋다. 무소유의 개념은 바로 이런 것이다. 생명활동을 하는 동안, 필요에 의해 내가 간직하고 소유해야 할 것들이면 꼭 지녀야 하지만, 그렇지 않은 것들은 전부 다 버리라는 것이다. 내가 '버리는 것'은 곧 다른 사람이 활용할 수 있도록 하는 중요한 일이다.

'무소유'가 하나의 브랜드처럼 세상에 회자하고 있지만, 누더기 같은 옷을 입고 빈털터리 상태로 청빈하게 사는 그 자체를 무소유로 본다면 그것은 잘못된 생각이다. 왜냐하면, 그것은 무소유를 유지하기 위한 무소유에 불과하기 때문이다. 이런 무소유는 자연스러운 생명활동을 방해한다. 우리는 자연인으로서 자연스럽게 살아가기 위한 무소유에 대해 생각해 보아야 한다.

우리가 생활하기 위해서는 돈과 양식이 필요하며, 쉴 수 있는 집도 필요하다. 그런데 사람마다 만족의 기준이 다르기 때문에 각자가 만족하는 상태도 다를 수밖에 없다. 돈이 아주 많이 있어야 하는 사람과 돈이 적당하게 있으면 만족하는 사람, 돈에 초연한 사람도 있을 수 있다. 환경도 마찬가지이다. 집을 멋들어지게 꾸미고 살아야 만족하는 사람이 있는가 하면, 초가라도 만족하는 사람이 있을 수 있으므로 각자의 형편에 맞게 살면 된다. 그런데 이러한 환경 속에서 살다 보면 우리는 상대적 빈곤감을 느낄 수도 있다.

양심

생명활동에 필요한 조건을 획일적으로 균등하게 정한다는 것은 까다롭고 어려운 일이며 사실상 불가능하다. 그것은 사람마다 가진 특성이나 성질, 기질에 따라 생명활동이 주어지는 조건이 조금씩 달라지기 때문이다. 그러므로 무소유를 실천하기 위해 각자가 얼마만큼 가져야 하고, 얼마만큼 버려야 하는지 그것을 알기는 어렵지만, '나'에게 적합하고 적정한 선은 알 수 있어야 한다. 그 적정선을 측정할 수 있는 잣대가 바로 '양심'이다.

우리는 이 지구상에서 생명활동을 하는 동안에, 자연의 재해나 물질적 문제로 인해 혼란을 겪지 않고 잘 살 수 있도록, 우리가 처한 상황을 파악해서 내 몸의 욕구를 적절히 절제하고 통제해야 한다. 이 절제와 통제를 통해 고통과 괴로움을 만들지 않도록 조정하는 것이 바로 양심이다. 양심은 좋은 마음, 맑은 마음, 밝은 마음을 말한다. 이런 양심이 나에게서 제대로 작동된다면 나의 몸에서 끊임없이 일어나는 욕망을 통제할 수 있다. 육신의 물질적 욕구가 팽배해져서 내게 불필요한데도 불구하고, 무조건적인 소유나 물질적 욕망에 대한 집착에서 벗어날 수 없다면, 틀림없이 우리는 이 물질로 인해 고통을 받게 될 것이다.

양심을 살려야 한다는 것은 사실 상식적인 이야기이다. 그런데도 양심을 잃어버린 많은 사람은 이 사실에 대해 매우 둔감한 상태에 있다. 대부분의 사람은 자기 자신을 통제하지 못해서, 그것이 자기의 목숨을 죄어 오고 있는 줄도 모르고 자기 손에 쥔 물건을 놓치지 않으려고 애를 쓰고 있다. 양심이 작동하지 않는 이런 사람들은 마음속의 불순한 사기운, 독기들을 빨리 빼내어서 일그러지고 찌그러진 양심을 팽팽한 상태로 회복시켜야 한다.

'나는 이만큼이면 행복하고 편안하게 살 수 있다.'라고 적절하게 통제하면서 자기 스스로 행복의 선상에 설 수 있는, 적절한 기준을 만든다는 것은 아주 중요한 일이다. 왜냐하면, 우리는 이 현상계에서 물질과 늘 교류하고 있으므로 그런 물질적 요소들이 내 몸에 항상 유입되기 때문이다. 그러므로 우리가 양심이 작동될 만큼 마음의 상태를 유지해 나가도록 노력을 하는 일은 정말 중요하다.

'없애라, 버려라.' 하면 당장 가슴이 덜컥 내려앉고 '어쩌지?' 하고 우리가 쩔쩔매게 되는 것은 물질에 집착하고 있는 습관을 드러내는 것이다. 우리 몸속에는 독기나 사기운, 생각지도 못한 의외의 나쁜 것들이 많이 들어 있기 때문이다. 그것들은 사람과의 관계에서 나타나는 증오심, 이기심, 아집, 저주, 원한, 집착, 애착, 미련, 환상, 피해 의식, 열등감, 계산적인 생각, 자신도 모르는 착오, 의심, 자존심 등이다. 이것을 한마디로 표현한다면 '욕심'이라고 할 수 있다.

하지만 우리가 올바른 생각을 할 수 있고, 자기 스스로 절제하고 자신의 욕심을 통제할 수 있는 양심을 되찾는 것은, 바로 불필요한 물건을 가지지 않는 것이다. 불필요한 것을 가졌을 때, 그것이 고통의 물건이라는 것을 알게 되면 그것들은 저절로 버려지게 된다. 저절로 버려진다는 것은 일부러 버리려고 하지 말라는 말이기도 하다. 지닌 것들을 애써서 버리려고 하지 말고 가만히 내버려 두고 내 양심이 회복될 수 있도록 노력한다면, 그 물건들은 자연스럽게 적절히 소용될 기회가 생긴다. 그렇다면 그 물건들은 내가 버리는 것이 아니라 잘 활용하게 되는 것이다. 그런 방법이 양심을 회복하는 길이며, 양심을 회복함으로써 내가 버리는 것 없이 잘 활용할 기회로 삼을 수 있다.

양심을 회복하여 자기의 행동에 책임을 질 줄 알아야 다른 사람들과 함께 행복하게 잘 살 수 있는 조건이 된다. 이것은 어려운 것 같지만 사실 쉬운 일이다. 그것은 애써서 되는 것이 아니라 자연적으로, 저절로 되는 것이다. 하지만 우리는 오랫동안 양심적인 생각과 행동보다 오로지 욕망에 이끌리고, 그 욕망을 충족시키기 위한 가치 기준을 설정하여 생활해 왔기 때문에 우리의 마음속에는 잘못된 관념이 굳어져 있다. 그 굳어진 관념을 바꿔 나가기가 어렵긴 하다. 왜냐하면 그것은 갑자기, 한꺼번에 바꿀 수 없기 때문이다. 그러나 조급함을 버리고 양심적인 실천을 밥 먹듯이, 잠을 자듯이 꾸준히 하다 보면 어느 날 문득 나 자신이 바뀌어 있음을 알게 될 것이다.

우리가 알지 못하는 나쁜 업 즉, 명행과 잘못된 기준, 나쁘지만 내가 집착이나 애착 때문에 애써 지니고 있던 습관들은 버리거나 바꾸어야 한다. 그런 것들을 버렸을 때 우리는 양심이 회복되는 것이다. 양심이 회복되면 자기 스스로 통제하고 절제하게 된다. 공짜 돈을 준다고 하면 그 공짜 돈이 얼마 지나지 않아 내 뒤통수를 칠 것이라는 영감을 느껴야 한다. 눈앞에 있는 공돈을 덥석 잡았을 때, 그것이 언젠가는 내 목을 겨누는 비수가 될 수 있다는 것을 알지 못하지만, 양심이 회복되어 있다면, 우리는 그러한 것들이 문제가 될 수 있음을 빨리 눈치를 챌 수 있다. 우리는 누구든지 그렇게 할 수 있는 능력을 갖추고 있다.

감사

마음속에 찌들어 있는 여러 가지 불순한 것들이 자연적이고 생리적인 상태로 저절로 배설되도록 한다면, 양심이 저절로 지켜지는 것이다.

물질과의 교류, 물질적인 가치 기준 때문에 이를 소유하기 위해 애를 쓰는 과정에서, 내가 꼭 필요한 것은 간직하고 소유하되, 마음속의 순수하지 않은 것들은 자연적으로 배설이 되도록 하는 행위는, 바로 우리가 음식을 먹으면 필요한 것은 위에서 소화하여 장을 통해 흡수하고 나머지 불필요한 것들은 배설하는 것과 같은 이치이다.

그러므로 불필요한 물질에 집착하지 말고 이런 생리 작용이 저절로 일어날 수 있도록 하라는 것이다. 또한 애착을 가지지 않는다면 우리 신체적 조건과 양심적인 요소들이 그 불필요한 것들을 저절로 배설시키게 된다. 자식에 대한 지나친 애정이 독이 되는 행위가 될 수도 있다. '내 아이를 어떻게 해야겠다.'라는 정이 바로 우리 마음에 독소를 만들게 해서는 안 된다. 따라서 자식에 대한 집착과 애착을 없애서 생리적 작용이 저절로 일어나게 함으로써 내 몸과 마음속에 불순한 기운이 찌들어 있지 않도록 만들어 가야 한다. 이기심, 개인주의적 사고방식이 팽배해지면 남을 돌아볼 겨를이 없다. 자기 위주로만 생각하고 자기만 바르게 살면 된다고 생각하게 된다. 그것이 자기 눈을 스스로 찌르는 행위인 줄도 모르고 살다가 되레 당하는 수가 많다. 거시적으로 봐도 그렇고, 미시적으로 봐도 이 우주 공간은 서로 끈끈하게 다 이어져서, 함께 더불어 살아야 할 조건으로 이루어져 있다는 것은 너무나 당연하고 상식적인 사실이다. 나 혼자만이 존재하는 것이 아니라, 내 주변에 저들이 있기 때문에 '내'가 존재한다는 것을 잊어서는 안 된다. 나무가 있는 것, 돌멩이가 있는 것, 흙이 산더미처럼 쌓여 있는 것, 봄이 되면 꽃잎이 흩날리는 것, 따뜻한 햇볕, 땀을 식혀 주는 시원한 바람……. 주변에 이런 것들이 다 짜여 있기 때문에 우리가 존재할 수 있다. 그리고 농부들이 농사를 지어서 식량을 생산하고, 많은 사람이 땀 흘리며 공장에서 일하여 우리가 필요한 여러 가지 물건들을 만들기 때문에 우리가 편리하게 살 수 있다. 바로 그들이 있기 때문에 내가 존재한다는 사실을 잊어서는 안 된다. 미우나 고우나 우리는 함께 어우러져 있기 때문에 내가 존재한다는 사실을 고맙게 생각해야 한다. 이것은 내가 끊임없이 마음을 가다듬어야 할 중요한 명제이다. 따라서 우리는 언제나 그들에게 감사하면서 한 편으로는 미안해해야 한다. 그런데도 우리는 자칫 다른 사람들에게 피해가 되는지도 모르면서 함부로 행동하고, 늘 행동한 후에 후회하게 된다. 그러므로 끊임없이 감사한 마음, 끊임없이 미안한 마음을 갖고 생활한다는 것은 정말로 중요하다.

양심 회복

물길은 무형과 유형이 있다, 형태가 없는 것을 무형이라고 하고, 눈에 보이면서 구체적 형태를 갖추고 있는 것은 유형이라고 한다. 세상은 물질적인 것이 이 우주 공간을 완전히 지배할 것이라 생각하고 과학을 발전시키기 때문에, 영적인 문제에 대해서는 아예 생각하지 않고 있다. 영적인 것들은 절대 존재하지 않으리라 생각하는 것이다. 그러나 우리가 마음의 상태를 순수하게 만들고, 양심이 100% 작용할 수 있는 정도로 회복이 되면 이 우주 공간 속에는 현상적인 것보다는 비현상적인 것들이 더 많다는 것을 알게 된다. 그 비현상적인 요소들에 의해 실제로 현상계에 사는 우리에게 영향을 주는 문제들이 어마어마하게 많이 있다는 사실도 알게 된다.

우리는 양심이 충분히 회복되면 비현상계의 영적인 요소가 우리에게 미치는 영향력이 얼마나 크고 무서운가를 알게 된다. 그것을 피하고,

우리가 제대로 가려면 최소한 조금이라도 마음의 눈을 떠야 한다. 양심이 회복되면 누구든지 마음의 눈을 제대로 뜰 수 있다. 그러므로 양심을 회복하여 눈에 보이지 않으면서도 우리에게 미치고 있는 나쁜 영향을 피할 수 있는 영감을 갖추고 있어야 한다. 육신의 눈으로는 100분의 1도 제대로 알지 못하므로, 마음의 눈을 떠야 우환을 예방할 수 있고 불행한 일을 피할 수 있다.

영적인 무형이 무엇이며, 영적인 유형은 무엇인지도 이해하고 제대로 알고 마음에 새겨 둬야 한다. 영적인 유형은 영성기운의 작용에 의해 생명의 기틀을 이루는 영적 체계, 마음의 체계라고 할 수 있다. 이 부분이 과학적으로 증명이 안 되고 있지만, 과학이 아무리 최첨단으로 발달하더라도 우리가 아는 그런 지혜에 비할 바가 아니다. 그런데도 과학이 전부인 것처럼 여기고 비현상계의 문제는 도외시하고 살기 때문에 고통이 생기는 것이다. 과학이 발달하면 사람들은 고통이 없어지고 누구든지 행복해질 것이라고 믿는다. 그러나 대다수의 사람은 행복하지 않다고 생각한다. 그 이유는 세상 사람들 대부분이 과학에만 끝없이 의지하려고 하고 마음의 눈은 뜨려고 하지 않기 때문이다.

물질적 요소가 이루어지는 근본은 영성기운이라는 것을 알아야 한다. 영성기운의 작용에 의해 물성기운이 생성된다는 사실을 과학적으로는 알 수 없다. 그렇지만 영성기운에 의해 파생된 것이 물성기운이라고 할 수 있다. 이 부분에 대해 증거를 대기가 어렵기 때문에 마음의 눈을 뜨지 않으면 그것을 받아들이기가 어렵다.

영적 무형은 하늘의 뜻을 인간 세상에서 도덕적 관념으로 고취시키는 모든 내용을 말한다. 진리, 순리, 자연의 섭리나 법칙들이 바로 그것이다.

양심을 회복하려면 영성기운의 작용을 알아야 한다. 우환이라든지 불행한 일들이 왜 생기는지에 대해서 이해하고, 그 원리를 알게 되면 우리 스스로 그것들을 방어할 수 있고 진정한 행복의 길로 나아갈 수 있는 조건이 되는 것이다. 따라서 물질적 유형과 무형만 구분하지 말고 영적인 유형과 무형에 대해서도 구분할 수 있는 능력이 필요하다. 양심을 회복하기 위해서는 우리 마음속에 찌들어 있는 이기심, 개인주의적 사고방식, 집착, 애착, 미련, 환상, 아집, 미움, 저주, 원한, 악업, 나쁜 습관, 욕심, 의심, 자존심, 피해의식, 열등감, 증오, 계산적인 생각, 착오 등을 마음에서 스스로 다 지워야 한다. 그러고 나면 자기가 버리지 않아도 될, 버릴 필요도 없는 그런 순수한 본성이 그대로 오롯이 나타난다. 그 순간 얼마나 큰 환희가 일어나는지 모른다. 우리는 자기의 본심이 깨끗하며, 맑고 밝은 줄 모르더라도 양심을 회복하여 그것을 본인이 느낄 수 있어야 한다. 그런 상태가 되면 내가 애써 물질적인 것에 집착하지 않아도 본래 저절로 바람이 불고, 나무가 자라듯이 생명 또한 저절로 살아갈 수 있는 자연적인 조건이 갖춰지게 되는 것이다. 힘들고 고통스럽게 애쓰지 않아도 우리는 순리대로 살 수 있는 조건이 된다.

본성

본성은 버릴 것이 없고 버릴 필요가 없으므로 본성은 찾아야 하는 것이다. 본성을 찾는 것은 우리가 '진짜'로 착각하고 있는 육신의 '나'를 버리는 것이다. 우리는 착각하고 있다. 육신이 가지고 있는 욕망을 이루기 위해 노력을 해야만 내가 행복한 삶이 되고, 마치 거기에 진정한 목적이 있는 것처럼 착각하고 있다. 물질적인 특성은 좋으면 더 좋게,

많으면 더 많게, 끊임없이 팽배해지려고 하는 욕망을 내포하고 있다. 그 욕망에 따라서 아무리 충족을 시킨다고 해도 잠깐의 만족 뒤에는 반드시 허망함이 따라오는 것을 피할 수 없다.

우리는 처음에는 100원만 있으면 충분하다고 생각했지만, 그 100원이 충족되고 나면 허망함을 느끼게 된다. 만 원, 십만 원, 백만 원 아니 수 억원, 수 조원을 '내 손'에 지닌다고 해도 결코 그것은 진정한 행복으로 이어지지 않는다. 그것은 물질적 특성 때문이라고 할 수 있다. 물질에 대한 끝없는 욕망은 결국 우리 스스로를 불행의 늪으로 빠져들게 한다. 내 마음속에 본성을 알게 되고 본성의 빛이 발현되도록 다듬으면 너무나 아름답고 밝은 모습으로 보이게 되어 있다. 그런 모습으로 내가 느껴지면 마음이 아주 순수하게 어우러지는 진정한 나를 찾은 것이다. 이 자연 공간에는 우리 생명을 저절로 지켜주고, 사랑으로 보호해 주며 이끌어 주는 생명기운들이 가득 차 있기 때문에 순수한 영혼의 진짜 '나'를 찾으면 우리는 행복하고 건강하게 살 수 있는 조건이 된다. 그것이 우리가 가고자 하는 진정한 삶의 길이다.

버리는 것 없이 모두 버려라

'버리는 것 없이 모두 버려라.'라는 말은 가짜인 육신의 '나'를 버리고 순수한 영혼의 진짜 '나'를 찾으라는 말이다. 그렇게 되면 내 양심대로 살아가게 되고, 그런 용기를 가지게 되면 누구에게든지 떳떳하고, 두려울 것 없이 살아갈 수 있는 기쁜 상태가 되는 것이다. 그것을 우리는 현상계에서 살아가는 '대자유인이다.'라고 하는 것이다. '버리는 것 없이 모두 버려라.'라고 하는 것은 바로 내가 착각하고 있는 가짜 '나'

를 버리고 진짜 '나'를 찾는 것이며, 정말 행복하게 살 수 있는 무애(無碍)의 경지에서 여유롭게 살 수 있는 길을 가는 것이다. 우리는 알게 모르게 자신을 자유롭지 못하게 발목을 잡는 일들을 많이 하고 있다. 우리는 물질적 욕망 때문에, 행복의 기준을 가지고 성장하고 올라간다고 생각하지만, 사실은 자신을 끌어내리고 발목을 잡는 그런 행위들을 너무나 많이 하고 있다. '대자유인'이라는 것은 물질적 선상에서 물질을 보고 욕심을 내서 쩔쩔매는 상태가 아닌, 그런 것에 연연하지 않고 그 선상 위에서 모든 것들을 한눈에 다 알 수 있고, 안 좋은 것들을 피해 갈 수 있는 여유로운 상태를 말하는데, 이는 곧 '무애의 경지'라고 할 수 있다.

'무애의 경지'는 내가 현상계에서 나쁜 음식을 먹어도 끄떡없고, 나쁜 짓을 해도 끄떡없으며, 나쁜 장소에 가도 끄떡없는 것이 아니라, 그런 것들을 미리 알고 피해 갈 수 있고 그런 것들에 걸리지 않는 상태에

일요일마다 삼랑진수련원을 손보던 저자

서 대자유인이 되는 것이다. 독약이 무엇인지 알고, 생명이 위험한 줄 알고 피하게 해주고 다른 사람들이 위험하지 않도록 도와준다면, 그것이 진정한 무애의 경지라는 것이다. 바로 그런 무애의 경지, 그 길로 가는 것이 우리 공부가 나아가야 하는 진정한 방향인 동시에 우리가 궁극적으로 지향하는 삶의 가치이다.

7) 생명의 참모습인 '나'를 찾아
사랑의 향기를 뿜는 한 해가 되기를[9]

계사년 신년 메시지는 인류의 영원한 숙원이자 가장 고귀한 궁극의 가치인 '사랑'은 바로 '나' 자신에게서 비롯됨을 말하고자 한다.

'나'는 우주 공간에서 탄생한 한 생명의 핵심 요소이며, 생명의 참모습이다. 또한 생명의 참모습은 사랑이 충만한 아름다운 모습이다. '나'를 찾아 '나'를 볼 수 있는 생명의 참모습으로 다듬어지면 사랑은 저절로 형성되어 향기로 뿜어지게 된다. 그것은 '나'라는 존재 좌표의 순수 기운이 빠르게 회전함으로써 사랑을 형성하기 때문이다. 그러므로 사랑이 형성되면 다른 사람에게 저절로 전달되어 사회 전반으로 자욱하게 퍼지게 된다. 다시 말해서 사랑은 다른 사람에게 저절로 주어지게 되고 그 사랑의 향기는 상대를 너무나 달콤하고 편안하고 기분 좋게 해준다. 사랑의 향기를 맡은 상대방은 마음의 울림으로 감동되어 자신도 사랑의 향기를 자동 반응으로 뿜어낸다. 그렇게 서로가 주고받으며 사랑의 향기를 뿜어낼 때 진정으로 밝고 맑은 사회가 이루어지는 것이다.

---

9 『해인지』 12호(2013년) 수록 글이다.

여기서 핵심은 '나를 어떻게 알고 찾을 것인가?'이다. 공부의 기본 원리로 보면 '나'를 찾기 위해서는 양심을 회복시켜야 하고, 양심은 마음속의 독기나 사기운을 덜어내어 순수하게 만드는 것이고, 마음을 순수하게 만들려면 진실과의 교감을 이루어야 하고, 진실과의 교감은 자기반성을 통해 만들어 가는 것이다.

'사랑은 다른 사람에게 주어지게 하는 것이다.'라는 대명제를 갖고 사랑에 대한 개념을 이해하기 쉽도록 사랑의 커짐과 작아짐을 둥근 원에 비유하여 수학 공식으로 표현해본다. 사랑을 둥근 원으로 볼 때, 원의 둘레는 원의 지름에 비례하며 지름과 둘레 사이에는 일정한 비율 즉, 원주율(π)이 작용한다. 원주율은 변하지 않는 비율이므로 원의 둘레는 지름의 길이에 따라 커지고 작아진다. 이것을 '사랑'에 적용하면 지름은 '마음의 순도'라 할 수 있고 원주율은 인류의 영원한 생명을 이루는 영혼의 순수성인 '진실'이라 하겠다. 즉 커지고 작아지는 사랑의 둘레는 '마음의 순도'에 따라서 정해지고, '마음의 순도'는 다른 사람을 미워하지 않고 배려하며 욕심내지 않고 희생하면서 원래 갖추어진 자신의 순수성을 계속 회복하고 유지해 나가는 자기반성의 노력으로 높아지게 된다. 순도가 높아지면 사랑의 둘레는 커지게 되고 따라서 다른 사람에게 저절로 전달되고 주어지게 되는 것이다. 이것을 공식으로 표현하면 다음과 같다.

사랑(원둘레) = 마음의 순도(원의 지름) × 진실(원주율: π)

위에서 설명한 것처럼 기운작용의 원리로 보면 사랑은 줄 수밖에 없고 저절로 주어지게 되는 것이다. 조건 없이 주어지게 되는 것이 사랑이다. 사랑은 그 기능을 발휘하지 못하도록 혼자만 간직하는 것이 아니라 다른 사람에게 조건 없이 전달되게 할 때 자동 반응으로 증폭되어 비로소 사랑의 참뜻이 발현된다. 사회에서 일반적으로 표현하는 의미로는 보시, 헌신 등이라 할 수 있지만, 그보다 더 큰 의미는 사회의 한 일원으로 자신이 맡은 바 임무나 역할에 충실을 기하는 것이다. 대가를 바라지 않고 일에 열중함으로써 다른 사람을 유익하게 만드는 것을 말한다. 이것은 자신의 참 수행이기도 하다. 이런 일은 주변에 많이 널려 있으므로 얼마든지 할 수 있다. 자연스럽게 수행하기 참으로 좋다.

이러한 모습이야말로 생명의 참모습이라 할 수 있으며 이때 사랑은 저절로 피어난다. 사랑이 피어나는 참모습이란 '나'를 찾는 것이요, 양심을 회복하는 것이요, 마음을 순수하게 만드는 진실과의 교감을 이루는 것이요, 진솔하게 반성하는 자신의 모습이다.

2013년 계사년 새해에는 생명의 참모습인 '나'를 찾아서 사랑의 향기를 뿜어내는 복된 한 해가 되기를 기원한다.

8) 예술 문화를 바로 세워 정신을 바르게 일깨워야 합니다[10]

인간은 우주의 한 축을 담당하는 위대한 핵심 존재로서, 삶의 과정을 통해 영성을 높이는 신성한 소명을 띠고 태어난다. 이처럼 인간은 위대하고 성스러운 존재이므로, 하늘의 지극한 사랑의 대상으로서 생활 속에서 자연스럽게 영성을 높일 수 있도록 우주 원리에 의한 율려(律呂)작

---

10 『해인지』 13호(2014년) 수록 글이다.

용의 배려를 받는다.

율려작용은 인간의 정신활동인 예술을 통해서 나타내므로, 예술 문화를 즐거운 마음으로 접하게 되면 궁극의 목적인 영성을 높이는 것은 자연스럽게 이루어진다.

예술은 순수한 아름다움을 추구하는 것으로, 인간의 영성적 정신에 서려 있다가 육신의 본능을 통해 밖으로 표출된다. 그 본질은 황폐해진 사람들의 정서를 고르게 하여 마음은 밝고 편하게 하며, 올바른 정신을 함양하여 삶의 질과 영성이 생활 속에서 자연스럽게 높아지도록 하는 것이다.

그러나 지금의 예술 문화는 본질을 잃고 비정상으로 왜곡된 지 오래되어 사람들의 영혼을 오히려 피폐하게 하고, 양심을 잃게 하는 실정이다. 이러한 상황이 수정되지 않고 더 계속된다면 우주 질서는 깨어져서 자연재해는 크게 일어나고 나아가서는 지구의 종말, 인류의 멸망까지도 가져오게 될 것이다. 그러므로 이제부터라도 예술 문화와 관련되어 활동하는 사람들의 정신이 바르게 일깨워져서 율려작용의 근본에 부합되는 예술 문화를 바로 세워야 하고, 일반 사람들도 스스로 정신을 바르게 일깨워서 바른 예술 문화를 구분할 줄 아는 현명함을 발휘해야 한다. 예술이 율려작용의 근본 기능을 제대로 발휘할 때 물질과 교류하며 생활하는 인간들의 마음이 밝아지고 영성은 드높아진다.

율려의 구성 요소를 구체적으로 살펴보면 크게 두 가지로 나누어진다.

첫째는 음(音)으로서, 우주 공간에서 이리저리 뒤섞이어 어우러지는 자연의 소리(聲)가 형질을 갖추고 조화를 이루어, 우주 질서를 만드는 8려(八呂)의 기본음을 말한다. 여기서 음은 단순히 음계만을 의미하는 것이 아니라 보이지 않는 영성 부분에 관여되어 인간의 마음에서 일어나는 여러 가지 감정, 감성 등을 순화시키는 작용 상태를 말한다.

둘째는 수(數)로서, 우주의 순수기운 변화에서 나타난 수(數)의 상(象)이 물질의 성질을 고르게 하고, 만물의 생육에 영향을 주는 것을 말한다. 이는 물성 부분에 관여되어 작용하는 것으로 상의 근원이 되는 음(音)으로부터 일어나는 여러 감정과 감성이 물질적 형상(形象)으로 나타나는 상태를 의미한다.

따라서 음(音)은 영성에 서려 있는 성질을, 수(數)는 음의 성질에 따라 실질적이고 구체적인 상(象)으로 표출되는 것을 뜻한다. 다시 말하면, 율려는 음과 수가 조화되어 하나의 하모니를 이룰 때 물질과 교류하는 인간들의 생활이 모나지 않고 조화롭게 될 뿐만 아니라, 인간의 영성 의식에 작용되어 사람들의 마음을 순화하고 영성이 높아지게 하는 것이다.

인간이 자연의 소리나 풍경에서 받은 영감이나 감동을 음악이나 미술, 무용, 문학으로 표현한 것이 예술이며, 이 예술로 인해 우리의 마음이 순수해지고, 영혼이 바르게 일깨워지는 과정이 바로 율려작용의 의미라 하겠다. 오직 인간에게만 부여된 하늘의 지극한 사랑이며 배려이다.

이 과정에서 순수한 마음의 감동이 악(樂: 순수한 즐거움)이 되고, 미(美: 순수한 아름다움)가 되어 타인의 말에 귀 기울이고 상대의 입장을 배려하며, 아픈 마음을 보듬어줄 줄 아는 넉넉함과 포근함과 따뜻함을 지닌다면 이보다 더 높은 도덕적 가치는 없을 것이다. 이것은 좋은 명행(命行: 업業)으로 이어져서 영성을 크게 높이는 결과가 된다.

이처럼 율려작용은 세상 사람 모두가 즐거워지고, 행복해지는 효과가 있으므로 영성을 높이는 바탕이 된다. 이제 우리는 더 늦기 전에 힘을 모아, 바르고 아름다운 하늘사랑이 각자의 마음속에 울림이 되어 율려작용이 일어나도록 예술 문화를 바르게 세워야 한다.

9) 然心田 '나'그네[11]

연심(然心)은 자연을 벗 삼는 나그네 마음입니다.

자연을 벗 삼을 줄 알고,
자연스럽게 자연과 동화될 줄 아는,
진솔한 마음이 되게 해주는 자리
그런 마음이 되도록 밭갈이해주는 연심전입니다.
'나'가 앉으면, 어느덧 그네 되어 나그네 되면
아련히 보이는 푸른 자연에 동화됩니다.

그네가 흔드는지, 내가 흔드는지 모르는
미묘한 흔들림은
어머니 배 속의 요람인 양
아늑하고 포근한 느낌을 안겨 줍니다.

그 흔들림의 연심~~
연심은
생명과 양심을 지켜주는 좋은 마음가짐입니다.
'나'그네입니다.

---

11 『해인지』 16호(2017년) 수록 글이다.

▲ 어느 일요일, '나'그네에서
◀ 청림전 옆, 然心田에 설치된 '나'그네

10) 양심의 잣대를 잃지 마십시오[12]

양심은 물질의 욕심 앞에서 무참히 짓밟히고 무시당하고 있지만 언젠가는 다시 살아난다는 희망을 버리지 않고 끈질기게 기다린다. '나'라는 본성이 살아있는 한, 아무리 더러운 흙탕물에 잠겼더라도 진솔한 마음만 갖춘다면 예쁘고 순수하게 피어나는 연꽃처럼 저절로 회생한다.

오늘날 우리는 우리에게 던져진 치열한 물질 경쟁 앞에서, 행복한 삶의 지표로 삼아야 할 소중한 양심의 잣대를 잃어버렸다. 그 결과, 양심의 공황 상태에서 오로지 물질 욕심의 가치 기준을 만들어 놓고, 그 기준으로 행복한 삶을 추구하겠다는 엄청난 오류를 범함으로써 자괴감

---

12 『해인지』 16호(2017년) 수록 글이다.

과 허탈감, 빈곤감과 허망함으로 수없는 세월을 흘려보내고 있다.

그런데도, 채워도 채워지지 않는 악순환의 물질 욕망만 끝없이 일으키고, 고작 발전시켰다는 것이 '편리하다'는 단순한 명분의 죽음 문화만 만들어 놓은 것이다. 더구나 서서히 목숨을 앗아가는 죽음 문화인 줄 모르고 그 앞에서 자승자박의 꼴로 살아가고 있는 것이 안타까울 뿐이다.

행복을 가져다줄 것이라고 믿었던 물질문화는, 바쁘게 적응하느라 발버둥쳐야 하는 고통의 스트레스만 안겨 줌으로써 인간은 멋모르고 죽음을 기다리며 길게 늘어선 불행한 행렬의 삶을 어처구니없이 맞이하는 꼴이 된 것이다.

우리는 양심의 잣대를 잃어버림으로써 겪어야 하는 이 안타까운 현실에서 벗어나야 한다. 이제는 잃어버린 양심의 잣대를 찾아서 힘들고, 고통스럽고, 무섭고, 괴로운 현실에서 벗어나야 한다. 잘못된 욕망의 물질적 가치 기준에서 벗어나, 지극한 자기반성과 진솔한 마음가짐으로 욕심을 버리고 양심을 회복해야 할 때이다. 진정한 삶의 행복은 그렇게 해야 누린다.

양심을 회복하는 것은 그다지 어렵지 않다. 반성과 진솔한 마음을 갖는 것이 중요하다. 또한 곧고 바른 말씨를 진정성 있게 행하고, 인간과 인간 사이에서 지켜야 할 이상적인 도리인 덕(德)을 실천하는 것이다.

양심을 회복하게 되면 자연의 섭리에 순응하는 평상심을 유지할 수 있고, 진실과 거짓을 바르게 가늠할 수 있는 양심의 잣대를 갖추게 된다.

양심의 잣대를 잃지 마십시오

세상이 아무리 슬프고 화가 나도,
세상이 아무리 괴롭고 고통스러워도
양심의 잣대를 잃지 마십시오.

세상이 나를,
황량한 모래밭과 거친 바다 한복판에
아무리 내던져놓아도,
세상이 나를,
우울하고 고독한 공간으로
아무리 내팽겨친다 해도
양심의 잣대를 잃지 마십시오.

세상이 온통 사기운이 득실거려
피할 수 없는 미혹의 상황으로 빠져든다고 해도,
세상이 온통 어둡고 칙칙한 사기로 가득 차서
희망의 밝은 빛 한줄기 찾아보기 힘들다고 해도
양심의 잣대를 잃지 마십시오.

양심의 잣대는
깜깜하고 막막한 삶의 바다에서도
영원히 꺼지지 않는 한 줄기 빛의 등대요,
영적 홍수 시대에서도

생명을 지킬 수 있는
나만의 방주입니다.

바른 생명의 길로 나아가게 하고,
하늘과 교감하게 하는
매 순간의 길라잡이입니다.

11) '나'는 어디에 있는가?[13]

용천(容天)인 '나'는 자연과 신(神) 안에 있는가?

「용천인 '나'」라는 의미는 모든 인간은 신과 수평적 관계임을 말한다. '용천'은 '나'라는 인간이 당연히 하늘을 닮아야 한다는 의미이고, '나'는 우주 공간에 좌표로 나타난 하나의 생명 개체로서, 그 안에 우주의 원리와 진리가 담겨 있다.

'인간은 흙으로부터 와서 흙으로 돌아간다.'라는 말이 있는데, 이 말을 한 차원 높이면 '인간은 자연으로부터 와서 자연으로 돌아간다.'라고 할 수 있고, 차원을 더 높여서 말하면 '인간은 하늘로부터 와서 하늘로 돌아간다.'라고 할 수 있다. 인간의 삶, 인생은 하늘에서 왔다가 하늘로 돌아가는 길이다. 즉 인생은 회로이고, 회로는 인간의 삶이다. 거기에는 자연을 이용할 권리와 독립 개체로서의 확고한 자유가 주어져 있다. 물론 그에 대한 책임이 분명하게 따른다.

---

13 『해인지』 20호(2021년) 수록 글이다.

엄격하게 말하면 자연은 인간에게 주어진 생명의 본질이고, 자유는 인간에게 주어진 소명의 본질이다. 자연이 생명의 본질이란, 자연의 섭리에 따른 '자연의 궁극적 변화 원리'에 의해 생성된 존재에 대한 공감의식이 '모든 것은 존재해야 한다.'는 명제 위에서 피운 사랑, 그것이 생명의 바탕이 되기 때문이다.

자유가 인간에게 주어진 소명의 본질이라 함은, 자연의 공감의식이 우주의 절대의식으로 발전하고, 또한 작용체계를 갖춘 하늘의 성령(聖靈: 신령神靈) 의식으로 발전하여 생명을 잉태하고 만물을 생성하고, 보호 육성에 적극적으로 관여하는데, 그것은 인간을 통해 우주의 순수기운을 충만하게 하기 위한 방편이다. 그러므로 인간에게 신과 같은 위상에서 권리와 자유를 갖추게 하여, 어디에도 구속받지 않고 인간의 본질적 소명인 영성기운을 드높이도록 하려는 것이다. 그 개념은 현실적인 입장의 미천한 인간으로서는 받아들이기 어려운 것이지만, 자유는 인간에게 가장 근본적이면서도 보편적인 권리이다. 인간이 하늘을 닮았다는 말, '용천(容天)'은 그런 의미에서 주어진 용어이다.

자유는 인간의 권리이고 책임이다

일반적인 개념의 자유는 어떤 것에도 구속받지 않고, 속박되지 않은 상태에서 자신이 부리고 싶은 욕망을 최대로 실현하는 것이다. 그러나 몸의 욕망을 마음껏 불태운다고 하더라도 다른 사람에게 피해를 주거나 말거나, 자기의 행동에 책임을 지지 않는 것은 방종이다. 자유는 다른 사람에게 피해를 주지 않는 한에서 최대한 만끽할 수 있지만, 그로 인해 발생한 결과에 대해서는 절대적으로 책임져야 한다.

우리 공부 차원에서 표현해 볼 때, 사람들이 가장 이상적으로 견지해야 할 자유라는 개념은, '모든 인간은 신과 수평적 관계이므로 신으로부터 구속받지 않는다. 그러나 그에 따른 책임이 있다. 그것은 나와 상대되는 모든 것을 지키고 사랑하는 것이다. 그럼으로써, 그 안에서 주어지는 뿌듯함과 걸림 없는 편안함이 최대의 자유이다.'

자유는 인간이 하늘로부터 받은 소명을 현상계에서 완수하기 위해 권리와 책임을 함께 부여받은 것으로서, 권리는 신과 수평적 관계의 인간이 자연과 함께할 수 있는 위상이 주어졌으므로, 필요에 따라 이용할 수 있는 조건과 능력을 부여받은 것이고, 책임은 권리를 행사한 후 지켜야 할 행위로, 이어지는 후손도 권리를 행사할 수 있게 해야 할 뿐만 아니라 좋은 경험도 전혜 주어져야 한다. 또한 자신에게 주어진 삶의 길을 바르게 가는 도덕적 의무를 다할 뿐만 아니라 후손도 길을 바르게 갈 수 있도록 닦아 놓아야 한다. 책임은 자신과 상대되는 모든 것을 지키고 사랑해야 하는 임무를 수행하는 데 따른 올바른 행위이다.

인간은 하늘에서 왔다가 하늘로 다시 돌아갈 때, 그 길의 과정에서 소명을 완수하고 그에 따른 성과도 가져가야 한다. 그리고 인생의 길, 회로는 뒤따라오는 사람도 바르게 갈 수 있도록 잘 닦아 놓을 책임이 있다.

나는 어디에 있는가?

이 물음은 첫째, 자기반성, 둘째, 양심의 소리, 셋째, 너 자신을 알라, 넷째, 자기성찰, 다섯째, 도덕적 자기 인식, 여섯째, 진정한 '나'를 보는 것 등의 의미가 함축되어 있다. 여기에 덧붙여 표현하면, '인생의 길을 소임대로 바르게 가고 있는지, 쓸데없이 시간과 에너지를 소모하면서 엉뚱한 길을 가고 있지 않은지, 50세가 넘었는데도 불구하고 인생의 목적을 제대로 인지하지 못하고 물질 욕심에만 매달려 헛수고만 하고 있지 않은지?' 등에 대한 자문자답의 의미가 담겨 있다. 그래서 자신의 인생길이 바른지 가늠하고, 그렇지 않으면 빨리 반성하고 마음운동을 실천하도록 자신에게 하는 독려이다.

또한 그런 정도의 자문자답을 넘어서서 "'나'는 누구인지, '나'는 어떻게 태어나는지, 왜 태어났는지, 왜 살아야 하는지, 죽음은 무엇인지, 왜 죽어야 하는지, 죽으면 어디로 가는지, 죽은 후의 '나'는 무엇인지, 죽은 후에 '나'는 무엇을 하는지?" 등에 대해 의문도 가져 보는 심오한 인생철학적 명제이다.

이 문제를 쉽게 이해하도록 성경 구절에서 예를 들면, 구약성경에 전지전능하신 하나님이 아담에게 '너 어디 있느냐?'고 묻는 내용이 있는데, 이것은 종교의 관점을 떠나서 생각해 보면, 모든 시대, 모든 세대, 모든 인간에게 주어진 영원한 물음이다.

이 물음은 시대마다 태어난 사람 하나하나에 '너는 네 세상 어디쯤 있느냐, 네게 주어진 인생이 몇몇 해가 지나고 몇몇 날이 지났는데, 그래 너는 네 세상 어디쯤에서 무엇을 하고 있느냐, 너는 너의 소임을 잊지 않고 너의 길을 바르게 가고 있느냐?'라는, 만인에게 내리는 경고이다.

그러니까 '아담아 너 어디에 있느냐?'라는 말은 아담이 선악과를 따 먹는 죄를 지은 후, 부끄러움을 알고 숨어 들어간 상황을 두고, 더 헤매지 말고 빨리 반성하고 밖으로 나오도록 독려하는 차원의 말이자, 허송

세월 보내지 말고, 더 많은 죄를 짓지 말고, 빨리 나오라고 하는 경고로 봐야 한다.

다시 설명하면, 아담이 어디 있는지 위치를 물은 것이 아니고, '무엇을 하고 있는지,' '바른길로 가고 있는지, 나쁜 길로 가서 쓸데없이 헤매고 있는 것은 아닌지, 더 깊이 들어가서 더 큰 죄를 짓고 있는 것은 아닌지?'를 물은 것이다.

이것을 세상 모든 사람에게 돌려서 표현하면, 나이가 많이 되도록 경박하고 지각없이 무책임하게 살아온 그동안의 삶이나, 나쁜 짓만 하면서 허송세월했던 과거 생활을 뒤돌아보면서 절박하게 깊은 반성을 하라는 훈계의 물음이다. 또한 이 물음은 세상 모든 사람을 향해서 "네가 바로 아담이야! 너 어디 있느냐고 물어야 하는 것은 바로 너야."라는 말이다. 그 당시의 아담의 처지를 통해서, 세상 모든 때와 모든 곳에 있는 모든 사람에게 자신들의 처지를 밝혀 준다. 아울러 그것이 무엇을 뜻하는지 깨닫게 하여, 인간 자신의 자성을 끌어내는 큰 효과를 내고자 한 것이다.

세상 사람들은 아담이 자신의 사생활 잘못을 알면서 외부로 노출되지 않도록 숨기려고 하고, 잘못된 자신의 생활방식에 대한 책임을 회피하려고 숨는 것처럼, 누구나 아담이고 아담의 처지에 놓여 있다. 사람들은 누구나 이런 동기로 숨는다. 자신의 생활에 대한 책임을 회피하기 위한 수단으로 자신을 위장하고 은신처를 요지경으로 꾸며 놓는다. 이처럼 사람들은 하느님 면전에서 숨고 또 숨고 함으로써 점점 더 깊은 타락의 길에 얽매여 들어가고, 이렇게 숨어들수록 나쁜 상황에서 옴짝달싹 못 하게 된다. 사람들은 하느님의 눈에서 숨을 수 없다는 것을 뻔히 알면서, 그래도 숨으려 함은 자신에게서 숨으려는 것과 같다. 이러한 행위는 자신 안에도 진실한 자기를 찾는 큰 무엇이 있지만, 그 '무엇'으로 하여금 진실한 자기 찾기를 점점 더 어렵게 만든다.

이 위대한 물음의 목적은, 사람들을 일깨워서 은신처로 꾸민 요지경의 세계를 깨뜨리게 하려는 데 있다. 그런데 이 물음은 인간의 존재 자체를 위협하는 천둥처럼 들려오지 않고, 회로가 돌아가는 것처럼 조용하게 속삭이는 작은 소리라서 흘려버리기 쉽다. 이 소리를 흘려버리는 한, 인생은 하나의 참된 회로의 길이 되지 못한다. 자신의 참된 회로의 인생길을 찾지 못한다. 모든 인간의 '참된 삶'은, 자신의 인생길을 바르게 찾느냐, 못 찾느냐는 이 물음에 정면으로 응하느냐, 응하지 않느냐의 선택에 달려 있다.

제아무리 성공과 향락을 누리고 제아무리 권세를 떨치거나 공적을 쌓더라도, 이 소리에 정면으로 응하지 않는 한 그의 삶에는 진리의 길이 없다.

'나는 어디 있는가?'라는 자신의 소리를 바로 듣고, 자신의 잘못된 처지를 인정하면서 '나는 숨어 있었구나!' 하고 스스로 고백해야 인간다운 길이 시작된다. 이 결정적 마음살핌이야말로 인생의 회로 길이 트이는 시초이다. 마음살핌을 위해 제대로 노력하는 때에만 사람다운 길이 트이고, 결정적인 인생의 바른길로 이끌어진다.

'나는 어디에 있는가?'라고 자신에게 물어보지 않는 자, 자신에게 물어볼 필요가 없다고 생각하는 자들은, 아집과 독선에 빠져 있든가, 아니면 무언가를 움켜쥐려는 집착에 빠져 있든가, 더 심하면 내가 옳다고 만들어 놓은 자기만의 아성을, 자신의 부끄러운 삶의 실존을 숨기기 위해 은신처처럼 온갖 것으로 꾸며 놓고, 교만을 부리고 있는 사람들이다. 이런 사람들에게는 타인을 비판하거나 낮게 평가함으로써, 별로 대단하지도 않은 자신을 은근히 타인 앞에 과시하며 상대를 깔보려는 비굴함이 있다. 또한 나태함을 비롯한 자신의 잘못된 습관, 상대적 빈곤감으로 인한 좌절과 체념과 책임회피 등을 자기 관용으로 삼아 자신에게 수많은 이유와 합리적 타당성을 부여한 후, 그 속에 자기 모습을 숨

어느 일요일 삼랑진수련원에서

겨 놓고 자신에게 질문도 대답도 하지 않는 비겁함이 있다.

'마음을 살피다.'라는 말은 '마음을 보살피다.'라는 뜻과 더불어 '나와 남이 함께'라는 의미를 함축하고 있다. 자신을 살피는 일은 곧 남을 살피는 일이며, 역으로 남을 살피는 일은 곧 나를 살피는 일이다. 이 둘은 떼려야 뗄 수 없는, 동전의 양면이나 손바닥의 앞뒤와 같다. 왜냐하면, 세상은 그물망으로 이어진 '하나'이기 때문이다.

인간이 자연과 하늘을 닮는다는 '용천(容天)'은 자신의 마음살핌이 우선이다.

삼랑진수련원 내 전경

2부 맺는 글

인간의 소명을 다시 한번 일깨울 때이다![14]

"하늘까지 까마득하게 잊어버린, 아니 알면서도 더는 필요치 않다고 무시해버린, 오만이 극도에 달한 무지막지한 인간들이, 양심을 회복하고 다시 돌아올 것이라는 기대는 더 이상 할 수 없다. 이제, 배려와 수용은 없다! 뜨거운 고통만 있을 것이다!"

"순식간에 번져나가는 괴질이 무섭지 않으냐? 질풍노도와 같은 지진 해일도 무섭지 않으냐? 하늘을 뒤덮는 화산 폭발도 무섭지 않으냐? 또 있다!"

이 강력한 메시지는 용서를 바랄 수 없을 정도로 두려웠다. 한동안 가슴이 먹먹하고 사지가 떨려 일어설 수가 없었다. '이제 피할 수 없는

---

14 『해인지』 19호(2020년) 수록 글이다.

때가 왔구나!' 생각하며 어쩌할 줄 모르는 중에 우주 형성 과정에서 벌어지는 일련의 상황들이 머리를 스쳐 갔다. 이어서 하늘께서 노심초사하며 인간을 탄생시키기 위해 특단의 방안을 어렵게 마련하시던 마음이 떠올랐다.

끝도 시작도 없이 영원히 반복 순환하는 대단원의 우주가, 지금처럼 형성되기까지는 수없는 시간이 흘렀고, 그사이 많은 실패를 거듭했다. 이와 같은 우주 형성에 인간의 탄생이 크게 한몫했다는 사실을 안다면, 인간 스스로 존엄하고 위대하다는 자부심을 갖는 것은 당연하다. 하늘께서는 존엄성과 위대성이 부여된 지금의 인간이 존재하기까지 수백억 년의 세월을 기다렸다. 그동안 상황에 따라 수정하고 보완하는 등 많은 시행착오를 겪으면서 좀 더 훌륭한 인간이 탄생하기를 고대했다. 그뿐만 아니라 생명 개체의 독립성까지 부여해, 하늘과 같은 위상의 존재임을 느끼게 했다. 그것은 인간 스스로 지존의 경지를 고수하면서, 순수한 영성기운의 강도를 드높이는 데 자부심을 느끼도록 하기 위함이었다.

하늘께서 보시기에 지구인은 멋있고 아름다워 참 좋았다. 기대에 한껏 부푼 하늘께서 인간의 문명을 빠르게 일으키도록 구세주와 선인들을 많이 내려주셨고, 그 의도대로 세상은 엄청난 속도로 변화되어 갔다. 인구는 급속도로 불어났고, 과학은 눈부시게 발전하였다. 그러나 시간이 흐르면서 인간은 이성이 자연을 지배할 수 있다는 오만에 빠졌고, 육체적 본능만을 추구하는 물질 욕심 앞에서는 교만과 거만함으로, 하늘을 까맣게 잊어버리는 지경이 되었다. 더구나 생명에 대한 존중 의식은 그때그때 필요에 의해서만 가식적으로 행해졌고, 급기야 생명까지 인간의 힘으로 좌지우지하겠다는 오만은 극에 달했다. 그 때문에 주어지는 엄청난 고통에 허덕이면서도, 하늘에 대한 믿음은 아예 뒷전이 되어 버렸다. 어쩌면 하늘을 더 이상 필요 없는 존재로 여기고 있는지도 모른다. 이쯤 되면, 인간들은 돌아올 수 없는 강을 건넜다고 보고, 하늘께서는 이미 제3의 계획을 세워 놓았을 것이다.

하늘께서 인간에게 바랐던 희망이 100%에서 30%로 추락한 현실 앞에서, 더 이상 기대할 수 없는 실망감은 너무나 컸다. 이제 하늘을 향한 믿음이 굳건한 인간을 제외하고는, 지구를 폐기 처분할 생각을 굳힌 상태가 아닌가 생각된다. 하늘께서 세상을 다시 구제하려는 것은, 지금 상태의 지구를 정리하는 과정에서, 제3의 계획에 필요한 인원을 최대한 늘려보려는 의도로 느껴진다. 물론 지구는 앞으로 2,000년 정도는 유지될 것이다. 우리 공부를 하고 계시는 선생님들은, 하늘께서 의도하는 제3의 인간으로 훌륭하게 태어날 후손들을 위해, 좋은 씨알이 되도록 열심히 노력하길 바란다.

집착과 욕심에 찌들어 영혼은 피폐해졌고, 독선과 이기심으로 파렴치하게 변한 인간의 모습을 나방이나 모기, 또는 물고기에 비유한다면 지나친 모욕일까? 그러나 사실은 그 이상으로 표현하고 싶은 것이 솔직한 지금의 심정이다.

부나비가 어두운 밤에 빛을 향해 돌진하여 몸을 불사르는 것은, 빛에서 태어나 빛으로 돌아가고자 하는 본능적인 행동이다. 그러나 밤의 불빛은 물질의 빛이고, 돌아가고자 하는 빛은 생명의 빛임을 구분할 줄 모르고 저지르는 무모한 행동이다.

모기는 피 맛을 한 번 보면, 오로지 달콤한 그 먹잇감을 향해 죽기 살기로 달려드는데, 그 모양새는 좀비를 연상케 한다. 피를 빠는 것도, 실컷 먹으면 죽어도 여한이 없는 것처럼, 제대로 날지 못할 때까지, 그러다 잡혀 죽는 줄도 모르고 빨아댄다. 아니 위험한 순간을 잽싸게 피해 날 수 있다는 자만에 빠져, 잡힌다는 사실을 아예 생각지도 않는지 모른다. 모르면 그것은 곧 죽음이다. 그것을 모른다.

물고기는 미끼에 숨겨진 낚시를 생각지도 않고, 먹이가 눈에 보이면 무조건 덥석 문다. 조금 전, 눈앞에서 자기의 동료가, 새끼가 낚시에 걸려 죽음으로 향했는데도, 그것을 모르거나 외면하거나 무시하고, 자신의 먹잇감만 챙기는 데 혈안이 되어 있다. 그런 자신도 곧 죽음으로 향한다는 것을 모른다.

이 셋의 경우는 영혼이 없는 물질적 본능에 따라 빛을 향하고, 피를 빨고, 미끼를 향해 돌진하는 어리석은 행위이다. 이들은 물질 욕망 뒤엔 달콤한 손길만 있는 줄 알고, 오로지 그것만을 향해 달려간다. 그 유혹은 어느 날 갑자기, 자신의 목을 조른다는 사실을 모른다. 이런 현상은 눈앞에서 수없이 반복되는 일임에도 불구하고, 오로지 욕심만 앞세워 막무가내로 달려가는 행동은 정말 어처구니가 없다. 그것은 너무나 본능에 충실한 무모한 행동이지만, 영혼이 없는 미물이니 어쩔 수 없다고 해도, 인간은 왜 그러는지. 누구라 할 것 없이 모두가 이 모양으로 아우성을 치고 있다. 영혼이 있는 인간의 고등 사회가 저급한 동물 사회로 뒤바뀐 것 같은 착각에 빠져들게 한다.

이 현실을 늘 직시하고 계시는 하늘께서 너무나 안타까워, 인간의 의식을 바르게 일깨우려고 부단한 노력을 했지만, 인간은 이 사실을 전혀 모르는 채, 마치 영혼이 아예 없는 것처럼 행동한다. 그래도 하늘께서 그토록 애를 쓰시는 이유는, 인간이 당신의 성령으로 태어난 하늘의 생명이기 때문이다. 생명의 주체가 본능적 욕망만을 발휘하는 몸이 아니고, 영혼임을 일깨우려는 것이다. 이는 하늘의 분령(分靈)으로서 하늘과 위상을 같이 하는, 이 위대하고 존귀한 우주 자연의 생명 원리가 인간에게 내재하여 있음을 의미한다. 인간은 그에 따른 소명 또한 엄중함을 알아야 한다.

지금의 인간 사회는 바로 좀비 사회와 같다. 좀비는 정상적이고 바른 것, 착하고 순한 것, 진실하고 정직하고 성실한 것을 질시의 대상으로 삼고, 그들을 보면 사정없이 물어뜯어 자신들과 똑같은 처지로 추락시킨다. 자신들과 똑같은 모습으로 함께 어울리지 않는 사람은 절대로 가만두지 않는다.

영적으로 심하게 병든 이런 사회는, 그 누구도 아닌 바로 인간 자신이 만들었다. 영성기운이 드높은 밝은 사회를 구현해야 할, 위대한 소명을 지닌 인간들이 저질러 놓은 이 참혹한 현실을 두고, 하늘께서 어찌 그대로 보고만 있겠는가! 어찌 벌을 내리지 않을 수 있겠는가! 이제 하늘께서 벌을 내릴 때이다!

내 안에서 뿜어 나오는 습독이 불같이 번져, 이런 처참한 사회 현상에 일조하는 것은 아닌지, 반성해 볼지어다. 아직도 남 탓만 하는 이기적 독선을 버리지 못함으로써, 오히려 자신에게 칼을 겨누는 꼴이 되는 줄 잊어버린 것은 아닌지, 아예 생각지도 못하거나 모르고 있는 것은 아닌지, 반성해 볼지어다.

벌은 사랑의 매다. 이는 진실이다.

이 책은, 천부경의 비밀을 세상에 공개하고자 오랜 기간 준비해 오시다가 뜻을 이루지 못하고 귀천하신 容天 박용대 원장님(저자)을 위해, 용천공심수련원 모든 회원이 비통한 심정으로 제자 된 도리를 다하고자 발간하게 되었다.

'2022년 10월'을 천부경 발간일로 계획하신 용천공심수련원 원장인 저자는 책의 제목을 가칭 '우주망 천부경'으로 정해 놓으시고, 2015년 9월 24일 '우주망'에 대해 이렇게 말씀하셨다.

'망'이라는 글자에는 우주의 3대 요소인 원방각이 들어 있다. '망'에서 'ㅏ'가 없으면 'ㅁ'은 '공(ㅁ)'이 된다. 망은 계통이 체계화된 상태를 말하며, 그물망, 도로망, 조직망, 통신망 등이 그 예이다. '우주망'도 그물처럼 짜여 있어 체계적으로 망을 형성하고 있는 조직체계라 할 수 있다. 우주도, 지구도, 인간도 모두 우주망 속에 함께 체계적으로 조직되어 있다. 지구가 위도와 경도로 그물망이

짜여 있듯이, 우주 공간도 우주망에 짜여 있다는 것이다. 우주망의 짜여 있는 그물의 코 안, 즉 십자형 하나에는 어마어마하게 강한 기운 에너지가 작용하고, 그 코 안이 하나의 블랙홀이 될 수 있다. 그 안에는 어떤 것들이 들어가도 변화할 수 있다.

천부경에 대해서는 원장님께서 '자연과의 대화' 행사에서 용천공심 수련원 회원을 대상으로 여러 차례 강의하시고, 해인회[15]에서 십여 년에 걸쳐 수십 번 설명하셨는데, 2015년 9월 11일, 해인회에서 강의하신 천부경에 대한 말씀의 일부를 예로 들어 본다.

"천부경은 우주 형상을 설계하는 설계도이다. 또한 거기에는 우주와 하늘의 뜻을 나타내는 심오한 내용이 들어 있다. '나는 하늘이요, 나는 우주다.'는 인간이 우주의 핵심 요소이며, 인간이 위대하다는 말이다. 천부경은 우주 형상을 설명하면서, 인간이 중심이 되어 만물을 생성하고, 변화를 일으키는 소명이 있음을 알게 한다. 따라서 천부경은 인간이 우주의 핵심 요소임과 자신에게 부여된 소명이 막중함을 알고, 나아가 생명의 존엄성을 깨달아 도덕적, 영성적인 바른 자세로, 삶을 살아갈 수 있도록 깨우침을 주는 경전이라고 할 수 있다."

2019년 10월 27일, 125차 자연과의 대화에서 천부경을 강의하며 다음을 강조하셨다.

"확신을 가져야 할 것은 내가 미미한 존재가 아니라는 것이다. 내가 하잘것없

---

15 용천공심수련원의 회원으로 구성하여 월 1회에 모여 심화 공부를 하고, 해인지 발간을 지원한다.

는 그런 존재가 아니라는 것이다. 세상에서 내가 아무것도 할 수 없는 그런 불쌍하고 처절한 존재가 아니라는 것이다. 물질에 매달려, 물질만 따라가는 벌레 같은 존재가 아니라는 것이다. '나'는 어떤 것보다도, 어떤 무엇보다도 앞장서서 세상을 변화시키고 이끌어가는 그런 위대하고 중요한 존재라는 것을 인식해야 한다. 천부경을 배우는 목적은 바로 거기에 있다.

그러기 위해서 우리가 이미 마음을 다 변질시켜놓고 마음을 전부 시궁창처럼 만들어 놓은 우리의 잘못을, 자기 잘못을 철저하게 반성해야 한다. 철저하게 반성하고 다시 회복하려고 노력해서 기어코 성통공완을 이루어야 한다. 그리고 재세이화, 하늘의 뜻을 세상에 펼칠 수 있는 노력을 함으로써 이 세상을 평화롭고 합리적인 자유로운 세상으로 만들어야 한다. 그것이 바로 '나'의 역할이고, '모두'의 역할이고 우리가 한 번 더 가슴 속에 다짐해야 할 중요한 내용임을 알았으면 한다."

2019년 10월 11일, 제99차 해인회에서 원장님께서 하신 말씀이다.

"태양을 중심으로 8개의 행성이 이루어져 있는데, 명왕성은 태양계에 들어있지 않고, 해왕성까지 태양계에 들어있다. 태양계에는 지금 3개 정도의 행성이 새로 만들어져 지구 크기보다 크면서 지구와 비슷한 환경이 조성되고 있다. 이 새로 생긴 행성으로 이동해서 지구인이 살 것이라고 예상하는 쪽도 있으나 전혀 아니다. 지구와 화성은 폐기 처분되며 지구인이 사는 것은 아니다.

새로 만들어진 행성은 지구와 화성이 폐기 처분된 그 공간을 대체하여, 태양계를 정상적으로 운행 시키는 방안으로 운영해야 한다. 그리고 지구인이 살아야 할, 지구를 대체할 별을 찾아야 한다.

화성은 지구보다 작고, 지구도 인간이 살기에는 너무 작다. 인간이 살 수 있는 기간은 3,000년 정도이다. 우리가 사는 지구는 2,000년 후 폐기 처분된다. 그래서 1,000년 동안은 화성에서 살다가, 1,000년 후에는 목성으로 옮겨 살게 된다. 다음 인간이 살 수 있는 큰 별로 택한 것은 목성이며, 목성을 인간이 살 수 있는 환경으로 만들기 위해 준비하고 있을지도 모른다.

화성인도 목성으로 같이 옮겨가며, 지구인처럼 신체 구조가 바뀐다. 화성인과 지구인이 함께 목성으로 가야 할 시기에 화성인의 신체 구조가 단성생식에서 양성생식으로 바뀌어야 하는데, 이때 지구인의 힘이 필요하다. 화성인의 몸에 빙의된 것처럼 합체된 두 개의 영혼을, 지구인이 분리시키는 작업을 해주어야 한다. 이렇게 화성인이 목성에 가서 지구인처럼 살아가는 조건이 되면 화성인과 지구인이 따로 존재하지 않고 모두 목성인이 된다.

지구인은 화성에 가서 천도뿐만 아니라 화성인의 신체 구조가 바뀌도록 준비를 해야 한다. 이미 지구인이 화성에 살 수 있는 실험을 거쳐서 3,000명 정도 살고 있으며, 지구인이 살 수 있는 조건을 만들어 놓았을 것으로 추측한다.

지구인이 앞으로 약 2,000년 후 1,000년 동안 화성에서 살 수 있는 조건이 되는데, 그 전에 화성인이 지구인처럼 변해서 살 수 있는 상황을 만들어 주고, 화성인이 화성에서 지구인처럼 변하여 앞으로 목성으로 옮겨 갈 수 있는 상황으로 변하게 해주어야 한다.

우리는 공부를 열심히 해서 목성인의 씨알이 되는 후손이 나오도록 준비를 단단히 해야 한다. 영성이 높은 영혼은 없어지지 않는 것, 몸이 없어진다고 생명이 없어지는 것이 아니므로 후손을 위해 적극적인 후원을 해야 한다는 의무가 있음을 명심해야 한다."

진정한 공부를 통해 위상과 순도를 높인 영성으로 하늘과 만나기를, 기회가 닿을 때마다 강조하시면서 들려주신 원장님의 말씀은 상식적으로 받아들이기 어렵고, 난해한 내용이 많았다. 하지만 우리는 시공간을 넘나들고, 현상계와 비현상계의 경계를 무너뜨리는 원장님의 말씀을 '사실이냐, 과학적 근거가 있느냐.'를 따지지 않았다. 우리 공부와 관련된 말씀을 하시는 원장님께서는 그 어느 때보다 진지하고, 그 누구보다 진솔하셨기 때문이며, 다음의 말씀을 가슴에 새겨들었기 때문이다.

　"현대를 살아가는 대다수 사람은 눈에 보이지 않고 손에 잡히지 않는 비현실적인 내용을 얘기하면, '아니다, 없다, 모른다!'라면서 아예 들으려 하지도 않고 부정해 버린다. 당장 눈앞에 보이지 않고 손안에 잡히지 않으면 '틀렸다, 아니다!'로 일관하며 고개를 저어 버리는 것이 얼마나 어리석고 무지한 짓인 줄 모른다.
　지금 우리가 만끽하고 있는 첨단과학의 이기(利器)를 아주 옛날로 돌이켜 생각해 보면, 그것은 눈에 보이지도 않고 손에 잡히지도 않던, 공상(空想) 만화 같은 어이없는 일이었을 것이다. 하지만 인간은 많은 세월 동안 공상 만화 같이 꿈꾸던 모든 것을 현실화시키는 첨단과학의 쾌거를 이루어 냈다.
　이처럼 눈에 보이지도 손에 잡히지도 않던 많은 것을 현실화시키는 과학적 업적은 처음부터 눈에 보이고 손에 잡혀서 이루진 것이 결코 아님을, 그리고 아직도 알지 못해서 해결하지 못하는 많은 것들이 있음을 과학자들은 잘 알고 있다. 앞으로도 현실화시켜야 하는, 눈에 보이지 않고 손에 잡히지 않는 공상 만화 같은 내용이 많이 남아 있는데도 사람들은 지금의 과학 수준 정도에서 모든 것이 완성된 것처럼 너무 오만하게 굴고 있다.

지금 우리가 사는 이 시대는 인류의 멸망을 예고하는 영적 홍수 시대이다. 이 시대에서는 잘 알지 못하면 '없다, 아니다!'라고 무조건 부정할 것이 아니라 '그럴 수도 있겠다!'라는 긍정적인 생각과 겸손한 자세가 현명한 태도이다.

우리가 분명하게 알아 두어야 하는 사실은, 세상에는 꿈이나 공상의 비현실적인 것이 현실 과학이 되는 것이 있는가 하면 되지 않는 것도 있다는 것이다.

만약에 우주의식, 하늘, 신(神), 영혼이라는 영성적인 것, 즉 비현실적이고 초과학적인 것을 두고 '아니다, 없다, 모른다!'라고 막무가내로 말하는 것은 우주를, 하늘을, 진리를, 세상을, 만물을, 생명을, 자기 자신을 부정하는 우스꽝스러운 꼴이 되는 줄 알아야 한다.

우주의 원리로 볼 때, 눈에 보이지 않고 손에 잡히지 않는 영성적인 것, 즉 비현상적이고 초과학적인 것이 근원이 되고 본질이 되어, 그 기조에서 현실 세계가 이루어지는 것인데, 영성적이고 비현상적인 모든 것이 부정된다면 더 이상의 현실은 결코 이루어지지 않는다는 것을 알아야 한다."[16]

이 책은 원장님께서 발간을 위해 계획해 놓으신 목차에 따라 2021년 9월 귀천하시기 이전에 집필하신 원고, 2002년부터 매년 발간된 『해인지』에 실렸던 원고, 해인회와 자연과의 대화, 문현동 및 삼랑진수련원에서 강의하신 내용으로 구성하였다.

원장님의 위상이 높아질수록 천부경 81자에 숨은 의미도 더욱 구체적으로 드러나게 되어 해석 내용이 진일보하였는데, 이 책에 실린 천부경에 대한 해석이 그 최종본이라 할 수 있다.

이 책의 내용은, 저자인 원장님께서 평소 공부 과정에서 하늘로부터 받은 기술과 메시지 내용을 중심으로 작성되었으므로, 과학적으로 증명할 수 없는 부분이나 역사적 사실과 다른 것이 많을 것이다. 사용된 지명도 오늘날 불리는 명칭이므로, 흔히 알고 있는 사실에 견주어 본다면 논란의 여지가 있을 수 있음을 밝혀 둔다. 그러기에 책을 읽고 난 후 추가로 더 알고 싶은 내용이나 의문점이 있을 것으로 예상하지만, 그런 부분에 대해서 자세하고 명확하게 보충 설명해 줄 수 있는 저자가 이 세상에 계시지 않음이 정말 애석하고 비통하기도 하다. 독자 여러분의 양해를 구한다.

평소, 우리 공부와 관련하여 질문을 하면, 온 마음을 다하여 열정적으로 해박한 지식과 차원 높은 지혜를 바탕으로 설명해 주셨던 원장님. 돌이켜 생각하니, 망처럼 촘촘하게 얽인, 쉽게 이해하기 어려운 우주 정보를 한 올 한 올 풀어서 우리에게 들려주신 듯하다.

우리가 순도와 위상을 어서 높여서, 당신 혼자만 전해 듣는 우주 정보를 함께 공감하고 공유할 수 있는 날을 간절히 바라셨던 그 소원을 들어드리지 못한 무능함으로 죄책감까지 든다. 원장님의 말씀들을 마음에 절실하게 새기지 못한 것을 이제야 깊이 후회하고 반성하며 이 책을 우리의 영원한 스승, 容天 박용대 원장님 영전에 바친다.

2022년 9월
용천공심수련원 회원 일동

---

16 『해인지』 17호(2018년) 수록 글이다.

"**몇**천 년 뒤의 일을 진실로 쓰면 혹세무민의 예가 생기므로 진실 그대로 표현할 수는 없다. 다만 언질을 주어 각성하는 계기가 되게 하고, 희망을 주거나 반성하는 계기가 되게 해야 하는 것이다. 하지만 인간의 심성이 나빠져서 경고하고 방편을 얘기해주는데도, 예언의 진실에 반대하는 사람이 많으면 사회적 동요로 정상적인 상태가 깨어지므로 스며들게 해야 함이 예언의 진실이다."[17]

---

17 2020.6.12. 제104차 해인회에서 하신 말씀이다.

삼랑진수련원[18]

 밝고 맑은 미래 사회를 위한 사람들의 모임 ▎

 부산은행
101-2072-5329-04 (미사모)

---

18 '삼랑진수련원'은 자연과의 대화 공부와 소각공부를 동시에 할 수 있는 아주 좋은 장소이
   며, 선생님들이 필요하면 수시로 와서 기운정화, 응축, 팽창, 강화할 수 있도록 기운 조정
   이 완벽하게 되어 있는 실물해인도이다. 2013년에 리모델링 마친 '초심전'과 '청림전'도
   실물해인도이다.